펼쳐 보면 느껴집니다

단 한 줄도 배움의 공백이 생기지 않도록
문장 한 줄마다 20년이 넘는
해커스의 영어교육 노하우를 담았음을

덮고 나면 확신합니다

수많은 선생님의 목소리와
정확한 출제 데이터 분석으로 꽉 찬
교재 한 권이면 충분함을

해커스북 중·고등
HackersBook.com

WHY
HACKERS
READING GROUND?

**영어 독해가
재미있어지니까!**

최신 이슈 및 트렌드가
반영된 흥미롭고 유익한

독해 지문

다양한 사고력 문제로
지문을 완벽히
내 것으로 만드는

문해력+

지문과 관련된 재미있는
추가 정보로 상식을 키우는

배경지식

Hackers Reading Ground

Level 1   Level 2   Level 3

독해+서술형+어휘+작문+문법을
다 잡을 수 있으니까!

필수 문법 포인트 30개로
문법 문제를 확실히 잡는

Grammar Ground

학습한 내용을
확실하게 점검하는

Review Ground

내신 시험지와 서술형 문제를
그대로 담은

내신대비 추가문제

A path to advanced reading skills

HACKERS
READING
PATH

HackersBook.com 해커스북 중·고등

HACKERS
READING GROUND

리딩 그라운드

탄탄한 실력을 속성으로 완성하는 중학 영어 독해서

LEVEL 1

HACKERS

CONTENTS

PREVIEW 책의 구성과 특징

❶ 흥미롭고 유익한 지문

최신 이슈와 트렌드가 반영된 참신한 소재의 지문을 통해, 독해 학습을 재미있게 할 수 있어요. 각 지문에는 지문별 단어 개수, 난이도, 지문 음성(QR코드)이 제공됩니다.

❷ 생각의 폭을 넓히는 배경지식

지문과 관련된 재미있는 배경지식을 읽으며 상식을 쌓고 생각의 폭을 넓힐 수 있어요.

❸ 문법 문제 잡는 Grammar Ground

지문에 나온 중학 필수 문법 포인트 30개를 학습함으로써 문장 구조를 확실하게 파악하는 연습을 하고, 내신 문법 문제에도 대비할 수 있어요.

1
107 words
★ ★ ☆

❶ Warning: this baguette is breaking the law! But hold on. Can bread break the law? In France, it can.

In 1993, the French government passed *Le Décret Pain*, the Bread Law. Its main purpose is to _____ the quality of baguettes. The law requires a specific process for baking them in France. Bakers must only use four ingredients to make baguettes. These include flour, salt, yeast, and water. Baguettes must also be baked and sold at the same bakery. That way, the bread stays fresh. Freezing baguettes at bakeries is against the law for the same reason. This strict law keeps the quality of French baguettes high.

❷ **평등을 상징하는 빵, 바게트**
18세기 프랑스에는 신분제가 존재했기 때문에 오직 귀족들만이 질 좋은 빵을 먹을 수 있었다. 1789년 프랑스 혁명 당시, 굶주린 시민들은 '누구나 맛있는 빵을 먹을 권리'를 가질 것을 주장했고, 이에 따라 국민 의회는 법으로 빵의 길이와 무게를 정해 모든 시민이 같은 품질의 빵을 먹게 했다. 이 빵이 바로 '바게트'이고, 1986년까지도 프랑스에서 바게트의 가격은 함부로 인상되지 못하도록 규제되었다. 즉, 바게트는 단순한 빵이 아니라 평등의 상징이기도 한 것이다!

❸ **Grammar Ground** 동명사(「동사원형 + -ing」): ~하는 것, ~하기 ⑱
동명사는 문장 안에서 명사처럼 주어·보어·목적어로 쓰인다. 주어로 쓰인 동명사는 항상 단수 취급한다.
Reading books is my hobby. 책 읽기가 나의 취미이다.
She avoids **eating** spicy food. 그녀는 매운 음식을 먹는 것을 피한다.

핵심 단어 엿보기

챕터별 핵심 단어를 미리 확인해 지문 독해에 필요한 주요 단어의 뜻을 예습할 수 있어요.

Review Ground

어휘, 문법, 작문 문제를 풀며 각 챕터에서 배운 내용을 확실하게 복습하고 부족한 부분을 점검할 수 있어요.

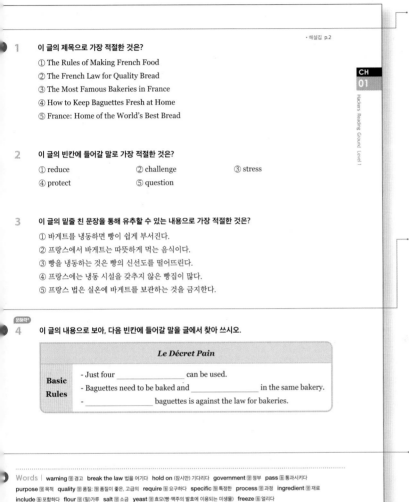

❹ 지문 이해도를 높이는
다양한 문제유형

다양한 유형의 문제를 풀면서
지문 이해도를 높이고
내신 시험에도 대비할 수 있어요.

❺ 지문을 완벽하게 정리하는
문해력+

지문의 내용을 완벽하게 이해했는지
확인할 수 있는 요약, 도표 해석 등의 문제로
문해력을 기를 수 있어요.

❻ 주요 단어를 정리한
Words

지문에 나온 주요 단어 및 표현을 학습하며
어휘력을 키울 수 있어요.

Workbook

PART 1
직독직해

모든 지문을
한 문장씩
직독직해하며
다시 한번
복습할 수 있어요.

PART 2
내신대비 추가문제

내신 시험지 형태의
추가 문제를 풀며
내신·서술형 문제에
대비할 수 있어요.

PART 3
Word Test

챕터별 핵심 단어를
제대로 외웠는지
점검할 수 있어요.

CHAPTER 01

Culture

1 이유 있는 신선함

🔍 핵심 단어 엿보기

- □ warning 몡 경고
- □ purpose 몡 목적
- □ require 통 요구하다
- □ freeze 통 얼리다

- □ pass 통 통과시키다
- □ quality 몡 품질; 혱 품질이 좋은, 고급의
- □ include 통 포함하다
- □ strict 혱 엄격한

2 세계 속의 한국어

🔍 핵심 단어 엿보기

- □ add 통 추가하다
- □ widespread 혱 널리 퍼진
- □ reflect 통 반영하다
- □ popular 혱 인기 있는

- □ decade 몡 10년
- □ scream 통 외치다
- □ naturally 틧 자연스럽게
- □ present 몡 현재

3 1층에서 만나자며..

🔍 핵심 단어 엿보기

- □ arrive 통 도착하다
- □ agree 통 동의하다
- □ consider 통 여기다
- □ complicated 혱 복잡한

- □ argument 몡 언쟁
- □ look for ~를 찾다
- □ confused 혱 혼란스러워하는
- □ happen 통 일어나다

1

107 words
★ ★ ☆

Warning: this baguette is breaking the law! But hold on. Can bread break the law? In France, it can.

In 1993, the French government passed *Le Décret Pain*, the Bread 3 Law. Its main purpose is to _____ the quality of baguettes. The law requires a specific process for baking them in France. Bakers must only use four ingredients to make baguettes. These include flour, salt, yeast, 6 and water. Baguettes must also be baked and sold at the same bakery. That way, the bread stays fresh. <u>Freezing baguettes at bakeries is against the law for the same reason.</u> This strict law keeps the quality of French 9 baguettes high.

평등을 상징하는 빵, 바게트

18세기 프랑스에는 신분제가 존재했기 때문에 오직 귀족들만이 질 좋은 빵을 먹을 수 있었다. 1789년 프랑스 혁명 당시, 굶주린 시민들은 '누구나 맛있는 빵을 먹을 권리'를 가질 것을 주장했고, 이에 따라 국민 의회는 법으로 빵의 길이와 무게를 정해 모든 시민이 같은 품질의 빵을 먹게 했다. 이 빵이 바로 '바게트'이고, 1986년까지도 프랑스에서 바게트의 가격은 함부로 인상되지 못하도록 규제되었다. 즉, 바게트는 단순한 빵이 아니라 평등의 상징이기도 한 것이다!

Grammar Ground 동명사(「동사원형 + -ing」): ~하는 것, ~하기 (8행)

동명사는 문장 안에서 명사처럼 주어·보어·목적어로 쓰인다. 주어로 쓰인 동명사는 항상 단수 취급한다.

Reading books is my hobby. 책 읽기가 나의 취미이다.

She avoids eating spicy food. 그녀는 매운 음식을 먹는 것을 피한다.

1　이 글의 제목으로 가장 적절한 것은?

① The Rules of Making French Food

② The French Law for Quality Bread

③ The Most Famous Bakeries in France

④ How to Keep Baguettes Fresh at Home

⑤ France: Home of the World's Best Bread

2　이 글의 빈칸에 들어갈 말로 가장 적절한 것은?

① reduce　　　　　② challenge　　　　　③ stress

④ protect　　　　　⑤ question

3　이 글의 밑줄 친 문장을 통해 유추할 수 있는 내용으로 가장 적절한 것은?

① 바게트를 냉동하면 빵이 쉽게 부서진다.

② 프랑스에서 바게트는 따뜻하게 먹는 음식이다.

③ 빵을 냉동하는 것은 빵의 신선도를 떨어뜨린다.

④ 프랑스에는 냉동 시설을 갖추지 않은 빵집이 많다.

⑤ 프랑스 법은 실온에 바게트를 보관하는 것을 금지한다.

문해력⁺

4　이 글의 내용으로 보아, 다음 빈칸에 들어갈 말을 글에서 찾아 쓰시오.

Le Décret Pain	
Basic Rules	- Just four ＿＿＿＿＿＿＿＿＿ can be used. - Baguettes need to be baked and ＿＿＿＿＿＿＿＿＿ in the same bakery. - ＿＿＿＿＿＿＿＿＿ baguettes is against the law for bakeries.

Words | **warning** 뗑 경고　**break the law** 법을 어기다　**hold on** (잠시만) 기다리다　**government** 뗑 정부　**pass** 통 통과시키다

purpose 뗑 목적　**quality** 뗑 품질; 뛩 품질이 좋은, 고급의　**require** 통 요구하다　**specific** 뛩 특정한　**process** 뗑 과정　**ingredient** 뗑 재료

include 통 포함하다　**flour** 뗑 (밀)가루　**salt** 뗑 소금　**yeast** 뗑 효모(빵·맥주의 발효에 이용되는 미생물)　**freeze** 통 얼리다

against the law 법에 어긋나는　**strict** 뛩 엄격한　**keep** 통 유지하다　<문제> **reduce** 통 낮추다　**stress** 통 강조하다　**question** 통 의문을 제기하다

2

138 words

★ ☆ ☆

Do you want to eat *samgyeopsal* with me while we watch a *K-drama*? How about wearing a *hanbok* and taking some pictures? Every Korean knows these words, and now English speakers know them, too.

In 2021, more than 20 Korean words were added to the Oxford English Dictionary. (a) This is thanks to the Korean wave, *hallyu*, that began more than two decades ago. (b) Since then, Korean culture has become widespread. (c) For instance, English speakers watch a lot of *mukbang* shows and even make their own videos. (d) Eating too much food is not good for one's health. (e) And they scream "*unni*" at NewJeans concerts or "*oppa*" at Seventeen shows. A dictionary's job is to reflect the use of language in society. Therefore, these words have naturally been added.

Korean culture gets more popular every year. So, we might find more *hallyu* words in the English dictionary in the future!

Grammar Ground 「How about + v-ing ~?」: ~하는 것이 어때? (2행)

제안·권유를 나타내는 동명사 관용 표현 「How about + v-ing ~?」는 「What about + v-ing ~?」로 바꿔 쓸 수 있다.
How about **taking** some pictures? = What about **taking** some pictures? 몇 장의 사진을 찍는 것이 어때?

1 **이 글의 제목으로 가장 적절한 것은?**

① *Hallyu*: Korean Music and Dramas

② Why Americans Love Korean Culture

③ The Past and Present of Korean Words

④ How to Find Korean Words in the Dictionary

⑤ Korean Vocabulary in the English Dictionary

2 **이 글의 (a)~(e) 중, 전체 흐름과 관계없는 문장은?**

① (a)   ② (b)   ③ (c)   ④ (d)   ⑤ (e)

3 **이 글의 내용과 일치하면 T, 그렇지 않으면 F를 쓰시오.**

(1) 한류 현상이 시작된 지 20년이 넘었다.   _____

(2) 옥스퍼드 사전은 한국과 관련된 신조어를 만들었다.   _____

문해력+

4 **이 글의 내용으로 보아, 다음 빈칸에 들어갈 말을 보기에서 골라 쓰시오.**

> 보기   make   wear   know   reflect   become
>
> People around the world enjoy shows, food, and music from Korea. Thus, many people now _____ some Korean words as well. The Oxford English Dictionary even added several Korean words to _____ this widespread trend.

Words | add 图 추가하다   dictionary 명 사전   decade 명 10년   widespread 형 널리 퍼진   own 형 자신의   scream 图 외치다
reflect 图 반영하다   language 명 언어   society 명 사회   naturally 뷔 자연스럽게   popular 형 인기 있는   future 명 미래
<문제> vocabulary 명 단어, 어휘   past 명 과거   present 명 현재   trend 명 추세

지문 음성 바로 듣기

3

149 words
★ ★ ★

Martin & Tiffany

Martin

I heard David arrived from London last week. You must be happy that your old friend is in town.

_____(A)_____

3

Tiffany

Yes, I have. We got into an argument, though. We agreed to meet on the first floor of the shopping mall. But we were looking for each other on different floors for 30 minutes!

6

Martin

_____(B)_____

Tiffany

His idea of "first floor" was different from mine. Here in the US, the first floor is the one that is on the same level as the street. But it turns out people in England call it the "ground floor!" Meanwhile, they consider the first floor to be the one right above the ground floor.

9

12

Martin

_____(C)_____ I'm going to see my English and American friends next week at the mall. I'll ask them to meet on the top floor. Then, they won't get confused!

15

18

Grammar Ground | **must의 두 가지 의미** ②행

must는 강한 추측(~임에 틀림없다) 혹은 의무(~해야 한다)의 의미를 나타낸다.

He must be in a meeting now. (강한 추측) 그는 지금 회의에 가 있을 것임에 틀림없다.
Adults must be kind to children. (의무) 어른들은 아이들에게 친절해야 한다.

1 이 대화문의 빈칸 (A)~(C)와 각각에 들어갈 말을 알맞게 연결하시오.

(A) •   • (1) That sounds complicated.

(B) •   • (2) Have you met with him?

(C) •   • (3) Oh, how did that happen?

2 이 대화문의 내용과 일치하면 T, 그렇지 않으면 F를 쓰시오.

(1) 영국에서는 2층을 ground floor라고 부른다.   _____

(2) Martin과 David은 다음 주에 만날 예정이다.   _____

3 이 대화문의 밑줄 친 부분에 대신 들어갈 수 있는 말로 알맞은 것은?

① I saw   ② I'm seen   ③ I have seen

④ I will see   ⑤ I was going to see

문해력+
4 이 대화문의 내용으로 보아, 빈칸에 들어갈 전치사를 대화문에서 찾아 쓰시오.

Where Is the First Floor?

David's view	Tiffany's view
- one level (1) _____ street level	- (2) _____ street level

Words │ **arrive** 图 도착하다 **get into** ~을 하게 되다 **argument** 图 언쟁 **agree** 图 동의하다 **floor** 图 (건물·땅의) 층 **look for** ~를 찾다

different 图 다른 **level** 图 (건물·땅의) 층 **street** 图 거리 **turn out** ~인 것으로 드러나다 **ground floor** 지상층 **meanwhile** 图 한편

consider A B A를 B로 여기다 **confused** 图 혼란스러워하는 <문제> **complicated** 图 복잡한 **happen** 图 일어나다 **view** 图 관점

street level 지상층

Review Ground

[1-2] 다음 영영 풀이에 해당하는 단어는?

1 the reason or intention behind an action

① process　　② warning　　③ present　　④ trend　　⑤ purpose

2 to think the same way about a certain topic as other people

① include　　② agree　　③ reflect　　④ arrive　　⑤ break

[3-4] 다음 빈칸에 들어갈 가장 적절한 단어를 보기에서 한 번씩만 골라 쓰시오.

보기　　widespread　　quality　　strict　　happy　　confused

3 The flu is _____ in our school; many students are sick.

4 I often get _____ when I have to do many things at once.

5 다음 글에서 어법상 어색한 부분을 찾아 쓰고 바르게 고쳐 쓰시오.

The weather is nice. What about go for a walk?

_____ → _____

6 다음 중, 밑줄 친 must의 의미가 나머지 넷과 다른 것은?

① She must be your sister.　　　　② He must be excited about the trip.

③ You must be careful with wet floors.　　　　④ My teacher must be sick today.

⑤ My mother must be angry about the messy room.

[7-8] 다음 우리말과 같도록 괄호 안의 말을 알맞게 배열하시오.

7 사전의 역할은 사회에서의 언어의 사용을 반영하는 것이다. (in society, is, the use, to reflect, of language)

→ A dictionary's job _____ .

8 나는 그들에게 꼭대기 층에서 만나자고 요청할 거야. (on, I, the top floor, to meet, ask them, will)

→ _____

Books and doors
are the same thing.
You open them,
and you go through into another world.

- Jeanette Winterson

책은 문과 같다. 그것을 열면 당신은 다른 세계로 들어가게 된다. - 지넷 윈터슨 (영국의 작가)

CHAPTER **02**

Animals

1 누구의 지문일까?

2 있을 건 다 있다

3 제 취미는 일광욕이에요

1

135 words
★ ★ ☆

Imagine a crime scene. Police officers collect fingerprints and send them to a lab. But scientists are confused by the fingerprint patterns. They do not match the fingerprints of any human suspects. In fact, they belong to a koala!

Do animals have fingerprints? Most animals don't. Only a few animals that are related to humans, such as gorillas, have ⓐ them. Koalas are not related to humans. However, ⓑ they have fingerprints like ours!

Scientists think that fingerprints are useful to koalas. Fingerprints help grip objects and feel ⓒ their surfaces. Koalas live in trees, so ⓓ they need to hold on to the branches tightly. In addition, these animals mainly eat *eucalyptus leaves. When koalas select leaves to eat, they check the texture and **toxicity carefully. And fingerprints are helpful for doing that. That's why koalas developed ⓔ them!

*eucalyptus 유칼립투스(호주산 나무) **toxicity 독성

Grammar Ground to부정사(「to + 동사원형」)의 형용사적 용법: ~할, ~하는 (15행)
to부정사는 형용사적 용법으로 쓰일 때, 형용사처럼 명사나 대명사를 뒤에서 꾸밀 수 있다.
Let's choose a book to read. 읽을 책을 고르자.
I need you to help me. 나는 나를 도와 줄 네가 필요해.

1 이 글의 주제로 가장 적절한 것은?

① 지문의 기능 및 유용성
② 코알라의 특이한 식습관
③ 코알라 지문의 여러 가지 무늬
④ 코알라가 지문을 갖게 된 이유
⑤ 코알라 지문과 인간 지문의 차이점

2 이 글의 밑줄 친 ⓐ~ⓔ 중, 가리키는 대상이 같은 것끼리 짝지어진 것은?

① ⓐ, ⓑ   ② ⓑ, ⓒ   ③ ⓑ, ⓓ   ④ ⓒ, ⓔ   ⑤ ⓓ, ⓔ

3 다음 중, 이 글을 읽고 코알라에 관해 답할 수 <u>없는</u> 질문을 <u>모두</u> 고른 것은?

> (A) 손가락이 몇 개인가?
> (B) 어디에 서식하는가?
> (C) 무엇을 먹고 사는가?
> (D) 어떻게 사냥하는가?

① (A), (B)   ② (A), (D)   ③ (B), (C)
④ (B), (D)   ⑤ (C), (D)

문해력+

4 이 글의 내용으로 보아, 빈칸에 들어갈 말을 글에서 찾아 쓰시오.

> Koalas developed fingerprints because they had to _____ on to tree branches with a strong grip. Fingerprints are also helpful when they _____ which eucalyptus leaves to eat.

Words | **imagine** 图상상하다 **crime** 图범죄 **scene** 图현장 **collect** 图수집하다 **fingerprint** 图지문 **lab** 图실험실 **match** 图일치하다 **suspect** 图용의자 **belong to** ~의 것이다 **related** 图(유전적으로) 관련이 있는 **useful** 图유용한 **grip** 图쥐다; 图악력 **object** 图물체 **surface** 图표면 **hold on** 매달리다 **branch** 图나뭇가지 **tightly** 图꽉 **mainly** 图주로 **texture** 图질감 **carefully** 图주의 깊게 **helpful** 图도움이 되는 **develop** 图발달시키다

2

128 words
★ ★ ☆

Would you believe a chameleon can fit on your fingertip? A little creature like this was found in Madagascar. It is called *Brookesia nana*, and it may be the smallest *reptile in the world. Even when ₃ it is fully grown, it is less than three centimeters long! Because this chameleon is so small, it does not need to eat a lot. Thus, it has no trouble

_____. ₆

(①) Surprisingly, unlike most chameleons, *Brookesia nana* doesn't change color to protect itself from predators. (②) This is probably because it generally stays on the ground. (③) These colors already blend ₉ in with those of the soil and grass. (④) So, if there is something dangerous nearby, it can just hide behind a blade of grass! (⑤)

*reptile 파충류

위기에 처한 '핫스폿'
아프리카의 마다가스카르섬은 생물다양성 '핫스폿'(hotspot, 생물학적 가치가 높지만 사라질 위기에 처한 지역) 중 하나로, 브루케시아 나나를 포함해 이 섬에 사는 동·식물의 약 90퍼센트는 오직 이 섬에서만 볼 수 있는 고유종이다. 그러나 2,500년 전에 사람들이 살기 시작해 삼림이 파괴되면서 많은 고유종들이 멸종해 왔다. 이 섬이 원래의 생물다양성을 회복하는 데는 무려 2천3백만 년이라는 시간이 걸린다고 한다!

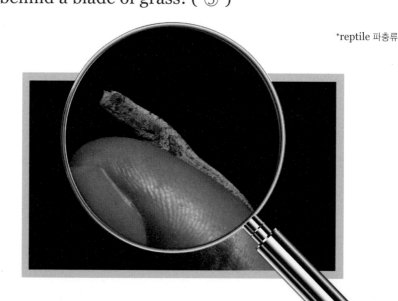

Grammar Ground 「-thing/-body + 형용사」 ⑩행

-thing이나 -body로 끝나는 대명사를 꾸밀 때는 형용사가 대명사 뒤에 온다.
Nothing special came up yesterday. 어제는 특별한 것이 없었다.
Is there **anybody** smart to help me? 나를 도와 줄 똑똑한 누군가가 있나요?

1 이 글의 제목으로 가장 적절한 것은?

① What Affects Reptile Size

② A Tiny Creature in Madagascar

③ Chameleons: The Strangest Reptiles

④ *Brookesia nana*: Who Discovered It?

⑤ Why Madagascar Has the Smallest Animals

2 이 글의 빈칸에 들어갈 말로 가장 적절한 것은?

① making a nest

② attracting a mate

③ finding enough food

④ eating larger animals

⑤ moving into new areas

3 이 글의 흐름으로 보아, 다음 문장이 들어가기에 가장 적절한 곳은?

Brookesia nana is naturally brown and green.

①   ②   ③   ④   ⑤

문해력⁺

4 이 글의 내용으로 보아, 다음 빈칸에 들어갈 말을 보기 에서 골라 쓰시오.

보기   size   environment   predators   color   protection
Brookesia nana does not change ＿＿＿＿＿＿＿＿ like other chameleons. The reason is that this small animal blends in with its ＿＿＿＿＿＿＿＿.

Words | **fit** 동 (크기가) 딱 맞다 **fingertip** 명 손가락 끝 **creature** 명 생물 **fully** 부 완전하게 **trouble** 명 어려움, 문제 **predator** 명 포식자 **generally** 부 일반적으로 **ground** 명 땅 **blend in** 섞여 들다, 조화를 이루다 **soil** 명 토양, 흙 **grass** 명 풀 **nearby** 부 근처에 **hide** 동 숨다 **blade** 명 (풀의) 잎 <문제> **affect** 동 영향을 미치다 **tiny** 형 아주 작은 **strange** 형 이상한 **discover** 동 발견하다 **nest** 명 둥지 **attract** 동 마음을 끌다 **mate** 명 짝 **naturally** 부 선천적으로 **environment** 명 환경

지문 음성 바로 듣기

3

130 words
★ ★ ★

In warm oceans, you'll find one of the largest fish on the planet—the ocean sunfish. Strangely, this giant fish doesn't have a tail. Instead, it has an odd-looking structure called a *clavus. While the fish uses the clavus to adjust its direction, it waves the tall fins on the top and bottom of its body to move forward. It looks like a giant swimming head!

This unusual fish mostly feeds on small creatures like jellyfish. (a) To find food, it dives over 600 meters. (b) But the cold water of the deep ocean causes _____ body temperature to drop. (c) The ocean sunfish's diet changes as it gets older. (d) So, after a hunt, it comes up to the surface to warm itself in the sun. (e) It actually spends up to half a day sunbathing! The name "sunfish" comes from this behavior.

*clavus 클라부스(방향타 역할을 하는 구조)

Grammar Ground **to부정사의 부사적 용법[목적]: ~하기 위해** 6~7행

to부정사는 동사나 문장 전체를 수식하며 [목적]의 의미를 나타낼 수 있다. 이때 to 대신 in order to를 쓸 수도 있다.

To meet my friend, I am going to the airport tomorrow. 친구를 만나기 위해, 나는 내일 공항에 갈 것이다.
= In order to meet my friend, I am going to the airport tomorrow.

1 이 글의 빈칸에 들어갈 말로 알맞은 것은?

① its ② our ③ us

④ their ⑤ your

2 ocean sunfish에 관한 이 글의 내용과 일치하면 T, 그렇지 않으면 F를 쓰시오.

(1) 지구상에서 가장 큰 물고기 중 하나이다. _____

(2) 몸통에 비해 지느러미가 매우 작다. _____

3 이 글의 (a)~(e) 중, 전체 흐름과 관계없는 문장은?

① (a) ② (b) ③ (c) ④ (d) ⑤ (e)

문해력+

4 이 글의 내용으로 보아, 다음 빈칸에 들어갈 말을 보기 에서 골라 쓰시오.

보기 head fins cold warm tail food

The ocean sunfish is a giant fish without a _____. Instead, it has a clavus for changing direction. And to move through the water, it uses its _____. It sunbathes to get _____ after it swims deep into the ocean in order to hunt.

Words | **warm** 형 따뜻한; 동 따뜻하게 하다 **ocean** 명 바다 **the planet** 지구 **strangely** 부 이상하게도 **giant** 형 거대한 **tail** 명 꼬리 **odd-looking** 형 기묘하게 생긴 **structure** 명 구조(물) **adjust** 동 조정하다 **direction** 명 방향 **wave** 동 흔들다 **fin** 명 지느러미 **bottom** 명 맨 아래 **forward** 부 앞으로 **unusual** 형 특이한 **mostly** 부 주로 **feed on** ~을 먹고 살다 **jellyfish** 명 해파리 **dive** 동 잠수하다 **deep** 형 깊은 **body temperature** 체온 **drop** 동 떨어지다 **diet** 명 먹이, 식단 **hunt** 명 사냥; 동 사냥하다 **half** 명 절반 **sunbathe** 동 일광욕을 하다 **behavior** 명 행동

Review Ground

[1-4] 단어와 영영 풀이를 알맞게 연결하시오.

1 collect • • ⓐ to gain or obtain gradually over time

2 develop • • ⓑ to guard something or someone from harm, danger, or damage

3 protect • • ⓒ to suddenly become lower or fall

4 drop • • ⓓ to gather or bring together items or information

5 다음 중, 밑줄 친 to부정사의 용법이 나머지 넷과 <u>다른</u> 것은?

① I have a decision <u>to make</u>.

② The player wanted a beverage <u>to drink</u>.

③ She got an opportunity <u>to travel</u>.

④ Our plan <u>to surprise</u> Jane succeeded.

⑤ I walked quickly <u>to catch</u> the bus.

6 다음 중, 어법상 <u>어색한</u> 것은?

① Nothing important was discussed at the meeting.

② She saw familiar somebody in the crowd.

③ Anybody curious can ask questions.

④ I smelled something delicious in the kitchen.

⑤ Something strange is going on.

[7-8] 다음 우리말과 같도록 괄호 안의 말을 알맞게 배열하시오.

7 지문은 물체들을 쥐고 그것들의 표면을 느끼도록 돕는다. (grip, their surfaces, feel, and, help, objects, fingerprints)

→ _____

8 이 카멜레온은 매우 작기 때문에, 그것은 많이 먹을 필요가 없다. (small, so, to eat, a lot, is, does not, it, need)

→ Because this chameleon _____, _____.

Yesterday is history,
tomorrow is a mystery,
today is a gift,
which is why we call it the present.

어제는 역사이고, 내일은 수수께끼이며, 오늘은 선물인데, 그것이 우리가 오늘(현재)을 'present'(선물)라고 부르는 이유이다.

CHAPTER **03**

Sports

1 아빠의 슬기로운 발명

🔍 핵심 단어 엿보기

☐ closely 🖱 자세히

☐ rather than ~ 대신에

☐ light 휑 가벼운

☐ official 휑 공식의

☐ instead of ~ 대신에

☐ lower 동 낮추다

☐ equipment 명 장비

☐ height 명 높이

2 고생 끝에 낙이 온다

🔍 핵심 단어 엿보기

☐ reach 동 도달하다

☐ breathe 동 숨을 쉬다

☐ produce 동 생성하다

☐ reduce 동 줄이다

☐ muscle 명 근육

☐ overcome 동 극복하다

☐ increase 동 증가시키다; 명 증가

☐ give up 포기하다

3 더러운 야구공의 비밀

🔍 핵심 단어 엿보기

☐ on purpose 의도적으로

☐ realize 동 깨닫다

☐ achieve 동 달성하다

☐ effectively 🖱 효과적으로

☐ fail 동 ~을 하지 못하다

☐ rough 휑 거친

☐ discover 동 발견하다

☐ remove 동 제거하다

1

138 words
★ ★ ☆

Two people are playing a game that looks like badminton. But look closely. They are holding *paddles instead of rackets and hitting a ball rather than a shuttlecock. They're actually playing pickleball!

3

6

In 1965 on Bainbridge Island, Washington, Joel Pritchard and Bill Bell wanted to play badminton with their kids. (A) So, instead, they used paddles made of wood and a plastic ball with holes. (B) And they lowered the badminton net because the hard ball couldn't go as high as a shuttlecock. (C) But they couldn't find a shuttlecock or rackets. After that, they started hitting the ball back and forth over it. Right then, pickleball was born.

9

12

왜 이름이 '피클'볼일까?

피클볼 이름의 유래에 관해서는 두 가지 설이 있다. 첫 번째 설은 조엘 프리처드가 피클볼 경기를 할 때, 옆에서 함께 공을 쫓던 그의 강아지 이름이 '피클즈'였다는 설이다. 두 번째 설은 피클볼의 이름이 '피클 보트'에서 유래되었다고 전한다. 피클 보트란 조정 경기를 할 때, 여러 팀에서 남는 선수들을 태우는 보트를 말한다. 피클볼 또한 피클 보트처럼 배드민턴, 테니스 등 다양한 스포츠의 모습을 합친 운동이라 이러한 이름이 붙었다는 것이다.

Today, millions of people play pickleball. Thanks to the low net and light equipment, everyone from kids to older people can enjoy it! Now, pickleball is even the official sport of Washington.

15

18

*paddle 패들(짧은 손잡이와 넓고 납작한 부분이 있는 채)

Grammar Ground 동명사와 to부정사를 모두 목적어로 쓰는 동사 (12행)

start/begin(시작하다), like/love(좋아하다), hate(싫어하다), continue(계속하다)는 동명사와 to부정사를 모두 목적어로 쓰며, 둘 중 무엇을 써도 의미가 달라지지 않는다.

They <u>started</u> studying for their exams together. 그들은 함께 시험공부하기 시작했다.

= They <u>started</u> to study for their exams together.

1 이 글의 제목으로 가장 적절한 것은?

① How to Play a Game of Pickleball
② Why Racket Sports Are So Popular
③ The Rise of a Ball Sport for All Ages
④ The Advancement of Pickleball Equipment
⑤ Pickleball: An Official Olympic Sport since 1965

2 이 글의 문장 (A)~(C)를 순서에 맞게 배열한 것으로 가장 적절한 것은?

① (A) – (C) – (B)　　② (B) – (A) – (C)　　③ (B) – (C) – (A)
④ (C) – (A) – (B)　　⑤ (C) – (B) – (A)

3 이 글의 내용과 일치하면 T, 그렇지 않으면 F를 쓰시오.

(1) 피클볼용 플라스틱 공은 셔틀콕보다 공중에 높이 띄우기가 쉽다. _____
(2) 피클볼은 워싱턴주의 유일한 공식 스포츠이다. _____

문해력+
4 이 글의 내용으로 보아, 다음 빈칸에 들어갈 말을 글에서 찾아 쓰시오.

	Badminton	**Pickleball**
Equipment	- (1) _____ and a shuttlecock	- paddles and a plastic ball with (2) _____ in it
Height of (3) _____	- higher	- lower

Words | **look like** ~처럼 보이다　**closely** 團 자세히　**instead of** ~ 대신에　**rather than** ~ 대신에　**made of** ~으로 만들어진
lower 圄 낮추다; 圈 더 낮은　**hard** 圈 딱딱한　**back and forth** 왔다 갔다, 앞뒤로　**be born** 탄생하다　**light** 圈 가벼운　**equipment** 圕 장비
official 圈 공식의　<문제> **rise** 圕 부상, 상승　**age** 圕 연령, 나이　**advancement** 圕 발전　**height** 圕 높이

2

149 words
★ ★ ★

During a long race, runners may reach a "dead point." At this stage, they cannot breathe easily and feel lots of muscle pain. But if they overcome these difficulties, they can gain a magical boost in energy. This special power is known as the "second wind."

Why does this happen? According to some scientists, it's because the body always finds a balance in its oxygen supply. For a runner at his or her dead point, the body tries to get enough oxygen to keep up with the runner's needs. But others say the second wind happens because of endorphins. When the body experiences pain, the brain produces endorphins. These brain chemicals ⓐ | increase / reduce | pain and make the runner feel ⓑ | good / bad |.

The second wind is a reward for continuing a hard workout. So, the next time you want to give up, keep going! Your second wind might be around the corner.

Grammar Ground **접속사 because와 전치사 because of의 구분** 5행&8행

because와 because of는 둘 다 '~ 때문에'라는 의미로 이유를 나타낸다. 단, 접속사인 because 뒤에는 절(「주어 + 동사」)이, 전치사인 because of 뒤에는 명사(구)가 온다.

I stayed home because I felt sick. 나는 아팠기 때문에 집에 머물렀다.
I stayed home because of the flu. 나는 감기 때문에 집에 머물렀다.

1 **이 글의 제목으로 가장 적절한 것은?**

① Breathe Deeply and Feel Better
② How to Speed Up Your Second Wind
③ The Second Wind: A New Way of Running
④ Long-Distance Running Makes You Healthy
⑤ Overcome a Dead Point for an Energy Boost

2 **다음 중, 이 글을 읽고 답할 수 없는 질문을 모두 고른 것은?**

(A) 사점(dead point)은 얼마나 오래 지속되는가?
(B) 근육통을 방지하려면 어떤 준비 운동이 필요한가?
(C) 세컨드 윈드(second wind)는 왜 발생하는가?
(D) 뇌는 언제 엔도르핀을 생성하는가?

① (A), (B)   ② (A), (C)   ③ (B), (D)
④ (A), (B), (C)   ⑤ (B), (C), (D)

3 **ⓐ, ⓑ의 각 네모 안에서 문맥에 알맞은 말을 골라 쓰시오.**

ⓐ: _____   ⓑ: _____

문해력+

4 **이 글의 내용으로 보아, 괄호 안에서 알맞은 말을 골라 표시하시오.**

A "second wind" is a quick increase in (1) (energy / pain) during a long workout. People usually experience this after they pass a very (2) (magical / difficult) stage in the workout.

Words | **reach** ⑧ ~에 도달하다 **breathe** ⑧ 숨을 쉬다 **easily** ⑨ 쉽게 **muscle** ⑨ 근육 **pain** ⑨ 통증, 고통 **overcome** ⑧ 극복하다
boost ⑨ 증가 **balance** ⑨ 균형 **oxygen** ⑨ 산소 **supply** ⑨ 공급 **keep up with** ~에 맞추다 **need** ⑨ 수요, 요구 **produce** ⑧ 생성하다
chemical ⑨ 화학 물질 **increase** ⑧ 증가시키다; ⑨ 증가 **reduce** ⑧ 줄이다 **reward** ⑨ 보상 **workout** ⑨ 운동 **give up** 포기하다
around the corner 코앞에 와 있는 <문제> **long-distance** ⑩ 장거리의

3

128 words
★ ★ ☆

The balls in Major League Baseball games always look[G] dirty. Are ⓐ they old? Not at all! Mud is added to new baseballs on purpose.

Brand-new balls are slippery, so *pitchers can't grip ⓑ them well. When pitchers fail to control ⓒ them, **batters can face danger. In 1920, one batter actually died after he was hit by a ball that went the wrong way. Following that, baseball officials realized that ⓓ they needed to make

the surface of the balls rougher. To achieve this, they began putting a little mud on ⓔ them. _____ In 1938, a coach named Lena Blackburne discovered a special type of mud. It has minerals that effectively remove the slippery coating. Now, this mud is used by every major league team!

*pitcher 투수 **batter 타자

Grammar Ground **2형식 감각동사 look/sound/smell/taste/feel의 쓰임** (2행)

감각동사는 '~하게 보이다/들리다, ~한 냄새가 나다, 맛이 나다, 느낌이 들다'라는 의미의 동사로, 주로 「감각동사 + 형용사」의 형태로 쓰인다. 뒤에 명사가 오는 경우에는 「감각동사 + like + 명사」의 형태가 된다.

Jessica looks sad. Jessica는 슬퍼 보인다.
He looks like a chef. 그는 요리사처럼 보인다.

1 **이 글의 주제로 가장 적절한 것은?**

① how to make baseballs clean

② why pitchers prefer to use old balls

③ where a special mud was discovered

④ the practice of using mud on baseballs

⑤ a technique to safely produce new baseballs

2 **이 글의 밑줄 친 ⓐ~ⓔ 중, 가리키는 대상이 나머지 넷과 다른 것은?**

① ⓐ   ② ⓑ   ③ ⓒ   ④ ⓓ   ⑤ ⓔ

3 **이 글의 빈칸에 들어갈 말로 가장 적절한 것은?**

① Yet it was the wrong approach.

② Most players were against this.

③ But not just any mud was used.

④ So, other materials were tested.

⑤ However, adding mud was not allowed.

문해력⁺
4 **이 글의 내용으로 보아, 다음 빈칸에 들어갈 말을 글에서 찾아 쓰시오.**

Brand-new balls	At first, new baseballs are (1) _____ and difficult to hold.
Balls after mud is added	They become rougher because the mud removes their smooth (2) _____.

Words | **mud** 몡 진흙 **on purpose** 의도적으로 **brand-new** 혱 (완전히) 새로운 **slippery** 혱 미끄러운 **grip** 통 움켜쥐다 **fail** 통 ~을 하지 못하다
control 통 제어하다 **face** 통 마주하다 **following** 전 ~ 후에 **official** 몡 관계자 **realize** 통 깨닫다 **rough** 혱 거친 **achieve** 통 달성하다
discover 통 발견하다 **effectively** 뷔 효과적으로 **remove** 통 제거하다 **coating** 몡 코팅, 칠 <문제> **prefer** 통 선호하다 **practice** 몡 관행
approach 몡 접근 **against** 전 ~에 반대하여 **material** 몡 재료 **allow** 통 허용하다 **smooth** 혱 매끄러운

Review Ground

CHAPTER 03

[1-3] 다음 빈칸에 들어갈 가장 적절한 표현을 보기에서 한 번씩만 골라 쓰시오.

| 보기 | back and forth | around the corner | on purpose |

1 She left her bedroom window open _____ to let fresh air in while she studied.

2 Her eyes followed the windshield wipers as they moved _____.

3 As the big game is just _____, it's time to get serious about training.

4 다음 밑줄 친 단어와 가장 비슷한 의미의 단어는?

Planting trees is one way to <u>reduce</u> the amount of carbon dioxide in the atmosphere.

① remove   ② produce   ③ reach   ④ lower   ⑤ add

5 다음 괄호 안에서 알맞은 말을 골라 표시하시오.

He couldn't concentrate on reading (because of / because) the noise outside.

6 다음 중, 어법상 어색한 것은?

① The toy looks a robot.

② The music sounds calming.

③ The soup tastes like water.

④ The flowers smell like fruit.

⑤ The fabric feels soft.

[7-8] 다음 우리말과 같도록 괄호 안의 말을 알맞게 배열하시오.

7 그러니, 다음번에 당신이 포기하고 싶을 때는, 계속해라! (keep, want, to give up, going, you)

→ So, the next time _____, _____!

8 그 후에, 야구 관계자들은 그들이 공들의 표면을 더 거칠게 만들 필요가 있다는 사실을 깨달았다. (rougher, the balls, of, to make, needed, they, the surface)

→ After that, baseball officials realized that _____
_____.

Shoot for the moon.
Even if you miss,
you'll land among the stars.

~ Norman Vincent Peale

달을 향해 쏴라. 빛나가더라도, 별들 사이에 도착할 것이다. – 노먼 빈센트 필 (미국의 성직자)

CHAPTER **04**

Places

1 반짝 나타났다 사라지는 매장

🔍 핵심 단어 엿보기

□ charming 혱 매력적인

□ temporary 혱 일시적인

□ organize 동 준비하다

□ run 동 운영하다

□ attract 동 끌어들이다

□ unique 혱 독특한

□ stop by (잠시) 들르다

□ raise 동 높이다

2 내 안에 너 있다

🔍 핵심 단어 엿보기

□ region 몡 지역

□ tribe 몡 부족

□ decision 몡 결정

□ surround 동 둘러싸다

□ divide 동 나누다

□ form 동 형성되다

□ completely 뷔 완전히

□ entirely 뷔 완전히, 전부

3 오늘은 스페인, 내일은 프랑스

🔍 핵심 단어 엿보기

□ tiny 혱 작은

□ origin 몡 기원

□ put an end to ~을 끝내다

□ resident 몡 주민

□ territory 몡 영토

□ treaty 몡 조약

□ agreement 몡 협정, 동의

□ honor 동 기리다

1

142 words
★ ★ ☆

They are here today, but they won't be here tomorrow. That is why pop-up shops are charming. And more and more brands are "popping up!" ³

Pop-up shops are stores that open for only a few days or months. So, what attracts people to <u>these</u> temporary stores? First, they have fun themes and unique settings. This makes them especially popular among ⁶ *Millennials and members of **Generation Z. They love posting about special experiences on social media, and pop-ups are perfect for that.

_____(A)_____, pop-up shops sell rare items or organize special events. ⁹ One successful example is Nike's pop-up. The shop looked like one of its shoeboxes! Thousands of people stopped by to take pictures of the exterior. Inside, customers could decorate their own sneakers. ¹²

By running pop-up shops, a company can raise its brand awareness quickly. ¹⁵ _____(B)_____, shoppers can have an exciting experience!

*Millennials 밀레니얼 세대
(보통 1981년생~1996년생을 가리킴)
**Generation Z Z세대(보통 1997년생~2012년생을 가리킴)

Grammar Ground **5형식 동사 make의 쓰임** 6행

make가 5형식 동사로 쓰일 때 「동사 + 목적어 + 목적격 보어(형용사/명사)」의 형태이며, 목적격 보어 자리에 부사는 올 수 없다.
He made **the story** interesting. (형용사 목적격 보어) 그는 그 이야기를 재미있게 만들었다.
She made **her idea** a reality. (명사 목적격 보어) 그녀는 자신의 생각을 현실로 만들었다.

1 **팝업스토어에 관한 이 글의 내용과 일치하는 것은?**

① 개장 준비에 소요되는 시간이 짧다.

② Z세대가 처음으로 열었다.

③ 사진 촬영 서비스를 제공한다.

④ 소셜 미디어에서 홍보 활동을 한다.

⑤ 희귀한 물건들을 판매한다.

2 **다음 중, 이 글의 밑줄 친 these와 쓰임이 다른 것은?**

① I found these keys on the table.

② Do you like these new video games?

③ These are the rules for the game.

④ I can't believe these cookies are homemade.

⑤ I want to buy these toys for my sister.

3 **이 글의 빈칸 (A)와 (B)에 들어갈 말로 가장 적절한 것은?**

	(A)		(B)		(A)		(B)
①	Furthermore	⋯	So	②	However	⋯	Therefore
③	However	⋯	Moreover	④	Of course	⋯	For example
⑤	Furthermore	⋯	Meanwhile				

문해력+

4 **이 글의 내용으로 보아, 다음 빈칸에 들어갈 말을 보기 에서 골라 쓰시오.**

보기   attract   post   decorate   organize   raise

Pop-up shops are stores that ＿＿＿＿＿＿＿＿＿ customers by using interesting themes and events. They are a good way to ＿＿＿＿＿＿＿＿＿ a company's brand recognition in a short period.

Words | **charming** 휑 매력적인 **pop up** 불쑥 나타나다 **attract** 통 끌어들이다 **temporary** 휑 일시적인 **theme** 뎽 주제 **unique** 휑 독특한 **setting** 뎽 설정, 환경 **rare** 휑 희귀한 **organize** 통 계획하다 **stop by** (잠시) 들르다 **exterior** 뎽 외관 **customer** 뎽 고객 **decorate** 통 꾸미다 **run** 통 운영하다 **raise** 통 높이다 **awareness** 뎽 인지도 <문제> **recognition** 뎽 인식, 인지 **period** 뎽 기간

지문 음성 바로 듣기

2

139 words
★ ★ ★

Look at the map of the United Arab Emirates (UAE), a country in *the Middle East. You will see a donut-shaped area called Madha. But Madha is not a part of the UAE. It actually belongs to another country, Oman! That's not all. The "hole" in the donut, Nahwa, is a **territory of the UAE. What happened?

Years ago, the region around Madha was divided among four different tribes. But when countries started forming, the four rulers had a decision to make. They had to choose between the UAE and Oman as their country. Three selected the UAE, but only the Madha leader picked Oman.

_____, Madha was completely surrounded by two tribes that joined the UAE. And the last tribe that joined the UAE was entirely inside Madha's territory. <u>This gave Madha its unique donut shape!</u>

3

6

9

12

15

다른 나라 속 우리나라 땅, 월경지

월경지(exclave)란 특정 국가나 특정 행정구역에 속하면서, 본토와는 떨어져 주변이 다른 국가나 행정구역에 의해 둘러싸인 지역을 가리킨다. 월경지는 '국가'라는 개념이 확립되기 전의 중세 유럽에서 많이 탄생했다. 유럽에서는 국경을 자유롭게 넘나드는 것이 보통이었고, 땅의 주인이 멀리 있는 영토를 상속받아 두 땅을 동시에 통치하는 경우가 잦았기 때문이다. 마드하 또한 이러한 월경지에 속한다.

*the Middle East 중동(아시아의 서부 대륙 일대를 가리킴) **territory 영토

Grammar Ground 　**조동사 have/has to** (10행)

의무를 나타내는 조동사 have/has to는 must로 바꿔 쓸 수 있고 과거형은 had to, 미래형은 will have to로 쓴다.
You have to follow the rules. = You must follow the rules. 너는 그 규칙들을 따라야 한다.

1 이 글의 내용과 일치하지 <u>않는</u> 것은?

① UAE는 중동에 있는 국가이다.

② Nahwa는 UAE에 속하는 지역이다.

③ Madha는 UAE의 영토가 아니다.

④ UAE의 지도자가 Oman을 통치한다.

⑤ Nahwa는 Madha에 완전히 둘러싸여 있다.

2 이 글의 빈칸에 들어갈 말로 가장 적절한 것은?

① Until now   ② However   ③ In addition

④ As a result   ⑤ On the other hand

3 다음 중, 이 글의 밑줄 친 문장과 문장의 형식이 <u>다른</u> 것은?

① Max will tell Jessica a secret.

② Tom wrote his father a letter.

③ Diana will lend a book to me.

④ Charlie bought his brother a toy.

⑤ Becky will bake me a cake.

문해력⁺
4 이 글의 내용으로 보아, 다음 빈칸에 들어갈 말을 보기에서 골라 쓰시오.

보기   happened   joined   started   called   divided

The area around Madha was _____ among four tribes.

⬇

When countries _____ forming, the leaders had to decide to become a part of the UAE or Oman.

⬇

Among the four, only Madha _____ Oman.

Words | **belong to** ~에 속하다 **region** 圕지역 **divide** 圐나누다 **tribe** 圕부족 **form** 圐형성되다 **ruler** 圕지도자 **decision** 圕결정
completely 圎완전히 **surround** 圐둘러싸다 **entirely** 圎완전히, 전부 <문제> **lend** 圐빌려주다

3

137 words
★ ★ ☆

[G] There is a piece of land that belongs to Spain one day and France the next. What in the world is it? It is Pheasant Island!

3

This tiny island is located in the Bidasoa River between Spain and France. (①) The territory is shared by the two countries. (②) The origin of this unusual arrangement can be traced 6 back to the year 1659. (③) This treaty put an end to 30 years of bloody battles in Europe. (④) The agreement included a *provision that made Pheasant Island a symbol of peace. (⑤) It would be a part of Spain from 9 February 1st to July 31st and then owned by France from August 1st to January 31st. [G] There are no residents, but the island has a **monument to honor the treaty.

12

*provision 조항 **monument 기념비

1 이 글을 읽고 Pheasant Island에 관해 답할 수 <u>없는</u> 질문은?

① Where is the island?

② Which countries own the island?

③ Why don't people live on the island?

④ When does the island belong to Spain?

⑤ What can be seen on the island?

2 이 글의 흐름으로 보아, 다음 문장이 들어가기에 가장 적절한 곳은?

> That was when Spain and France signed the Treaty of the Pyrenees.

①   ②   ③   ④   ⑤

3 다음 영영 풀이에 해당하는 단어를 글에서 찾아 쓰시오.

> state of being calm or quiet, without any fighting

_____

4 이 글의 내용과 일치하지 <u>않는</u> 것을 골라 그 기호를 쓰고 바르게 고쳐 쓰시오.

> **Pheasant Island**   ① 유럽의 비다소아강에 있는 ② 큰 ③ 섬으로, ④ 전쟁을 끝내면서 맺은 ⑤ 조약에 의해 독특한 소유 형태를 가지게 되었다.

_____ → _____

Words | **in the world** 대체   **tiny** 휑 작은   **territory** 몡 영토   **origin** 몡 기원   **arrangement** 몡 협의, 배열   **trace back to** ~으로 거슬러 올라가다
treaty 몡 조약   **put an end to** ~을 끝내다   **bloody** 휑 피비린내 나는   **battle** 몡 전투   **agreement** 몡 협정, 동의   **symbol** 몡 상징   **peace** 몡 평화
own 통 소유하다   **resident** 몡 주민   **honor** 통 기리다

Review Ground

[1-3] 단어와 영영 풀이를 알맞게 연결하시오.

1 territory •   • ⓐ an area of land that is owned or controlled by a particular country

2 agreement •   • ⓑ the main idea or concept that guides the design, style, or message

3 theme   •   • ⓒ a mutual contract in which all people accept a certain course of action

4 다음 빈칸에 공통으로 들어갈 가장 적절한 단어는?

- A rainbow in the desert is a _____ sight.
- The research team discovered a _____ animal species in the jungle.

① rare   ② tiny   ③ last   ④ bloody   ⑤ temporary

5 다음 문장에서 어법상 어색한 부분을 찾아 쓰고 바르게 고쳐 쓰시오.

I will make the garden beautifully.

_____ → _____

6 다음 빈칸에 들어갈 말이 나머지 넷과 다른 것은?

① There _____ a cat on the roof.
② There _____ a book on the shelf.
③ There _____ cookies in the jar.
④ There _____ a picture on the wall.
⑤ There _____ a tree in the backyard.

[7-8] 다음 우리말과 같도록 괄호 안의 말을 알맞게 배열하시오.

7 수천 명의 사람들이 외관의 사진을 찍기 위해 들렀다. (pictures, to take, the exterior, stopped by, of)

→ Thousands of people _____.

8 이 협정은 꿩섬을 평화의 상징으로 만드는 조항을 포함했다. (peace, of, Pheasant Island, a symbol, made)

→ The agreement included a provision that _____.

There is no elevator to success.
You have to take the stairs.

- Zig Ziglar

성공으로 가는 엘리베이터는 없다. 당신은 계단을 이용해야만 한다. - 지그 지글러 (미국의 작가)

Human Body

1

'네일' 봐요. 다를 거예요.

2

당신이 피곤하다는 신호

3

행복은 장에서부터

1

133 words
★ ☆ ☆

Is it annoying to cut your fingernails once a week? Then, avoid [G] going outside and stop playing computer games. It may sound strange, but these activities can speed up fingernail growth! Why is that?   3

When you get more sunlight, your body produces more vitamin D. This nutrient is very important for keeping your nails strong and helping them grow. So, if you spend a lot of time in the sun, you might need to cut your   6 nails more often!

Also, using your hands more makes your nails grow faster. (a) Compare your right hand and left hand. (b) If you mainly use your right hand, it will have longer fingernails. (c) That is because moving your fingers increases the flow of blood to your nails. (d) Using both hands also makes the brain function better. (e) And blood provides nutrients and oxygen to help your fingernails grow!   9   12   15   18

Grammar Ground **동명사를 목적어로 쓰는 동사** (1행&2행)

다음 동사들은 동명사를 목적어로 쓴다.

| avoid 피하다 | stop 멈추다 | enjoy 즐기다 | recommend 추천하다 | give up 포기하다 |
| keep 계속 ~하다 | mind 꺼리다 | finish 끝내다 | practice 연습하다 | imagine 상상하다 |

• 해설집 p.12

1 이 글의 제목으로 가장 적절한 것은?

① Fingernails: Their Importance to Us
② Nutrients Needed for Our Fingernails
③ Why Our Fingernails Require Sunlight
④ The Proper Way to Cut Your Fingernails
⑤ What Makes Our Fingernails Grow Faster

2 이 글의 내용과 일치하면 T, 그렇지 않으면 F를 쓰시오.

(1) 손톱을 일주일에 한 번씩 자르는 것은 바람직하지 않다. _____

(2) 비타민D는 손톱이 자라는 데 중요한 역할을 한다. _____

(3) 오른손과 왼손의 손톱이 자라는 속도는 다를 수 있다. _____

3 이 글의 (a)~(e) 중, 전체 흐름과 관계<u>없는</u> 문장은?

① (a)　　　　② (b)　　　　③ (c)　　　　④ (d)　　　　⑤ (e)

문해력+

4 이 글의 내용으로 보아, 다음 빈칸에 들어갈 말을 글에서 찾아 쓰시오.

Getting lots of _____ makes your nails grow faster because it helps your body produce an important nutrient for nails. Also, using your hands a lot sends more _____ to your nails, and it gives them nutrients and oxygen.

Words | **annoying** 휑 성가신　**fingernail** 똉 손톱　**avoid** 통 피하다　**strange** 휑 이상한　**activity** 똉 활동　**speed up** 속도를 높이다
growth 똉 성장　**produce** 통 생성하다　**nutrient** 똉 영양소　**nail** 똉 손톱　**compare** 통 비교하다　**mainly** 틧 주로　**flow** 똉 흐름　**blood** 똉 혈액
function 통 기능하다　**provide** 통 제공하다　**oxygen** 똉 산소　<문제> **importance** 똉 중요성　**require** 통 필요로 하다　**proper** 휑 올바른

2

124 words
★ ★ ☆

^GIt's midnight, and you have stayed up ⓐ <u>late</u> to finish your homework. You start to get ⓑ <u>tired</u> and rub your eyes without thinking. But why do you do this?

First of all, your eyes need more tears! When you get sleepy, the nervous system reduces the production of tears to save energy during sleep. Your eyes become ⓒ <u>wet</u>, and that makes you want to rub them. Rubbing your dry eyes brings comfort because it causes them to produce more tears.

Another reason is that your eyes and heart are ⓓ <u>linked</u> through the nervous system. Your heart slows down when you put pressure on your eyes by rubbing them. So, doing <u>this</u> may make you feel calmer. In other words, you're helping your body ⓔ <u>relax</u>!

3

6

9

Grammar Ground **비인칭 주어 it의 쓰임** (1행)

비인칭 주어 it은 시간·날씨·계절·요일·명암·거리를 나타낼 때 쓰며, 대명사 it과는 달리 '그것'이라고 따로 해석하지 않는다.

It is 5 o'clock. (비인칭 주어 it) 5시야.

It is a very big house. (대명사 it) 그것은 매우 큰 집이다.

1 이 글의 주제로 가장 적절한 것은?

① a way to reduce tear production

② the dangers of rubbing our eyes

③ the value of receiving good eye care

④ what science says about sleeping late

⑤ why being tired makes us rub our eyes

2 이 글의 밑줄 친 ⓐ~ⓔ 중, 문맥상 알맞지 <u>않은</u> 것은?

① ⓐ   ② ⓑ   ③ ⓒ   ④ ⓓ   ⑤ ⓔ

3 이 글의 밑줄 친 <u>this</u>가 의미하는 내용을 우리말로 쓰시오.

_____

문해력+

4 이 글의 내용으로 보아, 다음 빈칸에 들어갈 말을 글에서 찾아 쓰시오.

When you are sleepy, your body produces fewer _____ to save energy.

⬇

You want to rub your _____ eyes.

⬇

Rubbing your eyes leads them to create _____ tears.

Words | **midnight** 몡 자정 **stay up** 깨어 있다 **rub** 동 비비다 **sleepy** 혱 졸린 **nervous system** 신경계 **reduce** 동 줄이다
production 몡 생산, 생성 **save** 동 아끼다 **wet** 혱 젖은 **bring** 동 가져다주다 **comfort** 몡 편안함 **cause** 동 ~하게 하다 **link** 동 연결시키다
slow down 느려지다, 속도를 늦추다 **pressure** 몡 압력 **calm** 혱 차분한 **relax** 동 진정하다 <문제> **create** 동 만들다

3

118 words
★ ★ ★

Did you know that happiness begins in the *gut? Recently, scientists discovered that ⓐ <u>this organ</u> produces around 95 percent of the serotonin in your body. Serotonin is a chemical that makes you feel relaxed and happy. As the gut and the brain are connected, the gut sends serotonin to the brain.

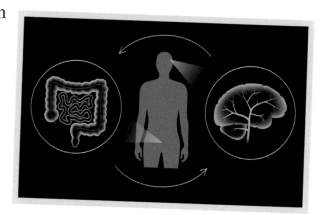

(①) Now, you can probably guess the result of not taking care of your gut. (②) Eating lots of unhealthy foods can prevent the gut from working properly. (③) Therefore, ⓑ <u>it</u> may produce less serotonin than usual. (④) This can make you anxious and sad. (⑤) So, if you want to be in a good mood, treat your gut well with healthy foods!

*gut 장

3

6

9

12

15

'행복 호르몬' 세로토닌, 너무 많아도 문제?
세로토닌은 정서적인 건강에 영향을 주는 중요한 신경 전달 물질로, 행복을 촉진하고 안정감을 주는 역할을 한다. 그러나 세로토닌 수치가 너무 높아도 '세로토닌 증후군'이라는 질병이 발병해, 우울감이나 신경 근육 이상이 생길 수 있다. 따라서 규칙적인 운동, 충분한 수면, 올바른 식습관을 통해 정상적인 세로토닌 수치를 유지하는 것이 좋다.

Grammar Ground **조건의 부사절을 이끄는 접속사 if** 14행

if는 '만약 ~한다면'이라는 의미로, 조건을 나타내는 부사절을 이끈다.

If it rains, we should cancel the outdoor picnic.

만약 비가 온다면, 우리는 야외 소풍을 취소해야 한다.

1 이 글의 밑줄 친 ⓐ, ⓑ가 공통으로 가리키는 것을 글에서 찾아 쓰시오.

_____

2 이 글의 내용과 일치하면 T, 그렇지 않으면 F를 쓰시오.

(1) 세로토닌은 우리를 편안하고 행복하게 만들어 주는 화학물질이다. _____

(2) 인간의 뇌는 체내 세로토닌의 약 95퍼센트를 생성한다. _____

3 이 글의 흐름으로 보아, 다음 문장이 들어가기에 가장 적절한 곳은?

And your brain may naturally receive less of it.

①   ②   ③   ④   ⑤

4 이 글의 내용으로 보아, 다음 빈칸에 들어갈 말을 글에서 찾아 쓰시오.

You eat a lot of _____ foods.

⬇

Your gut does not work _____.

⬇

You feel _____ and sad.

Words | **recently** 톔 최근에 **discover** 통 발견하다 **organ** 명 장기 **chemical** 명 화학물질 **relaxed** 형 편안한 **connect** 통 연결시키다
probably 톔 아마 **take care of** ~을 돌보다 **unhealthy** 형 건강에 해로운 **prevent** 통 막다 **properly** 톔 제대로 **anxious** 형 불안해하는
mood 명 기분 **treat** 통 다루다 <문제> **naturally** 톔 자연스럽게 **receive** 통 받다

Review Ground

[1-3] 다음 빈칸에 들어갈 가장 적절한 표현을 보기 에서 한 번씩만 골라 쓰시오.

| 보기 | stay up | speed up | slow down |

1 To finish the race on time, she had to _____ her running pace.

2 As the road became icy, the driver started to _____ for a safe journey.

3 We decided to _____ all night talking and playing games.

4 다음 중, 단어의 영영 풀이가 올바르지 <u>않은</u> 것은?

① provide: to give something that is needed, like help or resources

② nutrient: a thing in food that makes you healthier

③ properly: in the correct way, following the rules or standards

④ avoid: to stay away from or not do something

⑤ anxious: a state of feeling calm, without stress

5 다음 빈칸에 들어갈 말로 <u>어색한</u> 것은?

Elise _____ eating pizza.

① finished   ② stopped   ③ kept   ④ enjoyed   ⑤ wanted

6 다음 빈칸에 공통으로 들어갈 말로 알맞은 것은?

- We will get to the party early _____ there is less traffic.
- The plants can grow well _____ you water them regularly.

① before   ② but   ③ or   ④ if   ⑤ until

[7-8] 다음 우리말과 같도록 괄호 안의 말을 알맞게 배열하시오.

7 장과 뇌는 연결되어 있으므로, 장은 세로토닌을 뇌로 보낸다. (the brain, to, sends, the gut, serotonin)

→ As the gut and the brain are connected, _____.

8 당신이 더 많은 햇볕을 받으면, 당신의 몸은 더 많은 비타민D를 생성한다. (more vitamin D, produces, your body, get, you, more sunlight)

→ When _____, _____.

You've gotta dance
like there's nobody watching,
love like you'll never be hurt,
sing like there's nobody listening,
and live like it's heaven on Earth.

– William W. Purkey

아무도 보자 않는 것처럼 춤추고, 상처받지 않을 것처럼 사랑하고, 듣는 사람이 없는 것처럼 노래하며, 지상이 천국인 것처럼 살아야 한다.
– 윌리엄 왓슨 퍼키 (미국의 작가)

CHAPTER 06

Entertainment

1 네 번째 벽이 깨진다면?

🔍 핵심 단어 엿보기

- □ serious 혱 진지한
- □ audience 몡 관객
- □ pretend 통 ~인 것처럼 굴다
- □ observer 몡 관찰자

- □ stare into ~을 빤히 쳐다보다
- □ divide 통 나누다, 분리시키다
- □ concentrate on ~에 집중하다
- □ take part in ~에 참여하다

2 마살라의 맛에 빠지다

🔍 핵심 단어 엿보기

- □ blend 몡 조합
- □ memorable 혱 기억에 남는
- □ natural 혱 자연스러운
- □ bring about ~을 유발하다

- □ contain 통 포함하다
- □ appear 통 등장하다
- □ exciting 혱 신나는
- □ feature 몡 특징

3 자꾸만 맴도는 이 노래는?

🔍 핵심 단어 엿보기

- □ term 몡 용어
- □ well-known 혱 잘 알려진
- □ infect 통 감염시키다
- □ entire 혱 전체의

- □ come from ~에서 유래하다
- □ author 몡 작가
- □ get rid of ~을 없애다
- □ highlight 통 강조하다

1

159 words
★ ★ ★

The actors on the screen are having a serious conversation. The viewers watch them and wonder what will happen next. Suddenly, one actor stares into the camera and starts speaking to the audience. What is happening? The actor is breaking the fourth wall! 3 6

The "fourth wall" is an imaginary wall that divides the actors and the audience. The concept was first used in stage performances with three actual walls. And now it is also used in movies and TV dramas. The actors pretend that the fourth wall is in front of them instead of the viewers or cameras. It helps the actors concentrate on the scene. 9 12

Then why do actors sometimes break this wall? Doing this _____! In the movie *Enola Holmes*, Enola is searching for her mother. At times, she turns to the camera and asks, "Do you have any ideas?" At that moment, the viewers are not just observers anymore! 15 18

Grammar Ground | **동사 have의 진행형** ①행

동사 have는 '가지다'라는 소유의 의미일 때는 진행형으로 쓸 수 없지만, '먹다, (대화를) 나누다, 시간을 보내다' 등과 같은 동작을 나타낼 때는 진행형으로 쓸 수 있다.

My sister (has, ~~is having~~) brown hair. (소유) 내 여동생은 갈색 머리카락을 가지고 있다.
My parents are having a conversation. (동작) 나의 부모님은 대화를 나누고 계신다.

1 다음 질문에 대한 답이 되도록 빈칸에 들어갈 말을 글에서 찾아 쓰시오.

> Q. What is the fourth wall?

A. It is an _____ wall between the actors and the viewers.

2 다음 중, 이 글의 밑줄 친 문장에 해당하는 사례로 가장 적절한 것은?

① 배우가 시사회에 참석하는 경우
② 배우가 1인극에 출연하는 경우
③ 배우가 관객에게 퀴즈를 내는 경우
④ 공연 중 영화 촬영 세트가 부서진 경우
⑤ 출연 배우 전원이 함께 노래를 부르는 경우

3 이 글의 빈칸에 들어갈 말로 가장 적절한 것은?

① shows off their acting talent
② gives the actors peace of mind
③ divides the actors from the viewers
④ is useful when they forget their lines
⑤ makes the viewers a part of the scene

문해력+
4 이 글의 내용으로 보아, 다음 빈칸에 들어갈 말을 보기 에서 골라 쓰시오.

> 보기 having   observers   breaking   actors   searching

Movie Review: *Enola Holmes*

Enola lets viewers take part in _____ for her mother. As a result, the viewers are no longer just _____ of the movie.

Words | **serious** 휑 진지한 **conversation** 휑 대화 **viewer** 휑 시청자 **wonder** 통 궁금해하다 **suddenly** 뷔 갑자기
stare into ~을 빤히 쳐다보다 **audience** 휑 관객 **imaginary** 휑 가상의 **divide** 통 나누다, 분리시키다 **concept** 휑 개념 **performance** 휑 공연
pretend 통 ~인 것처럼 굴다 **in front of** ~의 앞에 **concentrate on** ~에 집중하다 **scene** 휑 장면 **search for** ~를 찾다 **at times** 가끔
observer 휑 관찰자 <문제> **show off** 뽐내다 **talent** 휑 재능 **line** 휑 대사 **take part in** ~에 참여하다 **no longer** 더 이상 ~가 아닌

지문 음성 바로 듣기

2

153 words
★ ★ ☆

Action! Drama! Romance! Comedy! Do you want to see all of these in one movie? Then watch a masala film from India. A masala film is a unique blend of many genres. It is named after masala, a mix of spices used in curry. A perfect "recipe" for a masala film contains at least six songs and three dance numbers. Thus, it can be quite long, sometimes more than three hours! The songs are memorable, so you'll find yourself singing them for days. And the large group dances will make you want to get up and dance, too. However, the songs and dances can appear at any time, even in the middle of a serious situation. <u>At first, you may think the timing is not natural.</u> But the scenes are so exciting that they can bring about a smile. That is the purpose of a masala movie! It is made for our _____.

3

6

9

12

알고 나면 유익한 뮤지컬 용어들

1) 싱어롱(sing-along): '노래를 따라 부르다'라는 의미의 sing along에서 나온 말로, 뮤지컬 극장이나 영화관에서 극 중의 노래를 관객이 함께 따라 부르도록 하는 상영 형식이다.

2) 성 스루(sung through): 처음부터 끝까지 대사가 하나도 없고 모든 대사가 노래로 이루어진 뮤지컬을 뜻한다.

3) 넘버(number): 뮤지컬에 등장하는 노래는 '넘버'라고 부르는데, 이는 대본에 노래의 번호가 매겨져 있어 배우나 스태프가 소통할 때는 제목 대신 번호를 부르기 때문이다.

Grammar Ground 재귀대명사(-self/-selves)의 두 가지 용법 8행

1. 재귀 용법: 동사나 전치사의 목적어가 주어와 같을 때 목적어로 재귀대명사를 쓰며, 이때 재귀대명사는 생략할 수 없다.

   <u>We</u> should love ourselves. 우리는 우리 자신을 사랑해야 한다.

2. 강조 용법: 주어·보어·목적어를 강조하기 위해 강조하는 말 바로 뒤나 문장 맨 뒤에 재귀대명사를 쓰며, 이때는 생략할 수 있다.

   <u>I</u> will solve the problem (myself). 나는 그 문제를 직접 해결할 거야.

1   이 글의 제목으로 가장 적절한 것은?

① How to Add Music to Action Movies

② What Critics Say about a Masala Film

③ Enjoy a Variety of Genres in One Film

④ Masala: The First Indian Movie Genre

⑤ The Characteristics of Indian Musicals

2   이 글의 밑줄 친 문장의 이유를 우리말로 쓰시오.

_____

3   이 글의 빈칸에 들어갈 말로 가장 적절한 것은?

① creativity   ② confidence   ③ enjoyment

④ freedom   ⑤ learning

문해력+

4   이 글의 내용으로 보아, 다음 빈칸에 들어갈 말을 글에서 찾아 쓰시오.

> **Features of Masala**
>
> A masala film can include at least _____ songs and _____
> group dances. And it can last over _____ hours.

Words | blend 명 조합 genre 명 장르 be named after ~의 이름을 따서 이름 지어지다 spice 명 향신료 recipe 명 조리법
contain 동 포함하다 at least 최소 quite 부 꽤 memorable 형 기억에 남는 appear 동 등장하다 natural 형 자연스러운
bring about ~을 유발하다 purpose 명 목적 <문제> critic 명 비평가 a variety of 다양한 characteristic 명 특징 creativity 명 창의력
confidence 명 자신감 enjoyment 명 즐거움 freedom 명 자유 feature 명 특징 include 동 포함하다 last 동 지속되다

3

146 words
★ ★ ☆

"I'm super shy, super shy." One line from a famous song is playing over and over in your head. What's going on? You have an earworm!

An earworm is a section of a song that _____. The term came from a German word, *Ohrwurm*. This is used ⓐ <u>to</u> talk about a catchy, memorable tune. The English version of this word became popular thanks ⓑ <u>to</u> the well-known author Stephen King. He once said he was "infected" by one.

So, why is it so hard ⓒ <u>to</u> stop these earworms? Scientists found some common features of songs with earworms. They ^G usually have a fast beat with simple melodies and a lot of repeated notes. Thus, the songs are easy ⓓ <u>to</u> sing.

Luckily, there are <u>a few ways</u> to get rid of earworms. Listen ⓔ <u>to</u> the entire song, chew gum, or focus on something different!

3

6

9

12

15

Grammar Ground 빈도부사의 위치 ⑩행

빈도부사 always(항상), usually(보통), often(종종), sometimes(가끔), seldom(거의 ~ 않다), never(결코 ~ 않다)는 일반동사 앞 또는 be동사나 조동사 뒤에 온다.

She usually takes the bus to school. 그녀는 보통 버스를 타고 학교에 간다.
He is never late for school. 그는 학교에 결코 늦지 않는다.

1 이 글의 빈칸에 들어갈 말로 가장 적절한 것은?

① is good to dance to

② has the fastest beat

③ does not include any lyrics

④ highlights the song's message

⑤ gets stuck in your head easily

2 이 글의 밑줄 친 ⓐ~ⓔ 중, 쓰임이 같은 것끼리 묶인 것은?

① ⓐ, ⓑ   ② ⓐ, ⓒ, ⓔ   ③ ⓑ, ⓒ

④ ⓑ, ⓔ   ⑤ ⓒ, ⓓ, ⓔ

3 이 글의 밑줄 친 a few ways가 가리키는 것 세 가지를 우리말로 쓰시오.

(1) _____

(2) _____

(3) _____

문해력+

4 다음은 Jane의 일기이다. 이 글의 내용과 일치하지 <u>않는</u> 보기를 골라 기호를 쓰고, 알맞은 말을 글에서 찾아 바르게 고쳐 쓰시오.

> **November 17** ☀
>
>   Today, I heard a song with a ① <u>simple</u> melody that is hard to ② <u>forget</u>! The beat was ③ <u>slow</u> and many of the notes were ④ <u>repetitive</u>. The song keeps playing ⑤ <u>again and again</u> in my head!

_____ → _____

Words | **shy** 혱 부끄러운 **line** 몡 가사 **over and over** 반복해서 **term** 몡 용어 **come from** ~에서 유래하다 **catchy** 혱 매력적인 **tune** 몡 곡, 음 **popular** 혱 대중적인 **well-known** 혱 잘 알려진 **author** 몡 작가 **infect** 통 감염시키다 **beat** 몡 박자 **repeated** 혱 반복되는 **note** 몡 음 **get rid of** ~을 없애다 **entire** 혱 전체의 **chew** 통 씹다 <문제> **lyric** 몡 가사 **highlight** 통 강조하다 **get stuck** (머리·뇌리에) 박히다 **repetitive** 혱 반복되는 **again and again** 되풀이해서

Review Ground

[1-3] 단어와 영영 풀이를 알맞게 연결하시오.

1 natural •

2 exciting •

3 entire •

• ⓐ happening as you expected, not surprising or unusual

• ⓑ complete, having all the parts of something

• ⓒ making you feel interested, happy, or full of energy

4 다음 빈칸에 들어갈 말로 가장 적절한 것은?

> The fence _____ the backyard into a play area and a garden.

① contains ② highlights ③ infects ④ divides ⑤ stares

5 다음 중, 밑줄 친 부분이 어법상 어색한 것은?

① They are having lunch together.

② She is having a great time at the party.

③ My brother is having short, brown hair.

④ We were having a conversation last night.

⑤ He was having a cup of coffee at 3 p.m. yesterday.

6 다음 중, 밑줄 친 재귀대명사를 생략할 수 있는 것은?

① Let me introduce myself.

② He painted the room himself.

③ The cat entertained itself with a toy mouse.

④ She questioned herself about the decision.

⑤ The students looked at themselves in their costumes.

[7-8] 다음 우리말과 같도록 괄호 안의 말을 알맞게 배열하시오.

7 갑자기, 한 배우가 카메라를 빤히 쳐다보며 관객에게 말을 걸기 시작한다. (the camera, to, stares into, and, the audience, starts, speaking)

→ Suddenly, one actor _____ .

8 당신은 이 모든 것들을 한 영화에서 보고 싶은가? (you, do, one movie, to see, want, in, all of these)

→ _____

You must not let anyone
define your limits
because of where you come from.
Your only limit is your soul.

- From the movie Ratatouille

누구도 너의 출신을 들먹이며 너의 한계를 정하지 못하게 해. 너의 유일한 한계는 너의 영혼뿐이야. - 영화 「라따뚜이」 중에서

CHAPTER 07

Science

1 베이킹만 할 수 있는 게 아니에요

2 물방울의 소리로 알 수 있다

3 기찻길에 없어서는 안 될 '이것'

1

113 words
★ ☆ ☆

Baking soda is really helpful in the kitchen. ⓐ <u>It</u> is not just for baking—it is for safety, too. Surprisingly, ⓑ <u>it</u> can help put out kitchen fires! But how does ⓒ <u>it</u> do that? ₃

All fires require <u>three things</u> to burn: fuel, heat, and oxygen. Baking soda deals with the oxygen part. When you throw baking soda onto a fire, the fire's heat causes ⓓ <u>it</u> to release *carbon dioxide gas. This gas gets rid ₆ of the oxygen in the air that surrounds the flames. Because there is no oxygen, the fire cannot continue burning.

But be careful not to use baking powder for this task. Unlike baking ₉ soda, ⓔ <u>it</u> can make the fire worse!

*carbon dioxide 이산화탄소

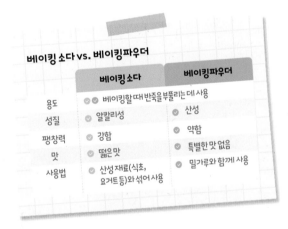

베이킹 소다 vs. 베이킹파우더

	베이킹 소다	베이킹파우더
용도	☑ 베이킹할 때 반죽을 부풀리는 데 사용	
성질	☑ 알칼리성	☑ 산성
팽창력	☑ 강함	☑ 약함
맛	☑ 떫은맛	☑ 특별한 맛 없음
사용법	☑ 산성 재료(식초, 요거트 등)와 섞어 사용	☑ 밀가루와 함께 사용

Grammar Ground **to부정사의 부정형** ⑨행

to부정사의 부정형은 「not to + 동사원형」의 형태로 쓴다.

I decided not to attend **the party.** 나는 그 파티에 참석하지 않기로 결정했다.
They tried not to be rude. 그들은 무례하지 않기 위해 노력했다.

• 해설집 p.18

1 이 글의 밑줄 친 ⓐ~ⓔ 중, 가리키는 대상이 나머지 넷과 <u>다른</u> 것은?

① ⓐ   ② ⓑ   ③ ⓒ   ④ ⓓ   ⑤ ⓔ

2 이 글의 밑줄 친 three things가 가리키는 것 세 가지를 글에서 찾아 쓰시오.

(1) _____

(2) _____

(3) _____

3 이 글을 읽고 답할 수 <u>없는</u> 질문을 <u>모두</u> 고르시오.

① 베이킹 소다는 어떤 용도로 사용되는가?

② 베이킹 소다로 불을 끄는 방법은 무엇인가?

③ 베이킹파우더로 조리를 하면 어떤 일이 일어나는가?

④ 이산화탄소는 불을 끄는 데 어떻게 도움이 되는가?

⑤ 주방 화재 시 베이킹 소다 대신 사용할 수 있는 것은 무엇인가?

문해력⁺

4 이 글의 내용으로 보아, 다음 빈칸에 들어갈 말을 글에서 찾아 쓰시오.

> Baking soda can _____ _____ kitchen fires. If it is thrown onto a fire, the heat causes the baking soda to _____ a gas called carbon dioxide. This gas removes oxygen from around the fire, and this prevents the fire from _____.

Words | **safety** 몡 안전   **put out** (불을) 진압하다, 끄다   **require** 통 필요로 하다   **fuel** 몡 연료   **heat** 몡 열   **oxygen** 몡 산소
deal with ~을 처리하다   **throw** 통 내던지다   **release** 통 방출하다   **get rid of** ~을 제거하다   **surround** 통 둘러싸다   **flame** 몡 화염
continue 통 계속 ~하다   **careful** 혱 조심하는   **task** 몡 일   **worse** 혱 악화된   <문제> **remove** 통 제거하다

2

126 words
★ ★ ☆

Did you know that you can "hear" the temperature of water? To check this, go to the kitchen and turn on the cold water. Listen carefully when the water hits the sink. Repeat this with hot water, and you will notice the hot water's pitch is _____ than the cold water's!

The difference is caused by the water's thickness. Think about honey. As you probably know, cold honey is denser than hot honey. Similarly, cold water is thicker than hot water. Molecules of cold water are packed closely together in a heavy mass. So, when cold water hits the sink, it makes a low sound. In contrast, hot water is thinner and breaks into smaller droplets when it hits the sink. Therefore, the opposite effect occurs.

3

6

9

Grammar Ground 「명령문 + and/or ~」 ③행

「명령문 + and ~」는 '···해라, 그러면 ~'이라는 의미이고, 「명령문 + or ~」는 '···해라, 그렇지 않으면 ~'이라는 의미이다.

Study hard, and you will pass the test. 열심히 공부해라, 그러면 너는 시험에 합격할 것이다.
Be quiet, or the teacher will get angry. 조용히 해라, 그렇지 않으면 선생님이 화 날 것이다.

• 해설집 p.18

1 이 글의 제목으로 가장 적절한 것은?

① The Science of Sound Waves
② How Sound Travels Underwater
③ The Sound of Water: Hot vs. Cold
④ Why Water Molecules Stick to Each Other
⑤ Simple Science Experiments in the Kitchen

2 이 글의 빈칸에 들어갈 말로 알맞은 것은?

① high   ② more higher   ③ the highest
④ the most high   ⑤ higher

3 다음 중, 글의 내용을 바르게 이해한 사람을 모두 고른 것은?

> 단비: 내가 차가운 물을 컵에 따른다면, 뜨거운 물보다 더 둔탁한 소리가 날 거야.
>
> 태오: 뜨거운 꿀은 차가운 꿀보다 밀도가 더 높을 거야.
>
> 도준: 물과 꿀은 서로 반대의 속성을 가지고 있을 거야.
>
> 영은: 차가운 물은 바리톤, 뜨거운 물은 소프라노로 비유할 수 있을 거야.

① 단비, 도준   ② 단비, 영은   ③ 태오, 도준
④ 태오, 영은   ⑤ 도준, 영은

문해력+

4 이 글의 밑줄 친 **the opposite effect**가 의미하는 내용을 우리말로 쓰시오.

_____

Words | temperature 똉온도 turn on ~을 틀다, 켜다 carefully 뷔주의 깊게 repeat 됭반복하다 notice 됭알아차리다 pitch 똉음의 높이 difference 똉차이 thickness 똉밀도, 두께 dense 휑밀도가 높은 similarly 뷔비슷하게 thick 휑걸쭉한, 빽빽한 molecule 똉분자 packed 휑차 있는 closely 뷔빽빽하게 mass 똉덩어리 low 휑낮은 in contrast 대조적으로 thin 휑묽은, 얇은 droplet 똉(작은) 물방울 opposite 휑반대의 effect 똉효과 occur 됭발생하다 <문제> sound wave 음파 underwater 뷔물속에서 stick to ~에 달라붙다 experiment 똉실험

3

126 words
★ ☆ ☆

When you look at a train track, you may notice lots of small rocks under it. These rocks are called "*ballast," and they are there to make your train journey safe!

3

First, the rocks secure the track in place when a train runs over it. How do they accomplish this? The secret lies in their _____ . The rocks have sharp edges, so they fit together like puzzle pieces. This allows them 6 to hold the track tightly. Second, the rocks distribute the weight of the heavy train. If they're not there, the track can sink into the soft ground! In addition, the rocks ᴳkeep the track clear. They let water flow away and 9 prevent plants from growing.

In conclusion, without ballast, the train track cannot function properly!

*ballast 밸러스트(철도·도로의 자갈)

Grammar Ground **5형식 동사 keep의 쓰임** (9행)

keep이 5형식으로 쓰일 때 「동사 + 목적어 + 목적격 보어(형용사)」의 형태를 가지며, 목적격 보어 자리에 부사는 올 수 없다.

Jennifer always <u>keeps</u> <u>her room</u> (clean, ~~cleanly~~). Jennifer는 그녀의 방을 항상 깨끗하게 유지한다.

1 이 글의 제목으로 가장 적절한 것은?

① How Do Trains Stay on the Tracks?

② The Different Rock Types under Train Tracks

③ Rocks on the Track Are Not Safe for Trains!

④ The Tiny Helpers with Big Roles on Train Tracks

⑤ Small Sharp Rocks: The Secret to Finding Them

2 이 글의 빈칸에 들어갈 말로 가장 적절한 것은?

① shape   ② thickness   ③ size

④ amount   ⑤ color

3 밸러스트에 관한 이 글의 내용과 일치하면 T, 그렇지 않으면 F를 쓰시오.

(1) 선로가 땅속으로 가라앉지 않게 해 준다.   _____

(2) 식물이 성장할 수 있는 기반을 마련해 준다.   _____

문해력+

4 이 글의 내용으로 보아, 다음 빈칸에 들어갈 말을 보기에서 골라 쓰시오.

> 보기   weight   functions   clear   heavy   journey   holds

What Are the Roles of the Ballast?

- _____ the track tightly
- spreads out the train's _____ evenly
- keeps the track _____

Words | journey 몡 여행 secure 동 고정시키다 in place 제자리에 accomplish 동 해내다 secret 몡 비결 lie 동 있다 edge 몡 모서리
fit 동 (모양이 어떤 사물에) 맞다 allow 동 가능하게 하다 tightly 분 단단히 distribute 동 분산시키다 weight 몡 무게 sink into ~으로 가라앉다
flow 동 흘러가다 function 동 기능하다 properly 분 제대로 <문제> helper 몡 도우미 spread out ~을 분산시키다, 퍼뜨리다 evenly 분 고르게

Review Ground

1 다음 중, 단어의 영영 풀이가 올바르지 <u>않은</u> 것은?

① function: to perform a task or carry out an activity

② notice: to become aware of, or begin to pay attention to something

③ throw: to move something through the air using force

④ prevent: to stop something from happening by taking early action

⑤ allow: to prohibit something from happening or being done

[2-4] 다음 빈칸에 들어갈 단어로 가장 적절한 것은?

2 Wearing a helmet is crucial for the _____ of cyclists on the road.

① edge   ② effect   ③ weight   ④ secret   ⑤ safety

3 Maria listened _____ to the teacher's advice to avoid any mistakes.

① carefully   ② similarly   ③ evenly   ④ really   ⑤ tightly

4 Jimmy asks visitors to _____ their campfires before they leave the campsite.

① spread out   ② stick to   ③ put out   ④ sink into   ⑤ lie in

[5-6] 다음 괄호 안에서 알맞은 말을 골라 표시하시오.

5 Apologize to your friend, (and / or) she might get even angrier.

6 He kept his tone (calm / calmly) during the discussion.

[7-8] 다음 우리말과 같도록 괄호 안의 말을 알맞게 배열하시오.

7 베이킹 소다와 달리, 그것은 화재를 악화시킬 수 있다! (worse, make, the fire, can, it)

→ Unlike baking soda, _____!

8 기차선로를 보면, 당신은 그것의 아래에 있는 많은 작은 돌들을 알아차릴지도 모른다. (it, small rocks, under, you, notice, may, lots of)

→ When you look at a train track, _____.

There's a time for daring
and there's a time for caution,
and a wise man understands
which is called for.

– From the movie *Dead Poets Society*

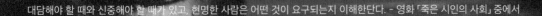

대담해야 할 때와 신중해야 할 때가 있고, 현명한 사람은 어떤 것이 요구되는지 이해한단다. – 영화 「죽은 시인의 사회」 중에서

CHAPTER **08**

Environment

1 모래성 같은 미래

🔍 핵심 단어 엿보기

□ disappear 동 사라지다   □ desert 명 사막

□ smooth 형 매끄러운   □ flat 형 납작한, 평평한

□ take away ~을 빼앗다   □ nature 명 자연

□ replace 동 다시 놓다, 바꾸다   □ protection 명 보호

2 '웃픈' 경연대회

🔍 핵심 단어 엿보기

□ annual 형 연례의   □ competition 명 대회

□ importance 명 중요성   □ damage 명 파괴

□ humorous 형 재미있는   □ donate 동 기부하다

□ profit 명 수익   □ call for ~을 필요로 하다

3 쓰레기는 사지 않아요

🔍 핵심 단어 엿보기

□ attack 명 공격   □ fortunately 부 다행히도

□ movement 명 (조직적인) 운동   □ global 형 세계적인

□ throw out ~을 버리다   □ fill 동 채우다

□ recycle 동 재활용하다   □ waste 명 쓰레기

지문 음성 바로 듣기

1

139 words
★ ★ ☆

In 100 years, making sandcastles might be a thing of the past. Most sand beaches around the world are disappearing!

The main reason is human activity. The number of people in the world is growing. So, more and more sand is needed to build homes and roads. Deserts have plenty of sand, but it doesn't work for building because it's too smooth and round. Builders need sand with flat surfaces and angles, and this type of sand is usually found on beaches. However, people are taking it away much (A) faster / slower than nature can replace it. It takes thousands of years to make new sand! Moreover, sea levels are rising because of global warming, so beaches are getting (B) bigger / smaller .

Less sand means that the land has (C) more / less protection from wind and waves. And animals like crabs will lose their homes.

Grammar Ground **비교급 강조 부사: much, even, still, far, a lot** (8행)

비교급 앞에 강조 부사를 써서 '훨씬'이라는 의미로 비교급을 강조할 수 있다. 단, very는 원급을 강조하므로 비교급 앞에 올 수 없다.

The film is (much, ~~very~~) longer than a typical movie. 그 영화는 일반적인 영화보다 훨씬 더 길다.

1 이 글의 제목으로 가장 적절한 것은?

① What We Can Make with Sand

② Beaches: Where Sand Is Formed

③ Desert Sand: What Is It Good For?

④ Beaches in Trouble: What's Happening?

⑤ Sandcastles Bring Back Childhood Memories

2 이 글의 내용과 일치하면 T, 그렇지 않으면 F를 쓰시오.

(1) 사막의 모래와 해변의 모래는 비슷한 특성을 가지고 있다. _____

(2) 해변에 있는 모래가 줄어들면 동물들도 피해를 입을 수 있다. _____

3 (A), (B), (C)의 각 네모 안에서 문맥에 알맞은 말로 가장 적절한 것은?

	(A)	(B)	(C)		(A)	(B)	(C)
①	faster	··· bigger	··· more	②	faster	··· smaller	··· less
③	faster	··· bigger	··· less	④	slower	··· smaller	··· less
⑤	slower	··· bigger	··· more				

문해력+

4 이 글의 내용으로 보아, 다음 빈칸에 들어갈 말을 보기 에서 골라 쓰시오.

> 보기   building   growing   losing   warming

Sand Beaches Are Disappearing

Causes	Effects
- The number of people worldwide is (1) _____ .	- A large amount of sand is taken away for (2) _____ things.
- Global (3) _____ causes sea levels to rise.	- Beaches are (4) _____ land.

Words | **sandcastle** 명 모래성 **disappear** 동 사라지다 **desert** 명 사막 **smooth** 형 매끄러운 **round** 형 둥근 **builder** 명 건축가
flat 형 납작한, 평평한 **surface** 명 표면 **angle** 명 각(도) **take away** ~을 빼앗다, 채취하다 **replace** 동 (원래 있던 자리에) 다시 놓다, 바꾸다
sea level 해수면 **global warming** 지구 온난화 **protection** 명 보호 <문제> **trouble** 명 곤경 **bring back** ~을 되살리다 **childhood** 명 어린 시절

2

127 words
★ ☆ ☆

A gorilla is picking its nose. And a squirrel is jumping with a brave look on its face. Doesn't just thinking about them make you laugh? You can find images of these scenes on the Comedy Wildlife Photography Awards website!

3

6

This annual competition started in 2015. The purpose was to spread a message about the importance of wildlife *conservation. Wild animals are losing their homes 9 due to environmental damage. However, the organizers didn't want to make people sad about this. Instead, they let people send them humorous pictures of animals in nature. And their idea worked! The contest 12 became popular. So, the organizers sell products with those images. They also donate some of the profits 15 to wildlife organizations. Clearly, _____ problems don't always call for _____ approaches! 18

*conservation 보존

야생동물 이사 대작전! 프로젝트 리와일드 잠베지

야생동물을 구하기 위한 또 다른 노력으로 짐바브웨 국립공원이 진행하는 야생동물 이주 작전인 '프로젝트 리와일드 잠베지'(Project Rewild Zambezi)가 있다. 짐바브웨는 기후변화로 극심한 가뭄을 겪고 있어, 야생동물이 먹을 물이 부족해 생존을 위협받고 있다. 따라서 코끼리 약 400마리, 임팔라 약 2,000마리 등을 약 700km 떨어진 북부 보호구역으로 이주시키는 프로젝트를 진행하고 있다.

Grammar Ground **4형식 문장을 이끄는 수여동사: send, give, offer, bring** (11~12행)

send, give, offer, bring은 「주어 + 동사 + 간접목적어 + 직접목적어」 형태의 4형식으로 쓰이며, '~에게 …을 (해) 주다'라고 해석한다. 「주어 + 동사 + 직접목적어 + to + 간접목적어」 형태의 3형식으로 바꿔 쓸 수 있다.

She sent him a letter. = She sent a letter to him. 그녀는 그에게 편지를 보냈다.

1 이 글의 제목으로 가장 적절한 것은?

① A Fun Way to Help Wildlife

② The Way Wild Animals Survive

③ Why Humans Like Funny Photos

④ How to Hold a Successful Contest

⑤ Warning: Homes are Disappearing

2 이 글에서 Comedy Wildlife Photography Awards에 관해 언급되지 <u>않은</u> 것을 <u>모두</u> 고르시오.

① 대회를 개최하는 목적　　　　　② 작품을 제출하는 방법

③ 출품된 사진들의 예시　　　　　④ 사진을 심사하는 기준

⑤ 최초로 대회가 열린 연도

3 이 글의 빈칸에 공통으로 들어갈 말로 가장 적절한 것은?

① silly　　　　　　② serious　　　　　　③ effective

④ dull　　　　　　⑤ natural

문해력+
4 이 글의 내용으로 보아, 다음 빈칸에 들어갈 말을 글에서 찾아 쓰시오.

> The contest organizers wanted to show people that wildlife _____
> is important. So, they made a contest for funny images of animals in
> _____. They also _____ some profits to wildlife groups.

Words | **pick one's nose** 코를 후비다　**brave** 휑 용감한　**look** 몡 표정　**award** 몡 상　**annual** 휑 연례의　**competition** 몡 대회
spread 동 퍼뜨리다　**importance** 몡 중요성　**due to** ~으로 인해　**environmental** 휑 환경의　**damage** 몡 파괴　**organizer** 몡 주최(자)
humorous 휑 재미있는　**donate** 동 기부하다　**profit** 몡 수익　**call for** ~을 필요로 하다　**approach** 몡 접근법　<문제> **survive** 동 생존하다
hold 동 개최하다　**successful** 휑 성공적인　**silly** 휑 어리석은　**effective** 휑 효과적인　**dull** 휑 따분한

지문 음성 바로 듣기

3

138 words
★ ★ ☆

At the supermarket, shoppers buy items and take off the plastic packaging from them. They put the trash in big piles near the counter and leave the store. What is going on? It is a plastic attack!　　　　　3

(A) Fortunately, their voices were heard. ＿＿＿＿＿＿＿, Tesco, a big grocery chain, promised to make all their packaging recyclable by 2025. And surprisingly, this movement is spreading to other countries.　6 The actions of one group became a global campaign!

(B) They said plastic packaging thrown out each hour in the UK could fill over 10,000 shopping carts. And around half of this plastic can't be　9 recycled!

(C) A plastic attack is a *protest against plastic waste. It started in a small town in the UK. A group of people were shocked by the amount of　12 plastic packaging and planned the first plastic attack.

*protest 시위

Grammar Ground	to부정사를 목적어로 쓰는 동사 ⑤행				
promise 약속하다	want 원하다	hope 희망하다	choose 고르다	decide 결정하다
need 필요하다	expect 기대하다	plan 계획하다	fail 실패하다	would like ~하고 싶다

• 해설집 p.22

1   이 글의 단락 (A)~(C)를 순서에 맞게 배열한 것으로 가장 적절한 것은?

① (A) – (B) – (C)　　　　　　　　② (A) – (C) – (B)

③ (B) – (A) – (C)　　　　　　　　④ (B) – (C) – (A)

⑤ (C) – (B) – (A)

2   이 글의 빈칸에 들어갈 말로 가장 적절한 것은?

① However　　　　　② Moreover　　　　　③ Otherwise

④ For example　　　　⑤ Instead

3   이 글의 내용과 일치하면 T, 그렇지 않으면 F를 쓰시오.

(1) Plastic attacks require the use of many shopping carts. _____

(2) Plastic attacks are efforts to reduce plastic waste. _____

(3) Plastic attacks have spread to other nations. _____

문해력⁺
4   이 글의 내용으로 보아, 다음 빈칸에 들어갈 말을 보기 에서 골라 쓰시오.

> 보기   plastic   carts   movement   heard   shopping   planned
>
> The first plastic attack was _____ by some people in the UK. They
> started the _____ because they were shocked by the large amounts of
> _____ packaging thrown away in their country.

Words | **take off** ~을 벗겨내다 **packaging** 몡 포장재 **trash** 몡 쓰레기 **pile** 몡 무더기, 더미 **attack** 몡 공격 **fortunately** 뿐 다행히도
grocery 몡 식료품 (잡화점) **recyclable** 혱 재활용 가능한 **movement** 몡 (조직적인) 운동 **global** 혱 세계적인 **throw out** ~을 버리다 **fill** 통 채우다
recycle 통 재활용하다 **waste** 몡 쓰레기 **shocked** 혱 충격을 받은 <문제> **require** 통 필요로 하다 **effort** 몡 노력 **reduce** 통 줄이다 **nation** 몡 나라
throw away ~을 버리다

Review Ground

[1-3] 다음 밑줄 친 단어와 가장 비슷한 의미의 단어를 알맞게 연결하시오.

1 Using eco-friendly products can reduce the amount of <u>waste</u>. • • ⓐ contest

2 I entered a drawing <u>competition</u> at school to show my talent. • • ⓑ campaign

3 Join the Save the Trees <u>movement</u> and plant new trees! • • ⓒ trash

4 다음 빈칸에 들어갈 단어로 가장 적절한 것은?

> The man made the _____ decision to save the child from the car.

① global   ② brave   ③ round   ④ flat   ⑤ humorous

5 다음 중, 문장의 형식이 나머지 넷과 <u>다른</u> 것은?

① I will send you the information by email.

② They gave me some advice on choosing a gift.

③ She gave her umbrella to a friend during the sudden rainstorm.

④ He offered her help when she could not use the kiosk.

⑤ She brought me a book to read.

6 다음 중, 어법상 <u>어색한</u> 것은?

① I want to visit the new museum downtown.

② He hopes to travel to Europe next summer.

③ We need to finish this project by the end of the week.

④ I decided visiting my relatives this spring.

⑤ She promised to help me with my homework after school.

[7-8] 다음 우리말과 같도록 괄호 안의 말을 알맞게 배열하시오.

7 새로운 모래를 만드는 데는 수천 년이 걸린다! (new sand, thousands of, years, to make, takes)

→ It _____ !

8 야생동물들은 환경 파괴로 인해 그것들의 서식지를 잃고 있다. (due to, their homes, damage, losing, environmental, are)

→ Wild animals _____ .

You're braver than you believe,
stronger than you seem,
and smarter than you think.

~ From the movie Winnie-the-Pooh

너는 네가 믿는 것보다 더 용감하고, 보기보다 더 강하고, 생각보다 더 똑똑해. - 영화 「곰돌이 푸」 중에서

CHAPTER **09**

Ideas

1 1초 만에 음식 파헤치기

🔍 핵심 단어 엿보기

☐ **busy** 형 바쁜

☐ **nutritional** 형 영양의

☐ **suggest** 동 제안하다

☐ **explore** 동 분석하다

☐ **power** 동 구동시키다

☐ **content** 명 함량

☐ **match** 동 ~에 맞다

☐ **analyze** 동 분석하다

2 무엇이든 될 수 있다

🔍 핵심 단어 엿보기

☐ **clothes** 명 옷

☐ **fabric** 명 원단

☐ **solid** 형 고체의

☐ **melt** 동 녹이다

☐ **liquid** 형 액체의; 명 액체

☐ **mist** 명 안개; 동 뿌리다

☐ **contact** 동 접촉하다; 명 접촉

☐ **eco-friendly** 형 친환경적인

3 말하지 않아도 알아요

🔍 핵심 단어 엿보기

☐ **look up** (정보를) 찾아보다

☐ **device** 명 기기

☐ **deliver** 동 전달하다

☐ **response** 명 응답

☐ **lift** 동 들어 올리다

☐ **attach** 동 부착하다

☐ **development** 명 개발

☐ **come up with** ~을 생각해 내다

1

118 words
★ ★ ☆

You are having dinner at a restaurant. You like the food, and you want to know more about it. But now you don't have to ask the busy waiter. Instead, use the FoodLens application. It's powered by artificial intelligence (AI)! 3

Simply take a picture of the food with your phone, and the AI will do the rest. (a) It can tell you what is in the dish and how to make it. (b) It 6 can also give you nutritional information like the fat content. (c) The fat content of fast food is usually high. (d) But it doesn't end there. (e) It learns your favorite foods based on your photos and suggests similar dishes to try. 9 So, this AI phone application can help you find more delicious meals that match your tastes!

인공지능, 그 위대한 시작

1950년에 영국 출신의 수학자 앨런 튜링은 「계산 기계와 지능」이라는 논문에서 생각할 수 있는 기계의 개발 가능성에 대해 다루었다. 그는 이 가능성을 '튜링 머신'(긴 테이프에 쓰여 있는 기호들을 일정한 규칙에 따라 바꾸는 기계)이라는 가상의 모형에 구현했는데, 이것이 바로 알고리즘과 인공지능 역사의 시작이었다!

Grammar Ground **to부정사의 명사적 용법:「의문사 + to부정사」** 6행

「의문사 + to부정사」는 문장 안에서 명사처럼 주어·보어·목적어의 역할을 하며, 의문사에 따라 의미가 달라진다.

how + to부정사 어떻게 ~할지, ~하는 방법	what + to부정사 무엇을 ~할지
where + to부정사 어디에(서)/어디로 ~할지	when + to부정사 언제 ~할지

1 **이 글의 제목으로 가장 적절한 것은?**

① Can AI Replace Smartphones?

② How Restaurants Are Using AI Today

③ Why Do People Take Pictures of Food?

④ Share Food Photos Easily with an App

⑤ A New Application for Exploring Food

2 **FoodLens 애플리케이션에 관한 이 글의 내용과 일치하면 T, 그렇지 않으면 F를 쓰시오.**

(1) 사용자가 찍은 사진을 통해 음식을 분석한다. _____

(2) 사용자의 건강을 고려하여 적합한 음식을 추천한다. _____

3 **이 글의 밑줄 친 (a)~(e) 중, 전체 흐름과 관계없는 문장은?**

① (a)   ② (b)   ③ (c)   ④ (d)   ⑤ (e)

문해력+

4 **이 글의 내용으로 보아, 다음 빈칸에 들어갈 말을 글에서 찾아 쓰시오.**

> A phone application that uses _____ _____ can analyze food pictures. It can tell users about the ingredients, the recipe, and the _____ information of a dish, such as the amount of fat.

Words | **busy** 혱 바쁜 **application** 명 애플리케이션(스마트폰에서 실행되는 응용 프로그램) **power** 통 구동시키다
artificial intelligence (AI) 인공 지능 **simply** 뷔 그냥, 간단히 **rest** 명 나머지 **dish** 명 요리 **nutritional** 혱 영양의 **fat** 명 지방 **content** 명 함량
favorite 혱 가장 좋아하는 **suggest** 통 제안하다 **delicious** 혱 맛있는 **meal** 명 식사 **match** 통 ~에 맞다 **taste** 명 취향
<문제> **replace** 통 대체하다 **explore** 통 분석하다 **share** 통 공유하다 **analyze** 통 분석하다 **ingredient** 명 재료

지문 음성 바로 듣기

2

125 words
★ ★ ☆

Have you ever imagined making your own clothes? Anyone can be a fashion designer with Fabrican!

Fabrican is a liquid fabric in a can. It is made from *polymers and 3 various fibers such as cotton, wool, and nylon. The liquid is sprayed like a mist and magically turns solid when it contacts air. You can spray it a little to make the fabric thin or a lot to make it thick. In addition, Fabrican 6 comes in many colors and smells. In other words, you can _____ _____ of an outfit with this spray. And when you don't want to wear the outfit anymore, melt it back into a liquid form. It can be 9 reused to produce new clothes. How eco-friendly the fabric is!

*polymer 중합체(분자들이 서로 연결되어 생기는 고분자 화합물)

Grammar Ground

How 감탄문: 「How + 형용사/부사 + 주어 + 동사!」 10행

How 감탄문은 형용사나 부사를 강조한다. 형용사를 강조할 때는 문장 맨 뒤의 「주어 + 동사」를 생략할 수 있지만, 부사를 강조할 때는 생략할 수 없다.

The fabric is really eco-friendly. → How eco-friendly (the fabric is)! (형용사 강조) 이 원단은 정말 친환경적이다!

He sings very loudly. → How loudly he sings! (부사 강조) 그는 정말 시끄럽게 노래한다!

1 이 글의 제목으로 가장 적절한 것은?

① The Limits of Fabrican Technology

② A Magic Spray That Creates Outfits

③ How to Become a Fashion Designer

④ The Fabric Industry Is Changing Fast

⑤ Fabrican's Success in the Fashion World

2 이 글의 빈칸에 들어갈 말로 가장 적절한 것은?

① increase the value

② keep the original style

③ maintain the condition

④ carefully inspect the quality

⑤ control almost every feature

3 다음 질문에 대한 답이 되도록 빈칸에 들어갈 말을 글에서 찾아 쓰시오. (단, 주어진 철자로 시작하여 쓰시오.)

> Q. What can I do if I'm tired of the clothes made with Fabrican?

A. You can m_____ the clothes into a liquid. Then, it can be used again to make n_____ clothes.

문해력+

4 이 글의 내용으로 보아, 괄호 안에서 알맞은 말을 골라 표시하시오.

> When (1) (liquid / solid) Fabrican is sprayed and comes into contact with air, it becomes (2) (liquid / solid). (3) (Thin / Thick) clothes can be made with just a little spray, but (4) (thin / thick) items require a lot.

Words | **clothes** 명 옷 **liquid** 형 액체의; 명 액체 **fabric** 명 원단 **fiber** 명 섬유 **cotton** 명 면 **wool** 명 양모, 양털 **nylon** 명 나일론(값싸고 질긴 섬유) **spray** 동 뿌리다, 분사하다; 명 스프레이 **mist** 명 안개 **magically** 부 마법처럼 **solid** 형 고체의 **contact** 동 접촉하다; 명 접촉 **thin** 형 얇은 **thick** 형 두꺼운 **outfit** 명 옷 **melt** 동 녹이다 **reuse** 동 재사용하다 **eco-friendly** 형 친환경적인 <문제> **limit** 명 한계 **industry** 명 산업 **inspect** 동 점검하다 **control** 동 제어하다 **feature** 명 특징 **tired** 형 싫증 난 **require** 동 필요로 하다

3

149 words
★ ★ ☆

What is the temperature in Paris right now? Instead of looking it up online, why don't you just send a signal to AlterEgo? You won't have to lift a finger or make a sound!

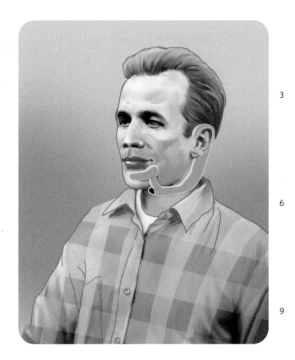

AlterEgo is a wearable device created at MIT. It is designed to read the wearer's "thoughts." But how does it work? (①) First, the device is attached to the user's chin and hooked over the ear. (②) Next, the user asks a question in his or her head. (③) Doing this produces signals in the face and neck muscles. (④) AlterEgo reads these signals and *transmits them to a computer. (⑤) Finally, AlterEgo delivers the response to the user with a special headphone that sends sound through bones! Everything happens in complete _____.

The device is still under development, but it has a success rate of about 92 percent in understanding users!

*transmit 전달하다

Grammar Ground 목적어를 가질 수 있는 「동사 + 부사」의 어순 (2행)

1. 목적어가 명사일 때: 「동사 + 부사 + 목적어」, 「동사 + 목적어 + 부사」
   Look up the information online. = Look the information up online. 그 정보를 온라인으로 찾아보아라.
2. 목적어가 대명사일 때: 「동사 + 목적어 + 부사」
   Look it up online. 그것을 온라인으로 찾아보아라.

1 이 글의 제목으로 가장 적절한 것은?

① Wearable Devices of the Future

② Some Educational Uses of AlterEgo

③ Why Was AlterEgo First Developed?

④ The Science of Reading People's Minds

⑤ AlterEgo: Turning Thoughts into Answers

2 이 글의 흐름으로 보아, 다음 문장이 들어가기에 가장 적절한 곳은?

> The computer then comes up with a response.

①   ②   ③   ④   ⑤

3 이 글의 빈칸에 들어갈 말로 가장 적절한 것은?

① darkness   ② silence   ③ confusion

④ safety   ⑤ agreement

문해력+

4 이 글의 내용으로 보아, 다음 빈칸에 들어갈 말을 보기 에서 골라 쓰시오.

보기   answers   neck   headphone   wearing   fingers   speaking

AlterEgo: Your Personal Helper

• You can ask questions without actually _____.

• You can get _____ through a _____.

Words | **temperature** 명 기온 **look up** (정보를) 찾아보다 **signal** 명 신호 **lift** 통 들어 올리다 **wearable** 형 웨어러블의(착용할 수 있는)
device 명 기기 **design** 통 설계하다 **wearer** 명 착용자 **thought** 명 생각 **attach** 통 부착하다 **chin** 명 턱 **hook** 통 ~에 걸치다 **neck** 명 목
muscle 명 근육 **deliver** 통 전달하다 **response** 명 응답 **bone** 명 뼈 **complete** 형 완전한 **development** 명 개발 **rate** 명 비율(~률)
<문제> **educational** 형 교육적인 **come up with** ~을 생각해 내다 **silence** 명 침묵 **confusion** 명 혼란 **agreement** 명 동의

Review Ground

[1-4] 단어와 영영 풀이를 알맞게 연결하시오.

1 clothes •   • ⓐ a sign used to send information or transmit a message

2 dish •   • ⓑ an item that has been cooked and prepared for eating

3 device •   • ⓒ a tool or piece of equipment designed for a certain purpose

4 signal •   • ⓓ items worn on the body, such as shirts, pants, and dresses

5 다음 우리말을 영작할 때, 빈칸에 들어갈 말로 알맞은 것은?

> 교수는 학생들에게 칠판의 수학 문제를 어떻게 푸는지 보여 주었다.
> → The professor showed the students _____ the math problem on the board.

① what to solve   ② where to solve   ③ how to solve

④ when to solve   ⑤ how to solving

6 다음 중, 어법상 <u>어색한</u> 것은?

① Please don't wake up him.

② Mijin put her jacket on.

③ Unfortunately, Suho had to give it up.

④ Turn on the light, please.

⑤ Could you write it down here?

[7-8] 다음 우리말과 같도록 괄호 안의 말을 알맞게 배열하시오.

7 모든 것이 완전한 침묵 속에서 이루어진다. (silence, happens, in, everything, complete)

→ _____

8 당신만의 옷을 만드는 것을 상상해 본 적이 있는가? (clothes, own, have, ever, imagined, you, making, your)

→ _____

He who asks a question
is a fool for five minutes;
he who does not ask a question
remains a fool forever.

질문하는 사람은 5분 동안만 바보지만, 질문하지 않는 사람은 영원히 바보로 남는다.

CHAPTER 10

Stories

1 이분들을 놀라게 해서는 안 돼

2 서점엔 분명 무언가가 있다

3 특별한 생일 만들기 대작전

지문 음성 바로 듣기

1

112 words
★ ☆ ☆

ⓐ A man walked into an old hotel. "I'd like a room for tonight," ⓑ he said to the manager. ⓒ He gave him a room key along with an unusual warning. "Just remember, do not whistle. If you do, it will call the ghosts." 3 ⓓ He nodded and said thanks for the information. As he opened the door of ⓔ his room, he began to whistle a happy tune. Slowly, a ghost appeared! But the man didn't stop whistling. The room continued to fill with more 6 ghosts until the man finally finished. "Thank you," whispered one of the ghosts. "We haven't been out in a really long time!" "No problem," he replied. "What are friends for?" 9

Grammar Ground

시간의 부사절을 이끄는 접속사 4행&7행

다음은 시간을 나타내는 부사절 접속사들이다. 부사절 접속사는 주절과 부사절을 연결하며, 뒤에 「주어 + 동사」가 온다.

as ~하면서	until ~할 때까지	before ~하기 전에	after ~한 후에
while ~하는 동안	since ~한 이후로	when ~할 때	as soon as ~하자마자

1 이 글의 밑줄 친 ⓐ~ⓔ 중, 가리키는 대상이 나머지 넷과 <u>다른</u> 것은?

① ⓐ   ② ⓑ   ③ ⓒ   ④ ⓓ   ⑤ ⓔ

2 이 글의 내용과 일치하면 T, 그렇지 않으면 F를 쓰시오.

(1) 호텔 지배인은 남자 투숙객에게 층간 소음이 있을 수 있다고 경고했다.   _____

(2) 남자 투숙객은 호텔 로비에서 휘파람을 불었다.   _____

(3) 남자 투숙객이 휘파람을 불자 호텔 방 안에 유령들이 나타났다.   _____

3 이 글의 내용과 일치하도록 (A)~(D)를 알맞은 순서대로 배열하시오.

(A) The man continued whistling.

(B) A ghost gradually came out.

(C) The man started whistling.

(D) The man got a room key.

_____ → _____ → _____ → _____

문해력+

4 이 글의 밑줄 친 문장을 통해 유추할 수 있는 내용을 우리말로 쓰시오.

_____

Words | **manager** 圆 지배인, 관리자 **along with** ~과 함께 **unusual** 휑 특이한 **warning** 圆 경고 **whistle** 튕 휘파람을 불다 **ghost** 圆 유령
nod 튕 (고개를) 끄덕이다 **tune** 圆 곡조 **appear** 튕 나타나다 **continue** 튕 계속 ~하다 **fill** 튕 (가득) 채워지다 **whisper** 튕 속삭이다 **reply** 튕 대답하다
<문제> **gradually** 閉 서서히 **come out** 나오다

지문 음성 바로 듣기

2

138 words
★ ☆ ☆

Imagine you are in a bookstore. You are browsing through the books and enjoying the quiet atmosphere. Suddenly, you rush to the restroom. You have to *poop! 3

Many people are familiar with this odd experience. _____, the experience is so common that it even has a name: the Mariko Aoki phenomenon. It was named after a Japanese woman, Aoki. She described 6 the feeling in an article in 1985.

The cause of this phenomenon is not known, and there are <u>many wild theories</u> about it. One states that the key might be in the smell of paper 9 and ink. Something in the scent probably makes you want to use the restroom. Another theory suggests that because a bookstore is a relaxing place, a person's **bowels relax, too. Or maybe this phenomenon happens 12 by chance. What do you think?

*poop 변을 누다   **bowel 장, 창자

책만 읽으면 아프다고? '새 책 증후군'을 의심하라!
'새집 증후군'처럼 '새 책 증후군'도 존재한다. 책을 만들 때 사용되는 접착제, 잉크 등에는 포름알데히드, 크실렌과 같은 유해 화학물질이 다량 들어 있어, 이 물질에 노출되면 아토피 피부염, 천식 등을 일으키는 새 책 증후군이 유발될 수 있다. 새 책 증후군을 방지하기 위해서는, 책을 산 뒤 며칠 동안 바람이 잘 드는 곳에 책을 펼쳐 놓는 것이 좋다.

Grammar Ground 「another + 단수명사」 (11행)
부정대명사 another(또 다른 하나)가 형용사로 쓰일 때는 '또 다른 ~'이라는 의미를 가지며 단수명사를 앞에서 수식한다.
The cookie was tasty. I want another. 그 쿠키는 맛있었다. 나는 또 다른 하나를 원한다.
I have another problem. 나에게는 또 다른 문제가 있다.

1 이 글의 주제로 가장 적절한 것은?

① the best atmosphere to poop

② what to read in the restroom

③ a strange feeling in a bookstore

④ why Mariko Aoki enjoyed reading

⑤ some false theories about bookstores

2 이 글의 빈칸에 들어갈 말로 가장 적절한 것은?

① However　　　　② For example　　　　③ Meanwhile

④ Otherwise　　　　⑤ In fact

3 다음 질문에 대한 답이 되도록 빈칸에 들어갈 말을 글에서 찾아 쓰시오.

> Q. What did Mariko Aoki describe in her article?

A. She noticed that when she went to a(n) _____, she wanted to go to the _____ all of a sudden.

문해력+

4 이 글의 밑줄 친 many wild theories를 다음과 같이 나타낼 때, 빈칸에 들어갈 말을 글에서 찾아 쓰시오.

Theory 1	The (1) _____ of ink and paper causes the body to react.
Theory 2	The (2) _____ atmosphere of a bookstore makes your bowels relax.
Theory 3	The phenomenon occurs by (3) _____.

....

Words | browse 图 훑어보다　atmosphere 圆 분위기　rush 图 급히 움직이다　restroom 圆 화장실　be familiar with ~에 익숙하다
odd 圈 이상한　phenomenon 圆 현상　describe 图 묘사하다　article 圆 기사　known 圈 알려진　wild 圈 엉뚱한　theory 圆 가설　state 图 말하다
scent 圆 냄새　suggest 图 시사하다　relaxing 圈 편안한　by chance 우연히　<문제> false 圈 잘못된　all of a sudden 갑자기　react 图 반응하다

지문 음성 바로 듣기

3

150 words
★ ★ ★

It was Steven's birthday. His older sister Sophie wanted to make it special. So, she included a puzzle in his birthday card.

Happy birthday, Steven!

I prepared a gift for you. But you must solve a puzzle first. It is about my favorite movie, *Forrest Gump*.

The left page contains a hint about the gift's location, and the right page has a clue about the gift itself.

LEFT PAGE	RIGHT PAGE
A man is telling his life story to strankers. His neme is Forrest Gump. He had many ploblems, but he grew up with courege and a zentle hoart.	He says, "Life is like a box of cjocolates." It means no one can choose their situation in life. But the importent thing is to always try your besk.

3

6

9

12

Steven noticed that some words were odd. He circled the letters that were wrong and changed them to the correct letters. Then, Sophie's secret message appeared!

15

Grammar Ground 명사절 접속사 that ⑭행

that(~이라는 것)은 문장 내에서 주어·보어·목적어로 쓰이는 명사절을 이끄는 접속사이다. that절이 목적어로 쓰였을 때는 접속사 that을 생략할 수 있다.

<u>That the team lost the game</u> disappointed their fans. (주어) 그 팀이 경기에서 졌다는 것이 팬들을 실망시켰다.
I think (that) <u>his musical talent is excellent</u>. (목적어) 나는 그의 음악적 재능이 훌륭하다고 생각한다.

1 이 글을 읽고 답할 수 <u>없는</u> 질문은?

① Who are Sophie and Steven to each other?

② How does Sophie give Steven his gift?

③ When is Steven's birthday?

④ Which movie is Sophie's favorite?

⑤ What information did the puzzle hide?

2 이 글의 내용에 따라 다음 질문에 답하시오.

(1) Sophie가 준비한 선물이 무엇인지 영어로 쓰시오.

_____

(2) 선물이 숨겨진 위치가 어디인지 영어로 쓰시오.

_____

3 다음 빈칸에 공통으로 들어갈 말을 글에서 찾아 쓰시오.

• Tim _____ that it was raining when he went outside.
• She drank some water and _____ that it tasted different.

^{문해력+}
4 이 글의 내용으로 보아, 다음 빈칸에 들어갈 말을 글에서 찾아 쓰시오.

Q. Why did Sophie make a puzzle?
A. She wanted to make Steven's birthday (1) _____ .
Q. How did Steven solve the puzzle?
A. He corrected the (2) _____ letters and saw what they spelled.

Words | **include** 图 포함하다 **prepare** 图 준비하다 **solve** 图 (문제 등을) 풀다 **contain** 图 포함하다 **location** 명 위치 **clue** 명 단서
situation 명 상황 **try one's best** 최선을 다하다 **circle** 图 동그라미를 그리다 **letter** 명 글자 **wrong** 형 틀린 **correct** 형 올바른; 图 고치다
<문제> **hide** 图 숨기다 **spell** 图 (철자들이 특정 순서로 조합되어 어떤 단어가) 되다, 철자를 (맞게) 쓰다

Review Ground

[1-4] 다음 영영 풀이에 해당하는 단어를 보기에서 골라 뜻과 함께 쓰시오.

| 보기 | experience | courage | warning | clue | atmosphere | tune |

단어   뜻

1 the ability to face fear or danger with confidence   _____   _____

2 the main mood of a particular place or environment   _____   _____

3 knowledge gained through being involved in activities   _____   _____

4 a piece of evidence that helps solve a problem   _____   _____

5 다음 빈칸에 공통으로 들어갈 말로 가장 적절한 것은?

> · Julia waited at the bus stop _____ the bus finally arrived and took her to school.
> · Jonathan studied hard _____ he understood the concept completely.

① until   ② while   ③ as soon as

④ after   ⑤ since

6 다음 중, 밑줄 친 that을 생략할 수 없는 것은?

① His smile means <u>that</u> he is happy.

② We know <u>that</u> the Earth goes around the Sun.

③ She thinks <u>that</u> the movie was interesting.

④ I heard <u>that</u> is the best restaurant in town.

⑤ He believes <u>that</u> hard work leads to success.

[7-8] 다음 우리말과 같도록 괄호 안의 말을 알맞게 배열하시오.

7 우리는 매우 오랜 시간 동안 나오지 못하고 있었어! (long time, really, we, out, a, haven't been, in)

→ _____

8 Steven은 몇몇 단어들이 이상하다는 것을 알아차렸다. (Steven, odd, that, were, some, noticed, words)

→ _____

*Remember, you're the one
who can fill the world with sunshine.
When you smile and you sing,
everything is in tune and it's spring.*

- From the movie Snow White and the Seven Dwarfs

기억해. 너는 세상을 햇살로 가득 채울 수 있는 사람이야. 네가 웃고 노래할 때, 모든 것이 조화를 이루고 봄이 돼. - 영화 「백설 공주와 일곱 난쟁이」 중에서

Photo Credits

Shutterstock.com

Freepik.com

iStockphoto.com

Depositphotos.com

HACKERS
READING
GROUND

리딩 그라운드

탄탄한 실력을 속성으로 완성하는 중학 영어 독해서

초판 1쇄 발행 2024년 8월 5일

지은이	해커스 어학연구소
펴낸곳	㈜해커스 어학연구소
펴낸이	해커스 어학연구소 출판팀

주소	서울특별시 서초구 강남대로61길 23 ㈜해커스 어학연구소
고객센터	02-537-5000
교재 관련 문의	publishing@hackers.com
	해커스북 사이트(HackersBook.com) 고객센터 Q&A 게시판
동영상강의	star.Hackers.com

ISBN	978-89-6542-727-8 (53740)
Serial Number	01-01-01

중고등영어 1위,
해커스북 HackersBook.com

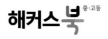

· 효과적인 단어 암기를 돕는 **어휘 리스트 및 어휘 테스트**
· 지문 전체를 담았다! 생생한 음성으로 리스닝도 연습할 수 있는 **지문 MP3**

앞서가는 중학생을 위한 **수능 첫걸음!**

해커스
첫수능 영어 시리즈

기초독해 (중2)

- ✓ 기초 쌓기부터 실전문제까지
  체계적인 단계별 독해력 훈련

- ✓ 지문의 심층적 이해를 돕는
  독해력 PLUS 문제 수록

- ✓ 수능 영어 지문에 바로 적용할 수 있는
  8가지 독해 원리 제시

- ✓ 수능 영어 독해를 미리 경험해보는
  고1 학평 기출 예제 수록

유형독해 (중3)

- ✓ 수능 영어 독해의 큰 틀을 잡는
  16가지 문제 유형별 학습

- ✓ Grammar Focus로
  수능 어법 출제 포인트까지 정리

- ✓ 문장 구조를 이해하고 해석 방법을
  학습할 수 있는 상세한 구문 풀이

- ✓ 문제 풀이 실력을 최종 점검하는
  미니모의고사 2회분 수록

HackersBook.com 해커스북 중·고등

HACKERS
READING
GROUND

리딩 그라운드

탄탄한 실력을 속성으로 완성하는 중학 영어 독해서

WORKBOOK

HACKERS
READING
GROUND

리딩 그라운드

탄탄한 실력을 속성으로 완성하는 중학 영어 독해서

WORKBOOK

LEVEL

HACKERS

직독직해

끊어 읽기 표시를 따라 문장 구조에 유의하여 해석을 쓰고,
각 문장의 주어에는 밑줄을, 동사에는 동그라미를 쳐보세요.

❶ Warning: / this baguette / is breaking / the law! ❷ But / hold on. ❸ Can

bread break / the law? ❹ In France, / it can.

❺ In 1993, / the French government / passed / *Le Décret Pain*, / the Bread

Law. ❻ Its main purpose / is to protect / the quality of baguettes. ❼ The law

/ requires / a specific process / for baking them / in France. ❽ Bakers / must

only use / four ingredients / to make baguettes. ❾ These / include / flour, salt,

yeast, and water. ❿ Baguettes / must also be baked / and sold / at the same

bakery. ⓫ That way, / the bread / stays fresh. ⓬ Freezing baguettes at bakeries /

is against the law / for the same reason. ⓭ This strict law / keeps / the quality of

French baguettes / high.

❶ Do you want / to eat *samgyeopsal* with me / while we watch a *K-drama*?

❷ How about / wearing a *hanbok* / and taking some pictures? ❸ Every Korean / knows / these words, / and now English speakers / know them, too.

❹ In 2021, / more than 20 Korean words / were added / to the Oxford English Dictionary. ❺ This is / thanks to the Korean wave, *hallyu*, / that began more than two decades ago. ❻ Since then, / Korean culture / has become widespread.

❼ For instance, / English speakers / watch / a lot of *mukbang* shows / and even make / their own videos. ❽ And they scream / "*unni*" at NewJeans concerts / or "*oppa*" at Seventeen shows. ❾ A dictionary's job / is to reflect / the use of language in society. ❿ Therefore, / these words / have naturally been added.

⓫ Korean culture / gets more popular / every year. ⓬ So, / we might find / more *hallyu* words / in the English dictionary / in the future!

Martin: ❶ I heard / David arrived / from London / last week. ❷ You must be

happy / that your old friend / is in town. ❸ Have you met with him?

Tiffany: ❹ Yes, / I have. ❺ We got into an argument, / though. ❻ We agreed /

to meet / on the first floor / of the shopping mall. ❼ But we were looking for each

other / on different floors / for 30 minutes!

Martin: ❽ Oh, / how did that happen?

Tiffany: ❾ His idea of "first floor" / was different from mine. ❿ Here in the

US, / the first floor is / the one / that is on the same level / as the street. ⓫ But

it turns out / people in England / call it the "ground floor!" ⓬ Meanwhile, / they

consider the first floor / to be the one / right above the ground floor.

Martin: ⓭ That sounds complicated. ⓮ I'm going to see / my English and

American friends / next week / at the mall. ⓯ I'll ask them / to meet / on the top

floor. ⓰ Then, / they won't get confused!

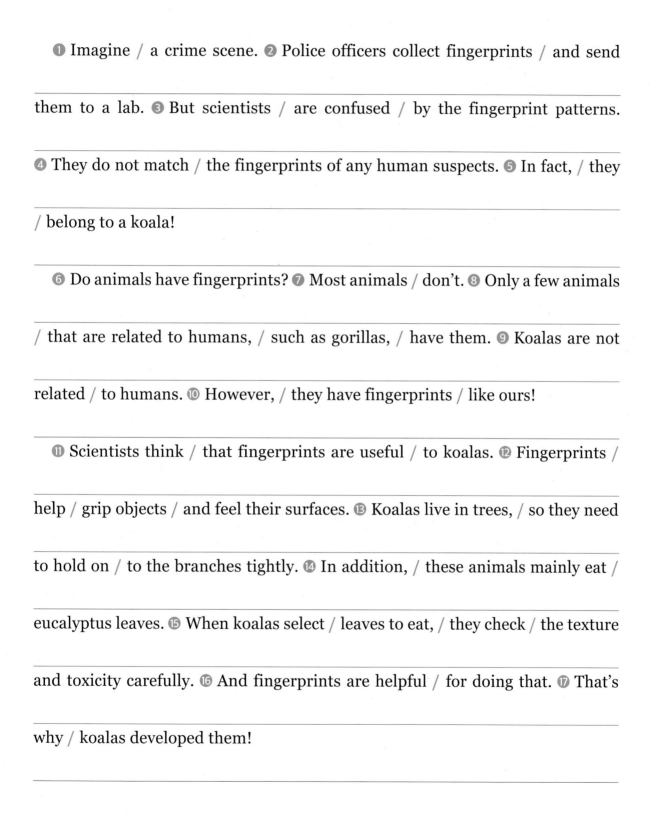

❶ Imagine / a crime scene. ❷ Police officers collect fingerprints / and send them to a lab. ❸ But scientists / are confused / by the fingerprint patterns.

❹ They do not match / the fingerprints of any human suspects. ❺ In fact, / they / belong to a koala!

❻ Do animals have fingerprints? ❼ Most animals / don't. ❽ Only a few animals / that are related to humans, / such as gorillas, / have them. ❾ Koalas are not related / to humans. ❿ However, / they have fingerprints / like ours!

⓫ Scientists think / that fingerprints are useful / to koalas. ⓬ Fingerprints / help / grip objects / and feel their surfaces. ⓭ Koalas live in trees, / so they need to hold on / to the branches tightly. ⓮ In addition, / these animals mainly eat / eucalyptus leaves. ⓯ When koalas select / leaves to eat, / they check / the texture and toxicity carefully. ⓰ And fingerprints are helpful / for doing that. ⓱ That's why / koalas developed them!

❶ Would you believe / a chameleon / can fit / on your fingertip? ❷ A little

creature like this / was found / in Madagascar. ❸ It is called *Brookesia nana*, /

and it may be the smallest reptile / in the world. ❹ Even when it is fully grown,

/ it is less than three centimeters long! ❺ Because this chameleon is so small, /

it does not need / to eat a lot. ❻ Thus, / it has no trouble / finding enough food.

❼ Surprisingly, / unlike most chameleons, / *Brookesia nana* / doesn't change

color / to protect itself / from predators. ❽ This is probably because / it generally

stays / on the ground. ❾ *Brookesia nana* / is naturally brown and green. ❿ These

colors already blend in / with those of the soil and grass. ⓫ So, if there is /

something dangerous nearby, / it can just hide / behind a blade of grass!

❶ In warm oceans, / you'll find / one of the largest fish / on the planet /—the

ocean sunfish. ❷ Strangely, / this giant fish / doesn't have a tail. ❸ Instead, / it

has an odd-looking structure / called a clavus. ❹ While the fish uses the clavus /

to adjust its direction, / it waves the tall fins / on the top and bottom of its body

/ to move forward. ❺ It looks / like a giant swimming head!

❻ This unusual fish / mostly feeds on small creatures / like jellyfish. ❼ To find

food, / it dives / over 600 meters. ❽ But the cold water / of the deep ocean /

causes its body temperature / to drop. ❾ So, / after a hunt, / it comes up / to

the surface / to warm itself / in the sun. ❿ It actually spends / up to half a day /

sunbathing! ⓫ The name "sunfish" / comes from this behavior.

❶ Two people are playing a game / that looks like badminton. ❷ But / look closely. ❸ They are holding paddles / instead of rackets / and hitting a ball / rather than a shuttlecock. ❹ They're actually playing / pickleball!

❺ In 1965 / on Bainbridge Island, Washington, / Joel Pritchard and Bill Bell / wanted / to play badminton / with their kids. ❻ But they couldn't find / a shuttlecock or rackets. ❼ So, / instead, / they used paddles / made of wood / and a plastic ball / with holes. ❽ And they lowered / the badminton net / because the hard ball couldn't go / as high as a shuttlecock. ❾ After that, / they started hitting the ball / back and forth / over it. ❿ Right then, / pickleball was born.

⓫ Today, / millions of people / play pickleball. ⓬ Thanks to / the low net and light equipment, / everyone from kids to older people / can enjoy it! ⓭ Now, / pickleball is even the official sport / of Washington.

❶ During a long race, / runners may reach / a "dead point." ❷ At this stage, /

they cannot breathe easily / and feel lots of muscle pain. ❸ But if they overcome

/ these difficulties, / they can gain / a magical boost / in energy. ❹ This special

power is known / as the "second wind."

❺ Why does this happen? ❻ According to some scientists, / it's because / the

body always finds a balance / in its oxygen supply. ❼ For a runner at his or her

dead point, / the body tries / to get enough oxygen / to keep up with the runner's

needs. ❽ But others say / the second wind happens / because of endorphins.

❾ When the body experiences pain, / the brain produces endorphins. ❿ These

brain chemicals / reduce pain / and make the runner feel good.

⓫ The second wind is a reward / for continuing a hard workout. ⓬ So, / the

next time / you want to give up, / keep going! ⓭ Your second wind / might be

around the corner.

❶ The balls / in Major League Baseball games / always look dirty. ❷ Are they

old? ❸ Not at all! ❹ Mud is added / to new baseballs / on purpose.

❺ Brand-new balls are slippery, / so pitchers can't grip them well. ❻ When

pitchers fail / to control them, / batters can face danger. ❼ In 1920, / one batter

actually died / after he was hit / by a ball / that went the wrong way. ❽ Following

that, / baseball officials realized / that they needed to make / the surface of the

balls / rougher. ❾ To achieve this, / they began putting / a little mud / on them.

❿ But not just any mud was used. ⓫ In 1938, / a coach named Lena Blackburne

/ discovered / a special type of mud. ⓬ It has minerals / that effectively remove

/ the slippery coating. ⓭ Now, / this mud is used / by every major league team!

❶ They are here today, / but they won't be here tomorrow. ❷ That is why /

pop-up shops are charming. ❸ And more and more brands / are "popping up!"

❹ Pop-up shops are stores / that open / for only a few days or months. ❺ So, /

what attracts people / to these temporary stores? ❻ First, / they have / fun themes

and unique settings. ❼ This makes them / especially popular / among Millennials

and members of Generation Z. ❽ They love posting / about special experiences

/ on social media, / and pop-ups are perfect / for that. ❾ Furthermore, / pop-up

shops / sell rare items / or organize special events. ❿ One successful example /

is Nike's pop-up. ⓫ The shop looked / like one of its shoeboxes! ⓬ Thousands

of people stopped by / to take pictures / of the exterior. ⓭ Inside, / customers

could decorate / their own sneakers.

⓮ By running pop-up shops, / a company can raise / its brand awareness

quickly. ⓯ Meanwhile, / shoppers can have / an exciting experience!

❶ Look at the map / of the United Arab Emirates (UAE), / a country in the Middle East. ❷ You will see / a donut-shaped area / called Madha. ❸ But Madha is not a part / of the UAE. ❹ It actually belongs to / another country, Oman!

❺ That's not all. ❻ The "hole" in the donut, Nahwa, / is a territory / of the UAE.

❼ What happened?

❽ Years ago, / the region around Madha / was divided / among four different tribes. ❾ But when countries started forming, / the four rulers / had / a decision to make. ❿ They had to choose / between the UAE and Oman / as their country.

⓫ Three selected the UAE, / but only the Madha leader / picked Oman. ⓬ As a result, / Madha was completely surrounded / by two tribes / that joined the UAE. ⓭ And the last tribe / that joined the UAE / was entirely inside Madha's territory. ⓮ This gave / Madha / its unique donut shape!

• 해설집 p.32

❶ There is a piece of land / that belongs to Spain one day / and France the next. ❷ What in the world / is it? ❸ It is Pheasant Island!

❹ This tiny island is located / in the Bidasoa River / between Spain and France. ❺ The territory is shared / by the two countries. ❻ The origin / of this unusual arrangement / can be traced back to / the year 1659. ❼ That was when / Spain and France / signed the Treaty of the Pyrenees. ❽ This treaty put an end to / 30 years of bloody battles / in Europe. ❾ The agreement included a provision / that made Pheasant Island / a symbol of peace. ❿ It would be a part of Spain / from February 1st to July 31st / and then owned / by France / from August 1st to January 31st. ⓫ There are no residents, / but the island / has a monument / to honor the treaty.

❶ Is it annoying / to cut your fingernails / once a week? ❷ Then, / avoid /

going outside / and stop / playing computer games. ❸ It may sound strange, /

but these activities can speed up / fingernail growth! ❹ Why is that?

❺ When you get more sunlight, / your body produces / more vitamin D.

❻ This nutrient is very important / for keeping your nails strong / and helping

them grow. ❼ So, / if you spend a lot of time / in the sun, / you might need / to

cut your nails / more often!

❽ Also, / using your hands more / makes your nails grow faster. ❾ Compare /

your right hand and left hand. ❿ If you mainly use / your right hand, / it will have /

longer fingernails. ⓫ That is because / moving your fingers / increases the flow

of blood / to your nails. ⓬ And blood provides / nutrients and oxygen / to help

your fingernails grow!

• 해설집 p.33

❶ It's midnight, / and you have stayed up late / to finish your homework.

❷ You start to get tired / and rub your eyes / without thinking. ❸ But why do you do this?

❹ First of all, / your eyes need / more tears! ❺ When you get sleepy, / the nervous system reduces / the production of tears / to save energy / during sleep.

❻ Your eyes become dry, / and that makes you / want to rub them. ❼ Rubbing your dry eyes / brings comfort / because it causes them / to produce more tears.

❽ Another reason is / that your eyes and heart are linked / through the nervous system. ❾ Your heart / slows down / when you put pressure / on your eyes / by rubbing them. ❿ So, / doing this / may make / you feel calmer. ⓫ In other words, / you're helping / your body relax!

❶ Did you know / that happiness begins / in the gut? ❷ Recently, / scientists

discovered / that this organ produces / around 95 percent of the serotonin / in

your body. ❸ Serotonin is a chemical / that makes you feel / relaxed and happy.

❹ As the gut and the brain are connected, / the gut sends serotonin / to the brain.

❺ Now, / you can probably guess the result / of not taking care of your gut.

❻ Eating lots of unhealthy foods / can prevent / the gut / from working properly.

❼ Therefore, / it may produce less serotonin / than usual. ❽ And your brain /

may naturally receive / less of it. ❾ This can make / you anxious and sad. ❿ So,

/ if you want / to be in a good mood, / treat your gut well / with healthy foods!

❶ The actors on the screen / are having / a serious conversation. ❷ The

viewers / watch them / and wonder / what will happen next. ❸ Suddenly, / one

actor / stares into the camera / and starts speaking / to the audience. ❹ What /

is happening? ❺ The actor / is breaking / the fourth wall!

❻ The "fourth wall" / is an imaginary wall / that divides / the actors and the

audience. ❼ The concept / was first used / in stage performances / with three

actual walls. ❽ And now / it is also used / in movies and TV dramas. ❾ The

actors / pretend that the fourth wall is / in front of them / instead of the viewers

or cameras. ❿ It / helps the actors concentrate / on the scene.

⓫ Then why do actors / sometimes break / this wall? ⓬ Doing this / makes the

viewers / a part of the scene! ⓭ In the movie *Enola Holmes*, / Enola is searching

for / her mother. ⓮ At times, / she turns to the camera / and asks, / "Do you have

any ideas?" ⓯ At that moment, / the viewers / are not just observers / anymore!

❶ Action! Drama! Romance! Comedy! ❷ Do you want to see / all of these /

in one movie? ❸ Then / watch a masala film / from India. ❹ A masala film / is

a unique blend / of many genres. ❺ It is named / after masala, / a mix of spices

/ used in curry. ❻ A perfect "recipe" / for a masala film / contains / at least six

songs / and three dance numbers. ❼ Thus, / it can be quite long, / sometimes

more than three hours! ❽ The songs are memorable, / so you'll find yourself /

singing them / for days. ❾ And the large group dances / will make / you want to

get up and dance, too. ❿ However, / the songs and dances can appear / at any

time, / even in the middle of a serious situation. ⓫ At first, / you may think /

the timing is not natural. ⓬ But the scenes are so exciting / that they can bring

about a smile. ⓭ That is the purpose / of a masala movie! ⓮ It is made / for our

enjoyment.

• 해설집 p.34

❶ "I'm super shy, / super shy." ❷ One line / from a famous song / is playing /

over and over / in your head. ❸ What's going on? ❹ You have an earworm!

❺ An earworm is a section of a song / that gets stuck / in your head easily.

❻ The term came from / a German word, *Ohrwurm*. ❼ This is used / to talk /

about a catchy, memorable tune. ❽ The English version / of this word / became

popular / thanks to the well-known author Stephen King. ❾ He once said / he

was "infected" / by one.

❿ So, / why is it so hard / to stop these earworms? ⓫ Scientists found / some

common features / of songs / with earworms. ⓬ They usually have / a fast beat

with simple melodies / and a lot of repeated notes. ⓭ Thus, / the songs are easy

/ to sing.

⓮ Luckily, / there are a few ways / to get rid of earworms. ⓯ Listen to the

entire song, / chew gum, / or focus on something different!

❶ Baking soda / is really helpful / in the kitchen. ❷ It is not just for baking /

—it is for safety, too. ❸ Surprisingly, / it can help / put out kitchen fires! ❹ But

how does it do that?

❺ All fires require three things / to burn:/ fuel, heat, and oxygen. ❻ Baking

soda deals with / the oxygen part. ❼ When you throw baking soda / onto a fire, /

the fire's heat / causes it / to release carbon dioxide gas. ❽ This gas gets rid of the

oxygen / in the air / that surrounds the flames. ❾ Because there is no oxygen, /

the fire cannot continue burning.

❿ But be careful / not to use baking powder / for this task. ⓫ Unlike baking

soda, / it can make the fire worse!

• 해설집 p.35

❶ Did you know / that you can "hear" / the temperature of water? ❷ To check

this, / go to the kitchen / and turn on the cold water. ❸ Listen carefully / when

the water hits the sink. ❹ Repeat this / with hot water, / and you will notice / the

hot water's pitch is higher / than the cold water's!

❺ The difference is caused / by the water's thickness. ❻ Think about honey.

❼ As you probably know, / cold honey is denser / than hot honey. ❽ Similarly,

/ cold water is thicker / than hot water. ❾ Molecules of cold water / are packed

closely together / in a heavy mass. ❿ So, / when cold water hits the sink, / it

makes a low sound. ⓫ In contrast, / hot water is thinner / and breaks into smaller

droplets / when it hits the sink. ⓬ Therefore, / the opposite effect occurs.

❶ When you look at a train track, / you may notice / lots of small rocks / under it. ❷ These rocks are called / "ballast," / and they are there / to make your train journey safe!

❸ First, / the rocks secure the track / in place / when a train runs over it.

❹ How do they accomplish this? ❺ The secret lies in / their shape. ❻ The rocks / have sharp edges, / so they fit together / like puzzle pieces. ❼ This allows them / to hold the track tightly. ❽ Second, / the rocks distribute the weight / of the heavy train. ❾ If they're not there, / the track can sink into / the soft ground!

❿ In addition, / the rocks keep / the track clear. ⓫ They let water flow away / and prevent plants from growing.

⓬ In conclusion, / without ballast, / the train track cannot function properly!

❶ In 100 years, / making sandcastles / might be / a thing of the past. ❷ Most

sand beaches / around the world / are disappearing!

❸ The main reason / is human activity. ❹ The number of people / in the world

/ is growing. ❺ So, / more and more sand / is needed / to build homes and roads.

❻ Deserts have plenty of sand, / but it doesn't work for building / because it's

too smooth and round. ❼ Builders need sand / with flat surfaces and angles, /

and this type of sand / is usually found on beaches. ❽ However, / people are

taking it away / much faster / than nature can replace it. ❾ It takes thousands of

years / to make new sand! ❿ Moreover, / sea levels are rising / because of global

warming, / so beaches are getting smaller.

⓫ Less sand means / that the land has less protection / from wind and waves.

⓬ And animals / like crabs / will lose their homes.

❶ A gorilla / is picking its nose. ❷ And a squirrel / is jumping / with a brave

look / on its face. ❸ Doesn't just thinking about them make you laugh? ❹ You

can find images / of these scenes / on the Comedy Wildlife Photography Awards

website!

❺ This annual competition / started in 2015. ❻ The purpose was / to spread a

message / about the importance / of wildlife conservation. ❼ Wild animals / are

losing their homes / due to environmental damage. ❽ However, / the organizers

/ didn't want / to make people sad / about this. ❾ Instead, / they let people send

them / humorous pictures of animals / in nature. ❿ And their idea worked!

⓫ The contest / became popular. ⓬ So, / the organizers sell / products with those

images. ⓭ They also donate / some of the profits / to wildlife organizations.

⓮ Clearly, / serious problems / don't always call for / serious approaches!

❶ At the supermarket, / shoppers buy items / and take off the plastic

packaging / from them. ❷ They put the trash / in big piles / near the counter /

and leave the store. ❸ What is going on? ❹ It is a plastic attack!

❺ A plastic attack is a protest / against plastic waste. ❻ It started / in a small

town / in the UK. ❼ A group of people were shocked / by the amount of plastic

packaging / and planned / the first plastic attack. ❽ They said / plastic packaging

/ thrown out each hour in the UK / could fill / over 10,000 shopping carts. ❾ And

around half of this plastic / can't be recycled!

❿ Fortunately, / their voices were heard. ⓫ For example, / Tesco, a big grocery

chain, / promised / to make / all their packaging recyclable / by 2025. ⓬ And

surprisingly, / this movement is spreading / to other countries. ⓭ The actions /

of one group / became a global campaign!

❶ You are having dinner / at a restaurant. ❷ You like the food, / and you want to know / more about it. ❸ But now / you don't have to ask / the busy waiter. ❹ Instead, / use the FoodLens application. ❺ It's powered / by artificial intelligence (AI)!

❻ Simply / take a picture of the food / with your phone, / and the AI will do / the rest. ❼ It can tell you / what is in the dish / and how to make it. ❽ It can also give you / nutritional information / like the fat content. ❾ But it doesn't end there. ❿ It learns your favorite foods / based on your photos / and suggests similar dishes / to try. ⓫ So, / this AI phone application / can help you / find more delicious meals / that match your tastes!

❶ Have you ever imagined / making your own clothes? ❷ Anyone can be a

fashion designer / with Fabrican!

❸ Fabrican is a liquid fabric / in a can. ❹ It is made / from polymers and

various fibers / such as cotton, wool, and nylon. ❺ The liquid is sprayed / like

a mist / and magically turns solid / when it contacts air. ❻ You can spray it /

a little / to make the fabric thin / or a lot / to make it thick. ❼ In addition, /

Fabrican comes / in many colors and smells. ❽ In other words, / you can control /

almost every feature of an outfit / with this spray. ❾ And when you don't want to

wear / the outfit / anymore, / melt it back / into a liquid form. ❿ It can be reused

/ to produce new clothes. ⓫ How eco-friendly the fabric is!

❶ What is the temperature / in Paris / right now? ❷ Instead of / looking it up

online, / why don't you just / send a signal / to AlterEgo? ❸ You won't have to

lift a finger / or make a sound!

❹ AlterEgo is a wearable device / created at MIT. ❺ It is designed / to read the

wearer's "thoughts." ❻ But how does it work? ❼ First, / the device is attached / to

the user's chin / and hooked / over the ear. ❽ Next, / the user asks a question / in

his or her head. ❾ Doing this / produces signals / in the face and neck muscles.

❿ AlterEgo reads these signals / and transmits them / to a computer. ⓫ The

computer / then comes up with / a response. ⓬ Finally, / AlterEgo delivers the

response / to the user / with a special headphone / that sends sound / through

bones! ⓭ Everything happens / in complete silence.

⓮ The device is still under development, / but it has a success rate / of about

92 percent / in understanding users!

• 해설집 p.38

❶ A man walked into an old hotel. ❷ "I'd like a room / for tonight," / he said

/ to the manager. ❸ He gave / him / a room key / along with an unusual warning.

❹ "Just remember, / do not whistle. ❺ If you do, / it will call the ghosts." ❻ He

nodded / and said thanks / for the information. ❼ As he opened / the door of his

room, / he began / to whistle a happy tune. ❽ Slowly, / a ghost appeared! ❾ But

the man didn't stop / whistling. ❿ The room continued to fill / with more ghosts

/ until the man finally finished. ⓫ "Thank you," / whispered / one of the ghosts.

⓬ "We haven't been out / in a really long time!" ⓭ "No problem," / he replied.

⓮ "What are friends for?"

❶ Imagine / you are in a bookstore. ❷ You are browsing through the books /

and enjoying the quiet atmosphere. ❸ Suddenly, / you rush / to the restroom.

❹ You have to poop!

❺ Many people / are familiar / with this odd experience. ❻ In fact, /

the experience is so common / that it even has a name: / the Mariko Aoki

phenomenon. ❼ It was named / after a Japanese woman, Aoki. ❽ She described

the feeling / in an article / in 1985.

❾ The cause of this phenomenon / is not known, / and there are many wild

theories / about it. ❿ One states / that the key might be / in the smell of paper

and ink. ⓫ Something in the scent / probably makes / you want to use the

restroom. ⓬ Another theory suggests / that because a bookstore is a relaxing

place, / a person's bowels relax, too. ⓭ Or maybe this phenomenon happens / by

chance. ⓮ What do you think?

❶ It was Steven's birthday. ❷ His older sister Sophie / wanted to make / it special. ❸ So, / she included a puzzle / in his birthday card.

❹ Happy birthday, / Steven!

❺ I prepared a gift / for you. ❻ But you must solve / a puzzle first. ❼ It is about / my favorite movie, *Forrest Gump*. ❽ The left page contains a hint / about the gift's location, / and the right page has a clue / about the gift itself.

- Left Page: ❾ A man is telling his life story / to stran**k**ers. ❿ His n**e**me / is Forrest Gump. ⓫ He had many p**l**oblems, / but he grew up / with cour**e**ge and a **z**entle h**o**art.

- Right Page: ⓬ He says, / "Life is like a box of c**j**ocolates." ⓭ It means / no one can choose / their situation / in life. ⓮ But the import**e**nt thing / is to always try your bes**k**.

⓯ Steven noticed / that some words were odd. ⓰ He circled the letters / that were wrong / and changed them / to the correct letters. ⓱ Then, / Sophie's secret message appeared!

2

내신대비
추가문제

• 해설집 p.40

Warning: this baguette is breaking the law! But hold on. Can bread break the law? In France, it can.

In 1993, the French government passed *Le Décret Pain*, the Bread Law. 그것의 주요 목적은 바게트의 품질을 보호하는 것이다. The law requires a specific process for baking them in France. Bakers must only use four ingredients to make baguettes. (A) These include flour, salt, yeast, and water. Baguettes must also be baked and sold at the same bakery. That way, the bread (B) stays fresh. (C) Freezing baguettes at bakeries are against the law for the same reason. This strict law keeps the quality of French baguettes high.

서술형

1 이 글의 밑줄 친 우리말과 같도록 괄호 안의 말을 알맞게 배열하시오. (the quality, to protect, is, of, baguettes)

→ Its main purpose _____

_____ .

2 이 글에서 프랑스 빵 법령에 관해 언급된 것은?

① 제빵사들의 요구로 1993년에 만들어졌다.
② 프랑스산 밀가루만을 사용하도록 요구한다.
③ 바게트 재료에 관한 규정을 포함한다.
④ 냉장고를 청결하게 관리하도록 권장한다.
⑤ 외국에서 바게트를 수입하는 것을 금지한다.

3 이 글의 밑줄 친 (A) These가 가리키는 것 네 가지를 글에서 찾아 쓰시오.

(1) _____
(2) _____
(3) _____
(4) _____

4 이 글의 밑줄 친 (B) stays와 의미가 가장 비슷한 것은?

① looks   ② feels   ③ turns
④ sounds   ⑤ remains

5 이 글의 밑줄 친 (C)에서 어법상 어색한 부분을 찾아 쓰고 바르게 고쳐 쓰시오.

_____ → _____

• 해설집 p.40

Do you want to eat *samgyeopsal* with me while we watch a *K-drama*? How about wearing a *hanbok* and (A) take some pictures? Every Korean knows these words, and now English speakers know them, too.

In 2021, more than 20 Korean words were added to the Oxford English Dictionary. This is thanks to the Korean wave, *hallyu*, that began more than two decades ago. Since then, Korean culture has become _____. For instance, English speakers watch a lot of *mukbang* shows and even make their own videos. And they scream "*unni*" at NewJeans concerts or "*oppa*" at Seventeen shows. (B) A dictionary's job is to reflect the use of language in society. Therefore, (C) these words have naturally been added.

한국 문화는 매년 더욱 인기를 얻고 있다. So, we might find more *hallyu* words in the English dictionary in the future!

1 이 글의 밑줄 친 (A)를 알맞은 형태로 바꿔 쓰시오.

_____

2 이 글의 빈칸에 들어갈 말로 가장 적절한 것은?

① weak   ② confident

③ uncommon   ④ hopeful

⑤ widespread

3 이 글의 밑줄 친 (B) A dictionary's job이 의미하는 내용으로 가장 적절한 것은?

① 신조어를 만드는 것

② 잘못된 언어를 순화하는 것

③ 청소년의 외국어 학습을 돕는 것

④ 사회에서 사용되는 언어를 반영하는 것

⑤ 좋은 문화를 세계적으로 전파시키는 것

4 이 글의 밑줄 친 (C) these words에 포함되지 않을 것 같은 말은?

① 한식   ② 삼겹살   ③ 언니

④ 오빠   ⑤ 먹방

서술형
5 이 글의 밑줄 친 우리말과 같도록 괄호 안의 말을 알맞게 배열하시오. (more popular, gets, year, every)

→ Korean culture _____

_____ .

Martin: I heard David arrived from London last week. You must be happy that your old friend is in town. Have you met with him?

Tiffany: Yes, I have. We got ⓐ <u>into</u> an argument, though. We agreed to meet ⓑ <u>on</u> the first floor of the shopping mall. But we were looking ⓒ <u>for</u> each other on different floors for 30 minutes!

Martin: Oh, how did that happen?

Tiffany: His idea of "first floor" was different ⓓ <u>by</u> mine. Here in the US, the first floor is the one that is on the same level as the street. But it turns out people ⓔ <u>in</u> England call it the "ground floor!" Meanwhile, they consider the first floor to be the one right above the ground floor.

Martin: <u>그거 복잡하게 들리네.</u> I'm going to see my English and American friends next week at the mall. I'll ask them to meet on the top floor. Then, they won't get confused!

1 이 대화문의 밑줄 친 ⓐ~ⓔ 중, 어법상 어색한 것은?

① ⓐ   ② ⓑ   ③ ⓒ   ④ ⓓ   ⑤ ⓔ

2 이 대화문의 내용과 일치하지 <u>않는</u> 것은?

① David은 지난주에 영국에서 미국으로 왔다.

② Tiffany는 David과 미국의 쇼핑몰에서 만났다.

③ Martin은 현재 미국에 있다.

④ Tiffany에게 1층은 지상층보다 위에 있는 층이다.

⑤ Martin에게는 영국 친구들과 미국 친구들이 있다.

[서술형]

3 이 대화문의 밑줄 친 우리말과 같도록 괄호 안의 말을 활용하여 문장을 완성하시오. 단, 필요시 형태를 바꾸시오. (complicated, sound)

→ That _____ .

4 다음 질문에 대한 답이 되도록 빈칸에 들어갈 말을 대화문에서 찾아 쓰시오.

Q. What will Martin tell his friends about their meeting plans?

A. Martin will say that they are going to meet on the _____ _____ of the shopping mall.

5 다음 영영 풀이에 해당하는 단어를 글에서 찾아 쓰시오.

an angry discussion between people with different opinions

_____

Imagine a crime scene. Police officers collect fingerprints and send them to a lab. But scientists are confused by the fingerprint patterns. They do not match the fingerprints of any human suspects. In fact, 그것들은 한 코알라의 것이다!

Do animals have fingerprints? Most animals don't. Only a few animals that are related to humans, such as gorillas, have them. Koalas are not related to humans. However, they have fingerprints like ours!

Scientists think that fingerprints are useful to koalas. Fingerprints help grip objects and feel their surfaces. Koalas live in trees, so they need to hold on to the branches tightly. In addition, these animals mainly eat *eucalyptus leaves. When koalas select leaves _____, they check the texture and **toxicity carefully. And fingerprints are helpful for doing that. That's why koalas developed them!

*eucalyptus 유칼립투스(호주산 나무) **toxicity 독성

1 이 글의 밑줄 친 우리말과 같도록 괄호 안의 말을 배열할 때 세 번째에 오는 것은? (a, koala, to, belong, they)

① a   ② koala   ③ to

④ belong   ⑤ they

2 코알라에 관한 이 글의 내용과 일치하지 <u>않는</u> 것은?

① 경찰 수사를 돕는 동물이다.

② 인간과 유전적으로 관련이 없다.

③ 나무에 서식한다.

④ 유칼립투스 잎을 주요 식량으로 삼는다.

⑤ 먹이를 고를 때 독성을 꼼꼼하게 살핀다.

3 이 글의 빈칸에 들어갈 말로 알맞은 것은?

① eat   ② eaten   ③ eating

④ to eat   ⑤ to eating

서술형

4 이 글의 밑줄 친 that이 의미하는 내용을 우리말로 쓰시오.

_____

_____

5 다음 영영 풀이에 해당하는 단어를 글에서 찾아 쓰시오.

to choose something from many options

_____

Would you ⓐ believe a chameleon can fit on your fingertip? A little creature like this was found in Madagascar. It ⓑ is called *Brookesia nana*, and 그것은 아마 세상에서 가장 작은 파충류일지도 모른다. Even when it is fully grown, it is (A) more / less than three centimeters long! Because this chameleon is so small, it does not need to eat (B) a little / a lot / a few . Thus, it has no trouble ⓒ finding enough food.

Surprisingly, unlike most chameleons, *Brookesia nana* doesn't change color to protect ⓓ itself from predators. This is probably because it generally stays on the ground. *Brookesia nana* is naturally brown and green. These colors already blend in with those of the soil and grass. So, if there is ⓔ dangerous something nearby, it can just hide behind a blade of grass!

1 이 글의 밑줄 친 ⓐ~ⓔ 중, 어법상 어색한 것은?

① ⓐ ② ⓑ ③ ⓒ ④ ⓓ ⑤ ⓔ

2 이 글의 밑줄 친 우리말과 같도록 괄호 안의 말을 알맞게 배열하시오. (reptile, the smallest, may be, in the world, it)

→ _____

_____

3 (A), (B)의 각 네모 안에서 문맥에 알맞은 말을 골라 쓰시오.

(A): _____ (B): _____

4 *Brookesia nana*에 관한 이 글의 내용과 일치하지 <u>않</u>는 것은?

① 마다가스카르에서 발견되었다.
② 먹이를 찾는 데 어려움을 겪는다.
③ 몸의 색깔을 바꾸지 않는다.
④ 일반적으로 땅에 서식한다.
⑤ 풀잎 뒤에 몸을 숨길 수도 있는 크기이다.

5 다음 빈칸에 공통으로 들어갈 단어를 글에서 찾아 쓰시오.

- Dinosaur bones were _____ at the site by the researchers.
- He _____ great joy in cooking for his friends.

In warm oceans, you'll find one of the largest fish on the planet—the ocean sunfish. 이상하게도, 이 거대한 물고기는 꼬리를 가지고 있지 않다. Instead, it has an odd-looking structure called a *clavus. While the fish uses the clavus (A) to adjust its direction, it waves the tall fins on the top and bottom of its body to move forward. It looks like a giant swimming head!

This unusual fish mostly feeds on small creatures like jellyfish. (①) But the cold water of the deep ocean causes its body temperature to drop. (②) So, after a hunt, it comes up to the surface (B) to warm itself in the sun. (③) It actually spends up to half a day sunbathing! (④) The name "sunfish" comes from this behavior. (⑤)

*clavus 클라부스(방향타 역할을 하는 구조)

1 이 글의 제목으로 가장 적절한 것은?

① The Fish of the World's Oceans
② Most Sea Creatures Enjoy Sunbathing
③ Why Does the Sunfish Prefer Jellyfish?
④ The Most Dangerous Fish on the Planet
⑤ The Ocean Sunfish: The Odd Sea Giant

서술형

2 이 글의 밑줄 친 우리말과 같도록 괄호 안의 말을 알맞게 배열하시오. (a tail, have, this giant fish, doesn't)

→ Strangely, _____

_____.

3 이 글의 밑줄 친 (A), (B)의 to부정사의 역할을 보기 에서 골라 그 기호를 쓰시오.

보기   ⓐ 형용사   ⓑ 부사

(A): _____   (B): _____

4 이 글의 흐름으로 보아, 다음 문장이 들어가기에 가장 적절한 곳은?

To find food, it dives over 600 meters.

①   ②   ③   ④   ⑤

5 다음 영영 풀이에 해당하는 단어를 글에서 찾아 쓰시오. (단, 주어진 철자로 시작하여 쓰시오.)

the path or course that someone or something follows or faces

d _____

Two people are playing a game that looks like badminton. But look closely. 그들은 라켓 대신에 패들을 들고 있고 셔틀콕 대신에 공을 치고 있다. They're actually playing pickleball!

(①) In 1965 on Bainbridge Island, Washington, Joel Pritchard and Bill Bell wanted to play badminton with their kids. (②) So, instead, they used paddles made of wood and a plastic ball with holes. (③) And they lowered the badminton net because the hard ball couldn't go as high as a shuttlecock. (④) After that, they started _____ the ball back and forth over it. (⑤) Right then, pickleball was born.

Today, millions of people play pickleball. Thanks to the low net and light equipment, everyone from kids to older people can enjoy it! Now, pickleball is even the official sport of Washington.

서술형

1 이 글의 밑줄 친 우리말과 같도록 괄호 안의 말을 알맞게 배열하시오. (and, are, paddles, they, hitting, a ball, holding)

→ _____

_____ instead of rackets _____

rather than a shuttlecock.

2 이 글의 흐름으로 보아, 다음 문장이 들어가기에 가장 적절한 곳은?

> But they couldn't find a shuttlecock or rackets.

① ② ③ ④ ⑤

3 이 글의 빈칸에 들어갈 말로 알맞은 것을 <u>모두</u> 고르시오.

① hit   ② to hit   ③ hits
④ hitting   ⑤ was hit

4 이 글을 읽고 피클볼에 관해 답할 수 <u>없는</u> 질문은?

① 어디에서 만들어졌는가?
② 누가 처음 만들었는가?
③ 어떤 도구를 사용하는가?
④ 어떤 연령대의 사람들이 주로 즐기는가?
⑤ 몇 라운드로 구성되는가?

5 다음 영영 풀이에 해당하는 단어를 글에서 찾아 쓰시오.

> being allowed or approved by a person or group in charge

_____

• 해설집 p.41

During a long race, runners may reach a "dead point." At this stage, they cannot breathe easily and feel lots of muscle pain. <u>하지만 만약 그들이 이 어려움들을 극복하면, 그들은 에너지의 마법 같은 증가를 얻을 수 있다.</u> This special power is known as the "second wind."

Why does this happen? According to some scientists, it's (A) because / because of the body always finds a balance in its oxygen supply. For a runner at his or her dead point, the body tries to get enough oxygen to keep up with the runner's needs. But others say the second wind happens (B) because / because of endorphins. When the body experiences pain, the brain produces endorphins. These brain chemicals reduce pain and make the runner feel good.

The second wind is a reward for continuing a hard workout. So, the next time you want to <u>give up</u>, keep going! Your second wind might be around the corner.

1 다음 질문에 대한 답이 되도록 빈칸에 들어갈 말을 글에서 찾아 쓰시오.

> Q. What happens before someone gets a second wind?
>
> A. The person reaches a _____ _____.
>   During this stage, he or she feels lots of pain and is unable to _____ well.

2 이 글의 밑줄 친 우리말과 같도록 괄호 안의 말을 알맞게 배열하시오. (in energy, gain, a magical boost, they, can)

→ But if they overcome these difficulties, _____.

3 (A), (B)의 각 네모 안에서 알맞은 말을 골라 쓰시오.

(A): _____   (B): _____

4 세컨드 윈드에 관한 이 글의 내용과 일치하지 <u>않는</u> 것은?

① 운동 중 힘든 단계를 지난 후 얻는 힘이다.
② 몸이 균형을 찾는 과정에서 발생할 수 있다.
③ 사점에 도달하기 전에 경험할 수 있다.
④ 엔도르핀 때문에 발생한다고 보는 과학자들도 있다.
⑤ 힘든 운동을 계속하는 것에 대한 보상이다.

5 이 글의 밑줄 친 give up과 의미가 가장 비슷한 것은?

① quit   ② return   ③ change
④ live   ⑤ hide

(A) The balls in Major League Baseball games always look like dirty. Are they old? Not at all! Mud is added to new baseballs on purpose.

Brand-new balls are slippery, so 투수들이 그것들을 잘 쥘 수가 없다. When *pitchers fail to control them, **batters can face danger. In 1920, one batter actually died after he was hit by a ball that went the wrong way. Following that, baseball officials realized that they needed to make the surface of the balls rougher. To achieve (B) this, they began putting a little mud on them. But not just any mud was used. In 1938, a coach named Lena Blackburne (C) discovered a special type of mud. It has minerals that effectively remove the slippery coating. Now, this mud is used by every major league team!

*pitcher 투수 **batter 타자

1 이 글의 밑줄 친 (A)에서 어법상 어색한 부분을 찾아 쓰고 바르게 고쳐 쓰시오.

_____ → _____

2 이 글의 밑줄 친 우리말과 같도록 괄호 안의 말을 배열할 때 세 번째에 오는 것은? (well, grip, pitchers, can't, them)

① well   ② grip   ③ pitchers
④ can't   ⑤ them

3 이 글의 내용과 일치하는 것은?

① 메이저리그에서는 중고 야구공을 사용한다.
② 1920년에 한 투수에 의해 특별한 진흙이 발견되었다.
③ 1938년에 Lena Blackburne이 경기 중에 사망하였다.
④ 메이저리그에서 사용하는 진흙에는 미네랄이 함유된다.
⑤ 일부 메이저리그 팀들만 새 야구공에 진흙을 바른다.

서술형
4 이 글의 밑줄 친 (B) this가 의미하는 내용을 우리말로 쓰시오.

_____

5 이 글의 밑줄 친 (C) discovered와 의미가 가장 비슷한 것은?

① caught   ② destroyed   ③ passed
④ found   ⑤ blocked

CHAPTER 04

• 해설집 p.42

ⓐ <u>They</u> are here today, but ⓑ <u>they</u> won't be here tomorrow. That is why pop-up shops are (A) <u>charming</u>. And more and more brands are "popping up!"

Pop-up shops are stores that open for only a few days or months. So, what attracts people to these temporary stores? First, ⓒ <u>they</u> have fun themes and unique settings. This makes ⓓ <u>them</u> especially popular among *Millennials and members of **Generation Z. ⓔ <u>They</u> love posting about special experiences on social media, and pop-ups are perfect for (B) <u>that</u>. Furthermore, pop-up shops sell rare items or organize special events. One successful example is Nike's pop-up. The shop looked like one of its shoeboxes! Thousands of people stopped by to take pictures of the exterior. Inside, customers could decorate their own sneakers.

By running pop-up shops, a company can raise its brand awareness quickly. <u>한편, 쇼핑객들은 신나는 경험을 할 수 있다!</u>

*Millennials 밀레니얼 세대(보통 1981년생~1996년생을 가리킴)
**Generation Z Z세대(보통 1997년생~2012년생을 가리킴)

1 이 글의 제목으로 가장 적절한 것은?

① The Appeal of Pop-Up Stores
② The Evolution of Store Brands
③ These Generations Love Shopping
④ Why Do Sports Brands Use Pop-Ups?
⑤ How Social Media Changed Shopping

2 이 글의 밑줄 친 ⓐ~ⓔ 중, 가리키는 대상이 나머지 넷과 다른 것은?

① ⓐ   ② ⓑ   ③ ⓒ   ④ ⓓ   ⑤ ⓔ

3 이 글의 밑줄 친 (A) charming과 의미가 가장 비슷한 것은?

① confusing   ② appealing   ③ surprising
④ boring   ⑤ relaxing

서술형

4 이 글의 밑줄 친 (B) that이 의미하는 내용을 우리말로 쓰시오.

_____

서술형

5 이 글의 밑줄 친 우리말과 같도록 괄호 안의 말을 알맞게 배열하시오. (have, shoppers, exciting, an, experience, can)

→ Meanwhile, _____

_____ !

Look at the map of the United Arab Emirates (UAE), a country in *the Middle East. You will see a donut-shaped area called Madha. <u>하지만 Madha는 UAE의 일부가 아니다.</u> It actually belongs to another country, Oman! That's not all. The "hole" in the donut, Nahwa, is a **territory of the UAE. What happened?

(a) Years ago, the region around Madha was divided among four different tribes. (b) But when countries started forming, the four rulers had a decision to make. (c) Great rulers should take care of their citizens. (d) They _____ choose between the UAE and Oman as their country. (e) Three selected the UAE, but only the Madha leader picked Oman. As a result, Madha was completely surrounded by two tribes that joined the UAE. And the last tribe that joined the UAE was entirely inside Madha's territory. This gave Madha its unique donut shape!

*the Middle East 중동(아시아의 서부 대륙 일대를 가리킴)
**territory 영토

1 이 글의 주제로 가장 적절한 것은?

① 분단 국가의 특성
② 독특하게 형성된 국경
③ 중동 국가들의 건국 역사
④ Madha에 거주하는 부족들
⑤ UAE와 Oman 간의 국경 분쟁

2 이 글의 밑줄 친 우리말과 같도록 괄호 안의 말을 알맞게 배열하시오. (is, a part, not, of, the UAE, Madha, but)

→ _____

3 이 글의 (a)~(e) 중, 전체 흐름과 관계<u>없는</u> 문장은?

① (a)　② (b)　③ (c)　④ (d)　⑤ (e)

4 이 글의 빈칸에 들어갈 말로 알맞은 것은?

① have to　　　② had to
③ has to　　　④ will have to
⑤ don't have to

5 다음 영영 풀이에 해당하는 단어 두 개를 글에서 찾아 쓰시오.

to the full extent or in every direction

(1) _____　(2) _____

There (A) is / are a piece of land that belongs to Spain one day and France the next. What in the world is it? It is Pheasant Island!

This tiny island is located in the Bidasoa River between Spain and France. The territory is shared by the two countries. The origin of ＿＿＿＿＿＿ can be traced back to the year 1659. That was when Spain and France signed the Treaty of the Pyrenees. This treaty put an end to 30 years of bloody battles in Europe. The agreement included a *provision that made Pheasant Island a symbol of peace. It would be a part of Spain from February 1st to July 31st and then owned by France from August 1st to January 31st. There (B) is / are no residents, but the island has a **monument to honor the treaty.

*provision 조항 **monument 기념비

1 이 글의 주제로 가장 적절한 것은?

① 유럽의 30년 전쟁을 끝낸 조약
② 두 국가에 의해 영토가 공유되는 섬
③ 스페인과 프랑스 간의 영토 분쟁
④ 스페인과 프랑스의 날짜 체계
⑤ 비다소아강을 상징하는 평화비

2 (A), (B)의 각 네모 안에서 알맞은 말을 골라 쓰시오.

(A): ＿＿＿＿＿＿＿＿   (B): ＿＿＿＿＿＿＿＿

3 이 글의 밑줄 친 tiny와 의미가 가장 비슷한 것은?

① small   ② powerful   ③ quiet
④ weak   ⑤ thin

4 이 글의 빈칸에 들어갈 말로 가장 적절한 것은?

① European power
② the world war
③ this political concept
④ the famous mission
⑤ this unusual arrangement

5 이 글의 내용으로 보아, 다음 빈칸에 들어갈 말을 글에서 찾아 쓰시오. (단, 주어진 철자로 시작하여 쓰시오.)

The island is s＿＿＿＿＿ between Spain and France. Since the Treaty of the Pyrenees, it has acted as a sign of p＿＿＿＿＿.

Is it annoying to cut your fingernails once ⓐ a week? Then, avoid ⓑ going outside and stop ⓒ playing computer games. It may sound strange, but 이 활동들은 손톱 성장의 속도를 높일 수 있다! Why is that?

When you get more sunlight, your body produces more vitamin D. This nutrient is very important for keeping your nails strong and helping them ⓓ grow. So, if you spend (A) a little / a lot of / more time in the sun, you might need to cut your nails more often!

Also, using your hands more ⓔ make your nails grow faster. _____ your right hand and left hand. If you mainly use your right hand, it will have (B) longer / shorter / thinner fingernails. That is because moving your fingers increases the flow of blood to your nails. And blood provides nutrients and oxygen to help your fingernails grow!

1 이 글의 밑줄 친 ⓐ~ⓔ 중, 어법상 어색한 것은?

① ⓐ　　② ⓑ　　③ ⓒ　　④ ⓓ　　⑤ ⓔ

2 이 글의 밑줄 친 우리말과 같도록 괄호 안의 말을 배열할 때 첫 번째에 오는 것은? (up, can, fingernail growth, speed, these activities)

① up　　　　　　　② can
③ fingernail growth　④ speed
⑤ these activities

3 (A), (B)의 각 네모 안에서 문맥에 알맞은 말로 가장 적절한 것은?

	(A)	(B)		(A)	(B)
①	a little	⋯ longer	②	a little	⋯ shorter
③	a lot of	⋯ longer	④	a lot of	⋯ thinner
⑤	more	⋯ shorter			

4 다음 영영 풀이를 참고하여 이 글의 빈칸에 들어갈 단어를 쓰시오. (단, 주어진 철자로 시작하여 쓰시오.)

to see how two or more things are similar or different

c _____

서술형
5 손톱이 더 빨리 자라는 두 가지 경우를 우리말로 쓰시오.

(1) _____

(2) _____

It's midnight, and you have stayed up late to finish your homework. 당신은 피곤해지기 시작하고 생각 없이 눈을 비빈다. But why do you do this?

First of all, your eyes need more tears! When you get sleepy, the nervous system reduces the production of tears to save energy during sleep. Your eyes become ____(A)____ , and that makes you want to rub them. Rubbing your ____(B)____ eyes brings comfort because it causes them to produce more tears.

Another reason is that your eyes and heart are linked through the nervous system. Your heart slows down when you put pressure on your eyes by rubbing them. So, doing this may make you feel calmer. In other words, you're helping your body ____(C)____ !

1 이 글의 제목으로 가장 적절한 것은?

① How to Treat Dry Eyes

② Rubbing Eyes Can Make Them Hurt

③ Making Tears: How We Control Them

④ Why We Rub Our Eyes When We're Tired

⑤ The Importance of Sleep for Healthy Eyes

2 다음 중, 이 글의 밑줄 친 It과 쓰임이 다른 것은?

① It's Wednesday.

② It is the 15th of June.

③ It's already 3 p.m.

④ It is really cold today.

⑤ It's my favorite hobby.

서술형

3 이 글의 밑줄 친 우리말과 같도록 괄호 안의 말을 알맞게 배열하시오. (without, get, rub, tired, your eyes, thinking, and)

→ You start to _____

_____ .

4 이 글의 빈칸 (A)와 (B)에 공통으로 들어갈 단어를 다음 영영 풀이를 참고하여 쓰시오. (단, 주어진 철자로 시작하여 쓰시오.)

having no or very little water

d _____

5 이 글의 빈칸 (C)에 들어갈 말로 가장 적절한 것은?

① relax　　② move　　③ stretch

④ function　　⑤ grow

Did you know that happiness begins in the *gut? Recently, scientists discovered that this organ produces around 95 percent of the serotonin in your body. Serotonin is a chemical that makes you feel relaxed and happy. As the gut and the brain are connected, the gut sends serotonin to the brain.

Now, you can probably guess the result of not taking care of your gut. Eating lots of unhealthy foods can prevent the gut from _____. Therefore, it may produce less serotonin than usual. And your brain may naturally (A) receive less of it. (B) This can make you anxious and sad. 그러니, 만약 당신의 기분이 좋기를 원한다면, 건강한 음식으로 장을 잘 다루어라!

*gut 장

1 이 글의 제목으로 가장 적절한 것은?

① The Discovery of Serotonin
② Why We Enjoy Unhealthy Foods
③ How Your Gut Affects Your Mood
④ A Special Diet That Makes Us Happy
⑤ The Roles of Different Brain Chemicals

2 이 글의 빈칸에 들어갈 말로 가장 적절한 것은?

① taking in sugar   ② working properly
③ becoming weak   ④ changing quickly
⑤ slowing down

3 이 글의 밑줄 친 (A) receive와 의미가 가장 비슷한 것은?

① get   ② give   ③ make
④ bring   ⑤ break

서술형
4 이 글의 밑줄 친 (B) This가 의미하는 내용을 우리말로 쓰시오.

_____

서술형
5 이 글의 밑줄 친 우리말과 같도록 괄호 안의 말을 알맞게 배열하시오. (want, in, mood, a, good, if, to be, you)

→ So, _____,
treat your gut well with healthy foods!

The actors on the screen have a serious conversation. The viewers watch them and wonder ⓐ what will happen next. Suddenly, one actor stares into the camera and starts ⓑ to speak to the audience. What is happening? The actor ⓒ is breaking the fourth wall!

The "fourth wall" is an imaginary wall that ⓓ divide the actors and the audience. The concept was first used in stage performances with three actual walls. And now it is also used in movies and TV dramas. The actors pretend ⓔ that the fourth wall is in front of them instead of the viewers or cameras. It helps the actors concentrate on the scene.

Then why do actors sometimes break this wall? Doing (A) this makes the viewers a part of the scene! In the movie *Enola Holmes*, Enola is searching for her mother. At times, she turns to the camera and asks, "Do you have any ideas?" At that moment, the viewers are not just observers anymore!

1 이 글의 제목으로 가장 적절한 것은?

① How to Fix a Broken Wall
② The History of the Fourth Wall
③ Why Actors Don't Break the Fourth Wall
④ Tips for Keeping the Audience's Attention
⑤ Breaking the Fourth Wall to Involve Viewers

서술형
2 이 글의 밑줄 친 문장을 현재진행 시제를 사용해 바꿔 쓰시오.

→ _____

_____.

3 이 글의 밑줄 친 ⓐ~ⓔ 중, 어법상 바른 것의 개수는?

① 1개 ② 2개 ③ 3개 ④ 4개 ⑤ 5개

서술형
4 이 글의 밑줄 친 (A) this가 의미하는 내용을 우리말로 쓰시오.

_____

5 다음 영영 풀이에 해당하는 단어를 글에서 찾아 쓰시오.

| to behave as if something is real when it is not |

_____

Action! Drama! Romance! Comedy! Do you want ⓐ to see all of these in one movie? Then watch a masala film from India. A masala film is a unique blend of many genres. It ⓑ is named after masala, a mix of spices used in curry. A perfect "recipe" for a masala film contains at least six songs and three dance numbers.　　(A)　　, it can be quite long, sometimes more than three hours! The songs are memorable, so you'll find ⓒ you singing them for days. And the large group dances will make you ⓓ want to get up and dance, too.　　(B)　　, the songs and dances can appear at any time, even in the middle of a serious situation. At first, you may think the timing is not natural. But the scenes are so exciting ⓔ that they can bring about a smile. That is the purpose of a masala movie! 그것은 우리들의 즐거움을 위해 만들어진다.

1 이 글의 밑줄 친 ⓐ~ⓔ 중, 어법상 어색한 것을 찾아 기호를 쓰고 바르게 고쳐 쓰시오.

_____ → _____

2 이 글의 빈칸 (A)와 (B)에 들어갈 말로 가장 적절한 것은?

	(A)		(B)
①	For example	⋯	In short
②	However	⋯	In short
③	In short	⋯	Therefore
④	Thus	⋯	However
⑤	Otherwise	⋯	However

3 마살라 영화에 관한 이 글의 내용과 일치하지 않는 것은?

① 인도의 영화 장르이다.
② 향신료의 이름을 따서 만들어진 명칭이다.
③ 최대 여섯 곡의 노래를 포함한다.
④ 상영 시간이 세 시간을 넘기는 경우도 있다.
⑤ 예상치 못한 시점에 춤이 등장할 수 있다.

4 이 글의 밑줄 친 purpose와 의미가 가장 비슷한 것은?

① beginning ② goal ③ review
④ problem ⑤ chance

서술형

5 이 글의 밑줄 친 우리말과 같도록 괄호 안의 말을 활용하여 문장을 완성하시오. 단, 수동태를 포함하시오.
(enjoyment, for, make, our)

→ It _____.

"I'm super shy, super shy." One line from a famous song is playing over and over in your head. What's going on? You have an earworm!

An earworm is a section of a song that gets stuck in your head easily. The term came from a German word, *Ohrwurm*. This is used to talk about a catchy, memorable tune. The English version of this word became popular thanks to the well-known author Stephen King. He once said he was "infected" by one.

So, why is it so hard to stop these earworms? Scientists found some common features of songs with earworms. They usually have a fast beat with simple melodies and a lot of repeated notes. <u>Thus, the songs are easily to sing.</u>

Luckily, there are a few ways to get rid of earworms. Listen to the entire song, chew gum, or focus on something different!

1 이 글의 제목으로 가장 적절한 것은?

① The Most Famous Earworms

② Earworms: What Are These?

③ Stop Earworms Before They Start

④ The Cure for an Infectious Disease

⑤ How Songwriters Create Hit Songs

2 다음 질문에 대한 답이 되도록 빈칸에 들어갈 말을 글에서 찾아 쓰시오.

Q. Where did the term "earworm" come from?

A. It is originally from a(n) _____ word, but it became popular in English after a famous _____, Stephen King, said he had one.

3 이 글에서 Earworm의 특징으로 언급되지 <u>않은</u> 것은?

An earworm is ① <u>a memorable tune</u> that has ② <u>a quick beat</u> and ③ <u>a high pitch</u>. The tune often uses ④ <u>simple melodies</u> and ⑤ <u>repeated notes</u>.

서술형
4 이 글의 밑줄 친 문장에서 어법상 어색한 부분을 바르게 고쳐 완전한 문장을 쓰시오.

→ _____

5 이 글에서 다음 영영 풀이에 해당하는 단어로 알맞은 것은?

not complicated; easy to understand

① famous   ② memorable

③ common   ④ simple

⑤ shy

Baking soda is really helpful in the kitchen. It is not just for baking—it is for safety, too. Surprisingly, it can help ⓐ <u>to putting</u> out kitchen fires! But how does it do that?

All fires require three things ⓑ <u>to burn</u>: fuel, heat, and oxygen. Baking soda deals with the oxygen part. When you throw baking soda onto a fire, the fire's heat causes it ⓒ <u>to release</u> *carbon dioxide gas. This gas gets rid of the oxygen in the air ⓓ <u>that</u> surrounds the flames. Because there is no oxygen, the fire cannot continue ⓔ <u>burning</u>.

<u>하지만 이 일에 베이킹파우더를 사용하지 않도록 조심해라.</u> _____ baking soda, it can make the fire worse!

*carbon dioxide 이산화탄소

1 이 글의 제목으로 가장 적절한 것은?

① Recipes That Use Baking Soda
② Fire Safety Tips around the Home
③ How Baking Soda Helps Stop Fires
④ Preventing Accidents in the Kitchen
⑤ Can Baking Powder Replace Baking Soda?

2 이 글의 밑줄 친 ⓐ~ⓔ 중, 어법상 어색한 것은?

① ⓐ ② ⓑ ③ ⓒ ④ ⓓ ⑤ ⓔ

서술형

3 이 글의 밑줄 친 우리말과 같도록 괄호 안의 말을 알맞게 배열하시오. (for, baking powder, not to use, this task, careful, be)

→ But _____

_____ .

4 이 글의 빈칸에 들어갈 말로 가장 적절한 것은?

① Similar to   ② Besides
③ In front of   ④ Through
⑤ Unlike

5 다음 영영 풀이에 해당하는 단어를 글에서 찾아 쓰시오. (단, 주어진 철자로 시작하여 쓰시오.)

to let something flow out from somewhere

r _____

• 해설집 p.45

Did you know that you can "hear" the temperature of water? To check this, go to the kitchen and turn on the cold water. Listen carefully when the water hits the sink. Repeat this with hot water, and you will (A) <u>notice</u> the hot water's pitch is higher than the cold water's!

<u>이 차이는 물의 밀도에 의해 발생된다.</u> Think about honey. (B) <u>As you probably know, cold honey is denser to hot honey.</u> Similarly, cold water is thicker than hot water. Molecules of cold water are packed closely together in a heavy mass. So, when cold water hits the sink, it makes a low sound. _____, hot water is thinner and breaks into smaller droplets when it hits the sink. Therefore, the opposite effect occurs.

1 이 글의 밑줄 친 (A) notice와 의미가 가장 비슷한 것은?

① argue ② realize ③ suggest
④ report ⑤ disagree

2 이 글의 밑줄 친 우리말과 같도록 괄호 안의 말을 활용하여 문장을 완성하시오. 단, 수동태를 포함하시오. (the difference, cause, the water's thickness)

→ _____

_____

3 이 글의 밑줄 친 (B)에서 어법상 어색한 부분을 찾아 쓰고 바르게 고쳐 쓰시오.

_____ → _____

4 이 글의 빈칸에 들어갈 말로 가장 적절한 것은?

① In other words ② In summary
③ Besides ④ In addition
⑤ In contrast

5 이 글의 내용과 일치하지 <u>않는</u> 것은?

The Sound of Water	
Cold Water	**Hot Water**
It makes a ① low sound when it hits the sink. This happens because the molecules are ② packed tightly together.	A ③ higher sound is produced when it hits the sink. The reason is that it is ④ thicker and breaks into ⑤ smaller drops.

When you look at a train track, you may notice lots of small rocks under it. These rocks are called "*ballast," and they are there to make your train journey safe!

First, the rocks secure the track in place when a train runs over it. How do they accomplish this? The secret lies in their shape. The rocks have sharp edges, so they fit together like puzzle pieces. This allows them to hold the track tightly. Second, the rocks distribute the weight of the heavy train. If they're not there, the track (A) | can / cannot | sink into the soft ground! 게다가, 돌들은 선로를 깨끗하게 유지한다. They let water flow away and prevent plants from growing.

In conclusion, (B) | with / without | ballast, the train track cannot function properly!

*ballast 밸러스트(철도·도로의 자갈)

1 이 글의 주제로 가장 적절한 것은?

① how to produce ballast
② why ballast is important
③ safety rules for train travel
④ the first railroad to use ballast
⑤ methods of making train tracks

2 다음 중, 이 글의 밑줄 친 to make와 쓰임이 다른 것은?

① Henry came here to meet his friends.
② Mia is studying medicine to become a doctor.
③ I was looking for someone to help me.
④ She rushed to the library to borrow books.
⑤ He exercises every day to stay healthy.

3 (A), (B)의 각 네모 안에서 문맥에 알맞은 말을 골라 쓰시오.

(A): _____   (B): _____

서술형

4 이 글의 밑줄 친 우리말과 같도록 괄호 안의 말을 알맞게 배열하시오. (the track, clear, the rocks, keep)

→ In addition, _____

_____.

5 다음 영영 풀이에 해당하는 단어를 글에서 찾아 쓰시오. (단, 주어진 철자로 시작하여 쓰시오.)

the act of traveling from one place to another

j_____

CHAPTER 08

• 해설집 p.45

In 100 years, ⓐ making sandcastles might be a thing of the past. Most sand beaches around the world are (A) appearing / disappearing !

The main reason is human activity. The number of people in the world ⓑ are growing. So, more and more sand is needed to build homes and roads. Deserts have plenty of sand, but it doesn't work for building ⓒ because it's too smooth and round. Builders need sand with flat surfaces and angles, and this type of sand is usually found on beaches. 그러나, 사람들은 자연이 그것을 원래 있던 자리에 다시 놓을 수 있는 것보다 훨씬 더 빨리 그것을 빼앗아 가고 있다. It takes thousands of years ⓓ to make new sand! Moreover, sea levels are (B) rising / falling because of global warming, so beaches are getting smaller.

Less sand means that the land has less protection from wind and waves. And animals ⓔ like crabs will lose their homes.

1 이 글의 밑줄 친 ⓐ~ⓔ 중, 어법상 어색한 것은?

① ⓐ ② ⓑ ③ ⓒ ④ ⓓ ⑤ ⓔ

2 (A), (B)의 각 네모 안에서 문맥에 알맞은 말을 골라 쓰시오.

(A): _____ (B): _____

3 이 글의 밑줄 친 우리말과 같도록 주어진 말을 활용하여 문장을 완성하시오. 단, 필요시 형태를 바꾸시오. (nature, it, much, replace, can, fast, than)

→ However, people are taking it away _____

_____.

4 다음 질문에 대한 답이 되도록 빈칸에 들어갈 말을 글에서 찾아 쓰시오.

Q. Why is beach sand appropriate for building?

A. Its _____ surfaces and angles are unlike the smooth and round sand in _____.

5 이 글에서 다음 영영 풀이에 해당하는 단어로 알맞은 것은?

something that keeps people or objects safe from harm

① surface ② activity ③ builder
④ protection ⑤ angle

A gorilla is picking its nose. And a squirrel is jumping with a brave look on its face. Doesn't just thinking about them make you laugh? You can find images of these scenes on the Comedy Wildlife Photography Awards website!

This annual competition started in 2015. The purpose was to spread a message about the importance of wildlife *conservation. Wild animals are losing their homes due to environmental damage. However, the organizers didn't want to make people sad about (A) this. 대신에, 그들은 사람들이 자연 속 동물들의 재미있는 사진을 그들에게 보내도록 했다. And their idea (B) worked! The contest became popular. So, the organizers sell products with those images. They also donate some of the profits to wildlife organizations. Clearly, serious problems don't always call for serious approaches!

*conservation 보존

1 이 글에 따르면, Comedy Wildlife Photography Awards의 개최 목적은?

① 환경 파괴의 심각성을 강조하기 위해서
② 야생동물 보존의 중요성을 알리기 위해서
③ 수익성 있는 사진을 판매하기 위해서
④ 친환경적인 집을 짓기 위해서
⑤ 웃음 치료의 효과를 증명하기 위해서

2 이 글을 읽고 Comedy Wildlife Photography Awards에 관해 답할 수 <u>없는</u> 질문은?

① 몇 년 주기로 개최되는 대회인가?
② 출품해야 하는 사진의 주제는 무엇인가?
③ 어떻게 야생동물 보존에 기여하는가?
④ 대회를 후원하는 단체는 어디인가?
⑤ 출품된 사진들은 어디에서 볼 수 있는가?

서술형

3 이 글의 밑줄 친 (A) this가 의미하는 내용을 우리말로 쓰시오.

_____

_____

서술형

4 이 글의 밑줄 친 우리말과 같도록 괄호 안의 말을 알맞게 배열하시오. (humorous, people, them, send, let, pictures)

→ Instead, they _____

_____ of animals in nature.

5 다음 중, 이 글의 밑줄 친 (B) worked와 같은 의미로 쓰인 것은?

① The new policy <u>worked</u> well.
② We <u>worked</u> at the same company.
③ She <u>worked</u> hard on her homework.
④ He <u>worked</u> at a local hospital in 2020.
⑤ My grandfather <u>worked</u> in his garden.

At the supermarket, shoppers buy items and (A) take off the plastic packaging from them. They put the trash in big piles near the counter and leave the store. What is going on? It is a plastic attack!

플라스틱 어택은 플라스틱 쓰레기에 반대하는 시위이다. It started in a small town in the UK. A group of people were shocked by the amount of plastic packaging and planned (B) the first plastic attack. They said plastic packaging thrown out each hour in the UK could fill over 10,000 shopping carts. And around half of this plastic can't be recycled!

Fortunately, their voices were heard. (C) For example, Tesco, a big grocery chain, promised making all their packaging recyclable by 2025. And surprisingly, this movement is spreading to other countries. The actions of one group became a global campaign!

1 이 글의 제목으로 가장 적절한 것은?

① Why Is Plastic Packaging Necessary?

② Plastic Attacks: The Surprising Costs

③ How Grocery Stores Attract Shoppers

④ Give the Plastic Back to Grocery Stores

⑤ The Biggest Environmental Issue in the UK

2 이 글의 밑줄 친 (A) take off와 의미가 가장 비슷한 것은?

① exchange   ② reuse   ③ increase

④ fold   ⑤ remove

서술형

3 이 글의 밑줄 친 우리말과 같도록 괄호 안의 말을 알맞게 배열하시오. (a protest, a plastic attack, against, is, waste, plastic)

→ _____

_____

서술형

4 밑줄 친 (B)가 시작된 이유를 우리말로 쓰시오.

_____

_____

5 이 글의 밑줄 친 (C)에서 어법상 어색한 부분을 찾아 쓰고 바르게 고쳐 쓰시오.

_____ → _____

You are having dinner at a restaurant. You like the food, and you want to know more about it. But now you _____(A)_____ ask the busy waiter. Instead, use the FoodLens application. It's powered by artificial intelligence (AI)!

<u>그냥 당신의 휴대전화로 음식의 사진을 찍어라, 그러면 그 인공지능이 나머지를 할 것이다.</u> It can tell you what is in the dish and how to make it. It can also give you nutritional information like the fat content. But it doesn't end there. It learns your favorite foods based on your photos and suggests similar dishes _____(B)_____. So, this AI phone application can help you find more delicious meals that match your tastes!

1 이 글의 빈칸 (A)에 들어갈 말로 가장 적절한 것은?

① should   ② had better

③ don't have to   ④ had to

⑤ will be able to

2 이 글의 밑줄 친 우리말과 같도록 괄호 안의 말을 알맞게 배열하시오. (the rest, the AI, the food, with your phone, will do, of, take a picture)

→ Simply _____

_____, and _____

_____.

3 FoodLens 애플리케이션을 사용해 알 수 있는 정보가 <u>아닌</u> 것을 <u>모두</u> 고르시오.

① 요리사   ② 사용된 재료   ③ 요리 방법

④ 음식의 가격   ⑤ 영양 정보

4 이 글의 빈칸 (B)에 들어갈 말로 알맞은 것은?

① try   ② trying   ③ tries

④ have tried   ⑤ to try

5 다음 영영 풀이에 해당하는 단어를 글에서 찾아 쓰시오.

liked the most among various options

_____

Have you ever imagined (A) <u>to make</u> your own clothes? Anyone can be a fashion designer with Fabrican!

Fabrican is a liquid fabric in a can. It is made from *polymers and various fibers such as cotton, wool, and nylon. The liquid is sprayed like a mist and magically turns solid when it contacts air. You can spray it a little to make the fabric thin or a lot to make it thick. _____, Fabrican comes in many colors and smells. In other words, you can control almost every (B) <u>features</u> of an outfit with this spray. And when you don't want to wear the outfit anymore, melt it back into a liquid form. It can be reused to produce new clothes. <u>이 원단은 정말 친환경적이다!</u>

*polymer 중합체(분자들이 서로 연결되어 생기는 고분자 화합물)

1 이 글의 밑줄 친 (A), (B)가 어법상 맞으면 O를 쓰고, 틀리면 바르게 고쳐 쓰시오.

(A): _____ (B): _____

2 Fabrican에 관한 이 글의 내용과 일치하지 <u>않는</u> 것은?

① 액체 형태의 섬유이다.
② 중합체만을 이용하여 만들어진다.
③ 많이 뿌릴수록 두꺼워진다.
④ 다양한 색깔의 옷을 만들 수 있다.
⑤ 고체 상태로 바뀔 수 있다.

3 이 글의 빈칸에 들어갈 말로 가장 적절한 것은?

① In addition   ② However
③ Therefore   ④ For example
⑤ Otherwise

서술형
4 이 글의 밑줄 친 우리말과 같도록 괄호 안의 말을 활용하여 문장을 완성하시오. 단, How 감탄문으로 쓰고, 주어와 동사는 생략하지 마시오. (the fabric, eco-friendly)

→ _____

5 다음 영영 풀이에 해당하는 단어를 글에서 찾아 쓰시오. (단, 주어진 철자로 시작하여 쓰시오.)

to release liquid in small drops through the air

s_____

What is the temperature in Paris right now? Instead of looking it up online, why don't you just send a signal to AlterEgo? <u>당신은 손가락을 들어 올리거나 소리를 낼 필요가 없을 것이다!</u>

AlterEgo is a wearable device created at MIT. It is designed to read the wearer's "thoughts." But how does it work? First, the device is attached to the user's chin and hooked over the ear. Next, the user asks a question in his or her head. Doing (A) <u>this</u> produces signals in the face and neck muscles. AlterEgo reads these signals and *transmits them to a computer. The computer then (B) <u>comes up with</u> a response. _____, AlterEgo delivers the response to the user with a special headphone that sends sound through bones! Everything happens in complete silence.

The device is still under development, but it has a success rate of about 92 percent in understanding users!

*transmit 전달하다

서술형

1 이 글의 밑줄 친 우리말과 같도록 괄호 안의 말을 알맞게 배열하시오. (have, won't, a finger, to lift, make a sound, you, or)

→ _____

_____

2 AlterEgo에 관한 이 글의 내용과 일치하지 <u>않는</u> 것은?

① 몸에 착용할 수 있는 기기이다.
② MIT에서 만들었다.
③ 마이크가 달려 있다.
④ 사용자의 턱과 귀에 부착된다.
⑤ 아직 개발되고 있는 중이다.

서술형

3 이 글의 밑줄 친 (A) <u>this</u>가 의미하는 내용을 우리말로 쓰시오.

_____

4 이 글의 밑줄 친 (B) <u>comes up with</u>와 의미가 가장 비슷한 것은?

① compares   ② understands
③ generates   ④ remembers
⑤ follows

5 이 글의 빈칸에 들어갈 말로 가장 적절한 것은?

① However   ② On the other hand
③ Instead   ④ For instance
⑤ Finally

CHAPTER 10

• 해설집 p.47

A man walked into an old hotel. "I'd like a room for tonight," he said to the manager. (A) He gave him a room key along with an unusual warning. "Just remember, do not whistle. If you _____, it will call the ghosts." He nodded and said thanks for (B) the information. As he opened the door of his room, he began to whistle a happy tune. Slowly, a ghost appeared! But the man didn't stop whistling. 남자가 마침내 마칠 때까지 방 안은 계속해서 더 많은 유령들로 채워졌다. "Thank you," whispered one of the ghosts. "We haven't been out in a really long time!" "No problem," he replied. "What are friends for?"

1 이 글의 밑줄 친 (A)를 3형식으로 바꾸어 쓸 때, 다음 빈칸에 네 번째로 들어갈 말로 알맞은 것은?

He gave _____ along with an unusual warning.

① him   ② key   ③ a
④ to   ⑤ room

2 이 글의 빈칸에 들어갈 말로 알맞은 것은?

① do   ② does   ③ will do
④ have done   ⑤ doing

서술형

3 이 글의 밑줄 친 (B) the information이 의미하는 내용을 우리말로 쓰시오.

_____

서술형

4 이 글의 밑줄 친 우리말과 같도록 괄호 안의 말을 알맞게 배열하시오. (the man, continued, with, until, more ghosts, finally finished, to fill)

→ The room _____
_____.

5 다음 영영 풀이에 해당하는 단어를 글에서 찾아, 동사원형으로 바꿔 쓰시오.

to speak very quietly in a low voice

_____

Imagine you are in a bookstore. You are browsing through the books and enjoying the quiet atmosphere. (A) Suddenly, you rush to the restroom. You have to *poop!

많은 사람들이 이 이상한 경험에 익숙하다. In fact, the experience is so common that it even has a name: the Mariko Aoki phenomenon. It was named after a Japanese woman, Aoki. She described the feeling in an article in 1985.

The cause of this phenomenon is not known, and there are many wild theories about it. One states that the key might be in the smell of paper and ink. Something in the scent probably makes you want to use the restroom. Another theory suggests that because a bookstore is a relaxing place, a person's **bowels _____, too. (B) Or maybe this phenomenon happens of chance. What do you think?

*poop 변을 누다 **bowel 장, 창자

1 이 글의 밑줄 친 (A) Suddenly와 의미가 반대되는 것은?

① Gradually   ② Quickly

③ Exactly   ④ Unfortunately

⑤ Still

서술형

2 이 글의 밑줄 친 우리말과 같도록 괄호 안의 말을 알맞게 배열하시오. (people, this odd experience, are, with, familiar, many)

→ _____

_____

3 다음 중, 마리코 아오키 현상을 바르게 이해한 사람을 모두 고른 것은?

정현: 화장실에서 책을 읽으면 쾌변할 수 있겠구나.
순호: 과학적으로 증명된 현상이구나.
서영: 원인이 무엇인지에 관해 여러 가설들이 있구나.
민수: 많은 사람들이 이 현상을 경험하는구나.

① 정현, 서영   ② 정현, 민수   ③ 순호, 서영

④ 순호, 민수   ⑤ 서영, 민수

4 이 글의 빈칸에 들어갈 말로 가장 적절한 것은?

① hurt   ② twist   ③ relax

④ expand   ⑤ move

5 이 글의 밑줄 친 (B)에서 어법상 어색한 부분을 찾아 쓰고 바르게 고쳐 쓰시오.

_____ → _____

It was Steven's birthday. <u>그의 누나 Sophie는 그것을 특별하게 만들고 싶었다.</u> So, she included a puzzle in his birthday card.

> Happy birthday, Steven!
>
> I prepared a gift for you. But you must solve a puzzle first. It is about my favorite movie, *Forrest Gump*.
>
> The left page contains a hint about the gift's location, and the right page has a clue about the gift itself.
>
> | | |
> |---|---|
> | A man is telling his life story to strankers. His neme is Forrest Gump. He had many ploblems, but he grew up with courege and a zentle hoart. | He says, "Life is like a box of cjocolates." It means (A) <u>that</u> no one can choose their situation in life. But the importent thing is to always try your besk. |

Steven noticed that some words were (B) <u>odd</u>. He circled the letters that were wrong and changed them to the correct letters. Then, Sophie's secret message appeared!

서술형

1 이 글의 밑줄 친 우리말과 같도록 괄호 안의 말을 알맞게 배열하시오. (special, to make, his older sister Sophie, it, wanted)

→ _____

_____

2 이 글의 내용과 일치하지 <u>않는</u> 것은?

① Sophie가 가장 좋아하는 영화는 「포레스트 검프」이다.
② Sophie는 Steven에게 생일 축하 카드를 주었다.
③ 포레스트 검프는 따뜻한 마음씨를 가진 인물이다.
④ 포레스트 검프는 항상 최선을 다하는 것이 중요하다는 교훈을 전한다.
⑤ Steven은 철자를 고쳐 Sophie에게 카드를 돌려주었다.

3 다음 중, 이 글의 밑줄 친 (A) that과 쓰임이 <u>다른</u> 것은?

① I believe <u>that</u> honesty is the best quality.
② My hope is <u>that</u> everyone's dream comes true.
③ I haven't read <u>that</u> book before.
④ It was shocking <u>that</u> she moved.
⑤ Did you think <u>that</u> I forgot your birthday?

4 이 글의 밑줄 친 (B) odd와 의미가 가장 비슷한 것은?

① right   ② strange   ③ normal
④ rare   ⑤ long

5 이 글의 내용으로 보아, 다음 빈칸에 들어갈 말을 영어로 쓰시오.

> Steven finally solved the puzzle. He figured out that the gift was a(n) _____ and that it was hidden in the _____.

3

Word Test

영어 단어를 보고 알맞은 우리말 뜻을, 우리말 뜻을 보고 알맞은 영어 단어를 쓰세요.

01	happen	_____	16	목적	_____
02	warning	_____	17	과정	_____
03	trend	_____	18	동의하다	_____
04	future	_____	19	널리 퍼진	_____
05	vocabulary	_____	20	사회	_____
06	present	_____	21	언어	_____
07	decade	_____	22	사전	_____
08	reflect	_____	23	요구하다	_____
09	complicated	_____	24	재료	_____
10	view	_____	25	다른	_____
11	meanwhile	_____	26	도착하다	_____
12	argument	_____	27	외치다	_____
13	freeze	_____	28	추가하다	_____
14	strict	_____	29	통과시키다	_____
15	confused	_____	30	인기 있는	_____

영어 단어를 보고 알맞은 우리말 뜻을, 우리말 뜻을 보고 알맞은 영어 단어를 쓰세요.

01	match	_____
02	fin	_____
03	nest	_____
04	discover	_____
05	strange	_____
06	scene	_____
07	helpful	_____
08	lab	_____
09	predator	_____
10	diet	_____
11	blend in	_____
12	fully	_____
13	useful	_____
14	structure	_____
15	unusual	_____

16	쥐다; 악력	_____
17	나뭇가지	_____
18	~의 것이다	_____
19	수집하다	_____
20	마음을 끌다	_____
21	사냥; 사냥하다	_____
22	깊은	_____
23	어려움, 문제	_____
24	아주 작은	_____
25	환경	_____
26	토양, 흙	_____
27	발달시키다	_____
28	표면	_____
29	상상하다	_____
30	행동	_____

영어 단어를 보고 알맞은 우리말 뜻을, 우리말 뜻을 보고 알맞은 영어 단어를 쓰세요.

01	realize		16	공식의	
02	boost		17	줄이다	
03	rough		18	마주하다	
04	closely		19	극복하다	
05	on purpose		20	달성하다	
06	reach		21	높이	
07	rise		22	제어하다	
08	keep up with		23	쉽게	
09	equipment		24	효과적으로	
10	material		25	증가시키다; 증가	
11	rather than		26	생성하다	
12	reward		27	관행	
13	lower		28	발전	
14	balance		29	숨을 쉬다	
15	light		30	접근	

영어 단어를 보고 알맞은 우리말 뜻을, 우리말 뜻을 보고 알맞은 영어 단어를 쓰세요.

01	peace		16	영토	
02	form		17	고객	
03	organize		18	나누다	
04	arrangement		19	주민	
05	entirely		20	독특한	
06	rare		21	협정, 동의	
07	lend		22	둘러싸다	
08	bloody		23	일시적인	
09	setting		24	조약	
10	charming		25	전투	
11	decorate		26	결정	
12	honor		27	부족, 종족	
13	run		28	지역	
14	symbol		29	인지도	
15	trace back to		30	기원	

영어 단어를 보고 알맞은 우리말 뜻을, 우리말 뜻을 보고 알맞은 영어 단어를 쓰세요.

01	stay up	16	필요로 하다
02	compare	17	자정, 밤 열두 시
03	prevent	18	활동
04	cause	19	최근에
05	provide	20	비비다
06	relaxed	21	기능하다
07	mainly	22	화학물질
08	connect	23	성가신
09	properly	24	젖은
10	sleepy	25	아마
11	take care of	26	불안해하는
12	speed up	27	생산, 생성
13	pressure	28	건강에 해로운
14	oxygen	29	영양소
15	receive	30	(몸의) 장기

영어 단어를 보고 알맞은 우리말 뜻을, 우리말 뜻을 보고 알맞은 영어 단어를 쓰세요.

01	term	_____
02	at times	_____
03	well-known	_____
04	concept	_____
05	repeated	_____
06	quite	_____
07	no longer	_____
08	bring about	_____
09	get rid of	_____
10	conversation	_____
11	come from	_____
12	serious	_____
13	be named after	_____
14	concentrate on	_____
15	critic	_____

16	자유	_____
17	가상의	_____
18	감염시키다	_____
19	재능	_____
20	포함하다	_____
21	기억에 남는	_____
22	전체의	_____
23	관객	_____
24	특징	_____
25	관찰자	_____
26	등장하다	_____
27	창의력	_____
28	갑자기	_____
29	작가	_____
30	즐거움	_____

영어 단어를 보고 알맞은 우리말 뜻을, 우리말 뜻을 보고 알맞은 영어 단어를 쓰세요.

01	allow	16	고정시키다
02	accomplish	17	안전
03	worse	18	내던지다
04	remove	19	무게
05	difference	20	모서리
06	in place	21	알아차리다
07	fuel	22	흘러가다
08	effect	23	비슷하게
09	dense	24	실험
10	deal with	25	온도
11	occur	26	방출하다
12	molecule	27	분산시키다
13	evenly	28	반복하다
14	journey	29	조심하는
15	task	30	반대의

영어 단어를 보고 알맞은 우리말 뜻을, 우리말 뜻을 보고 알맞은 영어 단어를 쓰세요.

01 flat _____

02 nation _____

03 take away _____

04 dull _____

05 pile _____

06 shocked _____

07 recycle _____

08 award _____

09 bring back _____

10 humorous _____

11 take off _____

12 spread _____

13 effort _____

14 brave _____

15 due to _____

16 사막 _____

17 공격 _____

18 환경의 _____

19 사라지다 _____

20 (조직적인) 운동 _____

21 연례의 _____

22 식료품 (잡화점) _____

23 대회 _____

24 매끄러운 _____

25 기부하다 _____

26 보호 _____

27 표면 _____

28 성공적인 _____

29 수익 _____

30 세계적인 _____

영어 단어를 보고 알맞은 우리말 뜻을, 우리말 뜻을 보고 알맞은 영어 단어를 쓰세요.

01	device	_____	16	혼란	_____
02	magically	_____	17	침묵	_____
03	look up	_____	18	접촉하다; 접촉	_____
04	power	_____	19	영양의	_____
05	eco-friendly	_____	20	섬유	_____
06	spray	_____	21	원단	_____
07	simply	_____	22	제안하다	_____
08	attach	_____	23	고체의	_____
09	rest	_____	24	분석하다	_____
10	complete	_____	25	녹이다	_____
11	meal	_____	26	산업	_____
12	liquid	_____	27	취향	_____
13	favorite	_____	28	뼈	_____
14	limit	_____	29	대체하다	_____
15	come up with	_____	30	개발	_____

영어 단어를 보고 알맞은 우리말 뜻을, 우리말 뜻을 보고 알맞은 영어 단어를 쓰세요.

01 odd _____

02 whistle _____

03 wrong _____

04 clue _____

05 reply _____

06 courage _____

07 react _____

08 by chance _____

09 along with _____

10 scent _____

11 browse _____

12 tune _____

13 correct _____

14 solve _____

15 restroom _____

16 묘사하다 _____

17 준비하다 _____

18 서서히 _____

19 편안한 _____

20 가설 _____

21 급히 움직이다 _____

22 숨기다 _____

23 상황 _____

24 속삭이다 _____

25 분위기 _____

26 기사 _____

27 ~에 익숙하다 _____

28 위치 _____

29 현상 _____

30 포함하다 _____

HACKERS
READING
GROUND
리딩 그라운드

탄탄한 실력을 속성으로 완성하는 중학 영어 독해서

WORKBOOK

추가 자료

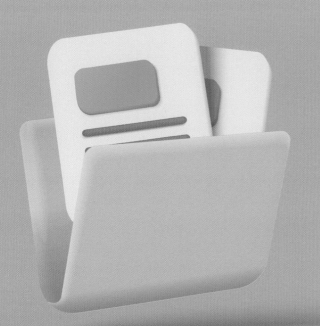

나에게 맞는 교재 선택!

	초 5	초 6	예비중	중 1	중 2
문법			Hackers Grammar Smart Starter	Hackers Grammar Smart Level 1	Hackers Grammar Smart Level 2
				기출로 적중 해커스 중학영문법 1학년	기출로 적중 해커스 중학영문법 2학년
서술형				해커스 쓰기 자신감 Level 1	해커스 쓰기 자신감 Level 2
구문					
독해	Hackers Reading Smart Starter Level 1	Hackers Reading Smart Starter Level 2	Hackers Reading Smart Level 1	Hackers Reading Smart Level 2	Hackers Reading Smart Level 3
				Hackers Reading Ground Level 1	Hackers Reading Ground Level 2
				Hackers Reading Path Level 1	Hackers Reading Path Level 2
					해커스 첫수능 영어 기초독해
듣기				해커스 중학영어듣기 모의고사 24회 Level 1	해커스 중학영어듣기 모의고사 24회 Level 2
어휘				해커스 3연타 중학영단어	
				해커스 보카 중학 기초	해커스 보카 중학 필수
					해커스 보카 중학 숙어

	READING	LISTENING	VOCA
토플	HACKERS APEX READING for the TOEFL iBT Basic/Intermediate/Advanced/Expert	HACKERS APEX LISTENING for the TOEFL iBT Basic/Intermediate/Advanced/Expert	HACKERS APEX VOCA for the TOEFL iBT HACKERS VOCABULARY

중 3	예비고	고 1	고 2	고 3
Hackers Grammar Smart Level 3				
기출로 적중 해커스 중학영문법 3학년	기출로 적중 해커스 고등영문법			
	해커스 어법 제대로			
		해커스 수능 어법 불변의 패턴 필수편	해커스 수능 어법 불변의 패턴 실력편	
해커스 쓰기 자신감 Level 3				
	해커스 완전숙련 구문독해 입문	해커스 완전숙련 구문독해 기본	해커스 완전숙련 구문독해 심화	
Hackers Reading Smart Level 4	해커스 독해 제대로 기본독해	해커스 독해 제대로 구문독해		
Hackers Reading Ground Level 3				
Hackers Reading Path Level 3	Hackers Reading Path Level 4			
해커스 첫수능 영어 유형독해		해커스 수능 독해 불변의 패턴 유형편	해커스 수능 독해 불변의 패턴 실전편	
	해커스 수능영어독해 미니 모의고사 12+2회 기본	해커스 수능영어독해 미니 모의고사 12+2회 필수	해커스 수능영어독해 미니 모의고사 12+2회 완성 (* 출간 예정)	
해커스 중학영어듣기 모의고사 24회 Level 3		해커스 수능영어듣기 모의고사 20+4회 기본	해커스 수능영어듣기 모의고사 20+4회 실전	
		해커스 수능영어듣기 모의고사 30+5회 기본	해커스 수능영어듣기 모의고사 30+5회 실전	
	해커스 보카 고등 기본			
해커스 보카 중학 고난도		해커스 보카 수능 필수 2000+		
			해커스 보카 수능 완성 1800+	
			해커스 보카 수능 심화	
			해커스 보카 수능 숙어	
	해커스 보카 어원편			

해커스북(HackersBook.com)에서
교재에 대한 자세한 설명과 다양한 학습 자료를 확인하세요!

HACKERS
READING
GROUND

리딩 그라운드

탄탄한 실력을 속성으로 완성하는 중학 영어 독해서

Level 1 (중1)　　**Level 2** (중2)　　**Level 3** (중3)

해커스 리딩 그라운드가 **특별한** 이유!

<영어 독해가 재미있어지니까!>

1 최신 이슈 및 트렌드가 반영된 **흥미롭고 유익한 독해 지문**

2 다양한 사고력 문제로 지문을 완벽히 내 것으로 만드는 **문해력+**

3 지문과 관련된 재미있는 추가 정보로 상식을 키우는 **배경지식**

<독해+서술형+어휘+작문+문법을 다 잡을 수 있으니까!>

4 필수 문법 포인트 30개로 문법 문제를 확실히 잡는 **Grammar Ground**

5 학습한 내용을 확실하게 점검하는 **Review Ground**

6 내신 시험지와 서술형 문제를 그대로 담은 **내신대비 추가문제**

추가 자료

해커스북(HackersBook.com)에서
본 교재에 대한 다양한
추가 학습 자료를 이용하세요!

정가 **14,000** 원

53740

9 788965 427278

ISBN 978-89-6542-727-8

HACKERS
READING GROUND

리딩 그라운드

탄탄한 실력을 속성으로 완성하는 중학 영어 독해서

해설집

CHAPTER 01 Culture

1 이유 있는 신선함
문제집 pp.8~9

1 ② **2** ④ **3** ③ **4** ingredients, sold, Freezing

경고: 이 바게트는 법을 어기고 있다! 그런데 잠시만. 빵이 법을 어길 수 있는가? 프랑스에서는, 그럴 수 있다.

1993년에, 프랑스 정부는 빵 법령인 'Le Décret Pain'(르 데크레 팽)을 통과시켰다. 그것의 주요 목적은 바게트의 품질을 보호하는 것이다. 이 법은 프랑스에서 그것들(바게트)을 굽는 특정한 과정을 요구한다. 제빵사들은 바게트를 만들기 위해 오직 네 가지 재료만을 사용해야 한다. 이것들은 밀가루, 소금, 효모, 그리고 물을 포함한다. 바게트는 또한 같은 빵집에서 구워지고 판매되어야 한다. 그렇게 해서, 빵은 신선한 상태를 유지한다. 빵집에서 바게트를 얼리는 것은 같은 이유로 법에 어긋난다. 이 엄격한 법은 프랑스 바게트의 품질을 훌륭하게 유지한다.

1 프랑스 바게트의 품질을 보호하기 위해 통과된 법령인 Le Décret Pain을 설명하는 글이므로, 제목으로 ②가 가장 적절하다.

문제 해석
① 프랑스 음식을 만드는 법칙들
② 품질이 좋은 빵을 위한 프랑스 법령
③ 프랑스에서 가장 유명한 빵집들
④ 집에서 바게트를 신선하게 유지하는 방법
⑤ 프랑스: 세계 최고의 빵의 본고장

2 빈칸 뒤에서 프랑스 빵 법령의 엄격한 내용들을 소개하고 있고, 글의 마지막에 이 엄격한 법이 프랑스 바게트의 품질을 훌륭하게 유지한다고 했다. 따라서 빈칸에는 이 법의 주요 목적이 바게트의 품질을 ④ '보호하는' 것이라는 내용이 들어가야 가장 적절하다.

문제 해석
① 낮추는 ② 도전하는 ③ 강조하는
④ 보호하는 ⑤ 의문을 제기하는

3 신선한 상태를 유지하기 위해 바게트가 같은 빵집에서 구워지고 판매되어야 하는 것과 '같은 이유로' 매장에서 바게트를 얼리는 것도 법에 어긋난다고 했다. 따라서 바게트 빵을 냉동하는 것은 빵의 신선도를 떨어뜨릴 것임을 유추할 수 있다.

4

르 데크레 팽(빵 법령)	
기본 법칙들	- 네 개의 재료들만 사용될 수 있다. - 바게트는 같은 빵집에서 구워지고 판매되어야 한다. - 빵집이 바게트를 얼리는 것은 법에 어긋난다.

구문 해설

3행 In 1993, the French government passed *Le Décret Pain*, the Bread Law.
- *Le Décret Pain*과 the Bread Law는 콤마(,)로 연결된 동격 관계로, *Le Décret Pain*이 곧 the Bread Law라는 뜻이다.

4행 Its main purpose is to protect the quality of baguettes.
- to protect 이하는 '~을 보호하는 것'이라는 의미로, to부정사의 명사적 용법으로 쓰여 동사 is의 보어 역할을 하고 있다.

8행 That way, the bread stays fresh.
- 「stay + 형용사」는 '~한 상태를 유지하다'라는 의미이다. 여기서는 stays 뒤에 형용사 fresh가 쓰여 '신선한 상태를 유지한다'라고 해석한다.

8행 Freezing baguettes at bakeries is against the law for the same reason.
- Freezing baguettes 이하는 문장의 주어 역할을 하는 동명사구이다. 주어로 쓰인 동명사구는 항상 단수 취급하므로 뒤에 단수동사 is가 쓰였다.

9행 This strict law keeps the quality [of French baguettes] high.
- 「keep + 목적어 + 형용사」는 '~을 …하게 유지하다'라는 의미로, 여기서는 '품질을 훌륭하게 유지한다'라고 해석한다.
- [ ]는 무생물인 명사(quality)의 소유격을 나타내는 「of + 명사(구)」의 형태이다.

2 세계 속의 한국어
문제집 pp.10~11

1 ⑤ **2** ④ **3** (1) T (2) F **4** know, reflect

'한국 드라마'를 보면서 나와 같이 '삼겹살'을 먹고 싶은가? '한복'을 입고 몇 장의 사진을 찍는 것은 어떤가? 모든 한국인은 이 단어들을 알고, 이제는 영어 사용자들 또한 그것들을 안다.

2021년에, 옥스퍼드 영어 사전에 20개가 넘는 한국어 단어들이 추가되었다. 이것은 20년도 더 이전에 시작된 '한류' 덕분이다. 그때 이후로, 한국 문화가 널리 퍼지게 되었다. 예를 들어, 영어 사용자들은 많은 '먹방' 프로그램들을 시청하고 심지어 그들 자신의 영상을 제작하기도 한다. (너무 많은 음식을 먹는 것은 한 사람의 건강에 좋지 않다.) 그리고 그들은 뉴진스 콘서트에서 '언니'를 외치거나 세븐틴 공연에서 '오빠'를 외친다. 사전의 역할은 사회에서의 언어의 사용을 반영하는 것이다. 따라서, 이 단어들이 자연스럽게 추가되어 왔다.

한국 문화는 매년 더욱 인기를 얻고 있다. 그래서, 우리는 미래에 영어 사전에서 더 많은 '한류' 단어들을 찾을지도 모른다!

1 옥스퍼드 영어 사전에 20개가 넘는 한국어 단어들이 추가된 현상과 그 요인에 대해 설명하는 글이므로, 제목으로 ⑤가 가장 적절하다.

문제 해석
① '한류': 한국 음악과 드라마들
② 미국인들은 왜 한국 문화를 사랑하는가
③ 한국어 단어들의 과거와 현재
④ 사전에서 한국어 단어를 찾는 방법
⑤ 영어 사전에 있는 한국어 단어

2 한류 현상 덕분에 옥스퍼드 영어 사전에 추가된 한국어 단어들을 설

명하는 내용 중에, 음식 섭취량과 건강의 관련성을 언급하는 내용의 (d)는 전체 흐름과 관계없다.

3 (1) 글에 한류가 20년도 더 이전에 시작되었다고 언급되었다.

(2) 옥스퍼드 영어 사전에 20개가 넘는 한국어 단어들이 추가되었다고는 했으나, 옥스퍼드 사전이 신조어를 만들었다고 하지는 않았다.

4

| 보기 | 만들다 | 입다 | 알다 | 반영하다 | 되다 |

전 세계 사람들은 한국의 프로그램들, 음식, 그리고 음악을 즐긴다. 따라서, 많은 사람들은 이제 몇몇 한국어 단어들 또한 **안다**. 옥스퍼드 영어 사전은 심지어 이러한 널리 퍼진 추세를 **반영하기** 위해 몇몇 한국어 단어들을 추가하기도 했다.

구문 해설

2행 How about wearing a *hanbok* and taking some pictures?

• 「How about + v-ing ~?」는 상대방에게 어떤 것을 제안하거나 권유하기 위해 쓰는 동명사 관용 표현으로, '~하는 것이 어때?'라는 의미이다. 이 문장에서는 How about 뒤에 wearing과 taking이 접속사 and로 연결되어 쓰였다.

2행 Every Korean knows [these words], and now English speakers know them, too.

• [ ]에서 these는 '이 ~, 저 ~'라는 의미의 지시형용사로 쓰여 명사(words) 앞에서 명사를 꾸미고 있다. 여기서 [ ]는 앞서 언급된 *samgyeopsal*, *K-drama*, *hanbok* 등의 단어들을 가리킨다.

• 문장 끝에 쓰인 부사 too는 '또한, 역시'라는 의미이다.

5행 This is thanks to the Korean wave, *hallyu*, [that began more than two decades ago].

• the Korean wave와 *hallyu*는 콤마(,)로 연결된 동격 관계로, the Korean wave가 곧 *hallyu*라는 뜻이다. 이때 ', *hallyu*,'는 콤마(,)로 나타낸 삽입 어구이다. 삽입 어구는 문장 구조와 상관없이 추가되는 어구이므로, 삽입 어구 없이도 문장은 성립된다.

• [ ]는 앞에 온 선행사 the Korean wave, *hallyu*,를 수식하는 주격 관계대명사절이다.

6행 [Since then], Korean culture has become widespread.

• [ ]는 '~ 이후로'라는 의미의 전치사 since가 이끄는 전치사구이다. since는 주로 현재완료 시제(have/has p.p.)와 쓰인다.

• 「become + 형용사」는 '~하게 되다, ~해지다'라는 의미로, 여기서는 형용사 widespread가 쓰여 '널리 퍼지게 되다'라고 해석한다.

12행 Korean culture gets more popular every year.

• 「get + 형용사」는 '~해지다, ~하게 되다'라는 의미로, 여기서는 형용사의 비교급 more popular가 쓰여 '더욱 인기 있어지다(더욱 인기를 얻다)'라고 해석한다.

---

3 1층에서 만나자며..

문제집 pp.12~13

1 (A)-(2), (B)-(3), (C)-(1) **2** (1) F (2) F **3** ④

4 (1) above (2) at[on]

Martin: 지난주에 David이 런던에서 도착했다고 들었어. 너의 오랜 친구가 동네에 있어서 네가 기쁠 것임에 틀림없어. 너는 그와 만났니?

Tiffany: 응, 만났어. 그렇지만, 우리는 언쟁을 하게 되었어. 우리는 쇼핑몰의 1층에서 만나기로 동의했었어. 하지만 우리는 30분 동안 다른 층에서 서로를 찾고 있었어!

Martin: 오, 어떻게 그런 일이 일어났니?

Tiffany: 그의 '1층'에 대한 생각이 나의 것과는 달랐어. 여기 미국에서, 1층은 거리와 같은 층에 있는 것이지. 하지만 영국에 있는 사람들은 그것(미국의 1층)을 'ground floor'(지상층)라고 부르는 것으로 드러났어! 한편, 그들은 1층을 지상층 바로 위에 있는 것으로 여기지.

Martin: 그거 복잡하게 들리네. 나는 다음 주에 나의 영국 친구들과 미국 친구들을 그 쇼핑몰에서 만날 계획이야. 나는 그들에게 꼭대기 층에서 만나자고 요청할 거야. 그러면, 그들이 혼란스러워하지 않을 거야!

1 (A): 빈칸 뒤에서 Tiffany가 David을 만났다고 대답했으므로, 빈칸 (A)에는 (2) '너는 그를 만났니?'가 들어가는 것이 가장 적절하다.

(B): 빈칸 뒤에서 Tiffany와 David이 언쟁한 이유를 설명하고 있으므로, 빈칸 (B)에는 (3) '오, 어떻게 그런 일이 일어났니?'가 들어가는 것이 가장 적절하다.

(C): Tiffany가 생각한 1층과 David이 생각한 1층이 달랐다는 말에 대한 Martin의 대답이 와야 하므로, 빈칸 (C)에는 (1) '그거 복잡하게 들리네.'가 들어가는 것이 가장 적절하다.

2 (1) 영국 사람들은 거리와 같은 층을 ground floor(지상층)라고 부른다고 언급되었으므로, 2층을 ground floor라고 부른다는 것은 글의 내용과 일치하지 않는다.

(2) Martin이 다음 주에 영국 친구들과 미국 친구들을 만난다고는 했지만, David을 만난다고는 하지 않았다.

3 앞으로 일어날 미래의 일을 나타낼 때는 '~할 계획이다, ~할 것이다'라는 의미의 「be going to + 동사원형」 또는 「will + 동사원형」을 쓴다.

4   1층은 어디에 있는가?

David의 관점	Tiffany의 관점
- 지상층의 한 층 (1) <u>위</u>에	- 지상층(2)<u>에</u>

구문 해설

1행 You <u>must</u> [be happy that your old friend is in town].

• 여기서 조동사 must는 '~임에 틀림없다'라는 의미로, 강한 추측을 나타낸다.

• [ ]의 「be happy + that절」은 '~해서 기쁘다'라는 의미이다.

CHAPTER 01 **Culture** | **3**

3행 <u>Have you met</u> with him? / [Yes, I have (met with him)].

- 「Have/Has + 주어 + p.p. ~?」 형태의 현재완료 시제가 쓰인 의문문은 과거의 [경험]을 물을 때 쓴다.
- [ ]는 현재완료 의문문에 대한 대답으로, 긍정의 대답을 할 때는 「Yes, 주어 + have/has.」를 쓴다. 여기서는 have 뒤에 앞서 언급된 met with him이 생략되어 있다.

9행 His idea of "first floor" <u>was different from</u> [mine].

- 「be different from + 명사」는 '~과 다르다'라는 뜻의 전치사 관용 표현이다.
- 전치사의 목적어 [ ]는 '나의 것'이라는 의미의 1인칭 소유대명사이다. 소유대명사는 「소유격 + 명사」를 대신하며, 이 문장에서 mine은 my idea를 대신하고 있다.

9행 Here in the US, the first floor is <u>the one</u> [that is on the same level as the street].

- 부정대명사 one은 앞에서 언급한 명사와 같은 종류의 불특정한 대상을 가리킨다. 여기서는 앞에 나온 the floor와 같은 종류의 불특정한 대상을 가리킨다.
- [ ]는 앞에 온 선행사 the one을 수식하는 주격 관계대명사절이다.

11행 But it turns out [(that) people in England <u>call it</u> "the ground floor!"]

- [ ]의 that절은 문장의 진주어이다. 여기서는 명사절 접속사 that이 생략되어 있다.
- 「call A(it) B(the ground floor)」는 'A를 B로 부르다'라는 의미이다. 여기서 A(it)는 앞서 언급된 the one that is on the same level as the street을 가리킨다.

12행 Meanwhile, they <u>consider the first floor to be the one</u> right above the ground floor.

- 「consider A(the first floor) to be B(the one 이하)」는 'A를 B로 여기다'라는 의미이다.
= see A as B = think of A as B = look upon A as B = regard A as B

15행 That <u>sounds complicated</u>.

- 「sound + 형용사」는 '~하게 들리다'라는 의미이다. 이 문장에서는 '복잡하게 들리다'라고 해석한다.
cf. 「sound like + 명사」: '~처럼 들리다'

Review Ground
문제집 p.14

1 ⑤   2 ②   3 widespread   4 confused

5 go → going   6 ③

7 is to reflect the use of language in society

8 I will ask them to meet on the top floor.

1 행동의 배후에 있는 이유나 의도: 목적

① 과정   ② 경고   ③ 현재   ④ 추세   ⑤ 목적

---

2 특정 주제에 대해 타인들과 같은 방식으로 생각하다: 동의하다

① 포함하다   ② 동의하다   ③ 반영하다
④ 도착하다   ⑤ 어기다

3-4 보기 | 널리 퍼진   품질이 좋은   엄격한   기쁜   혼란스러워하는

3 독감이 우리 학교에 널리 퍼져 있어, 많은 학생들이 아프다.

4 나는 한 번에 많은 일을 해야 할 때 종종 혼란스러워진다.

5 상대방에게 어떤 것을 제안하거나 권유하기 위해 쓰는 동명사 관용 표현은 「What about + v-ing ~?」이다.

〔문제 해석〕
날씨가 좋아. 산책을 나가는 것이 어때?

6 ③: 의무   ①②④⑤: 강한 추측

〔문제 해석〕
① 그녀는 너의 여동생임에 틀림없다.
② 그는 그 여행에 대해 들떠 있는 것임에 틀림없다.
③ 너는 젖은 바닥을 조심해야 한다.
④ 오늘 선생님께서 아프신 것임에 틀림없다.
⑤ 엄마는 지저분한 방에 대해 화가 나셨을 것임에 틀림없다.

CHAPTER 02 Animals

1 누구의 지문일까?
문제집 pp.18~19

1 ④   2 ③   3 ②   4 hold[grip], select[check]

범죄 현장을 상상해 보아라. 경찰관들이 지문을 수집해서 그것들을 실험실로 보낸다. 하지만 과학자들은 지문 모양으로 인해 혼란스러워한다. 그것들은 어떤 인간 용의자들의 지문과도 일치하지 않는다. 사실, 그것들은 한 코알라의 것이다!

동물들이 지문을 가지고 있는가? 대부분의 동물들은 그렇지 않다. 고릴라와 같이, 인간과 유전적으로 관련이 있는 몇몇 동물들만이 그것들을 가지고 있다. 코알라는 인간과 유전적으로 관련이 없다. 그러나, 그것들은 우리의 것과 같은 지문을 가지고 있다!

과학자들은 지문이 코알라에게 유용하다고 생각한다. 지문은 물체들을 쥐고 그것들의 표면을 느끼도록 돕는다. 코알라는 나무에 살기 때문에, 그것들은 나뭇가지에 꽉 매달려 있을 필요가 있다. 게다가, 이 동물들은 주로 유칼립투스 잎을 먹는다. 코알라가 먹을 잎을 고를 때, 그것들은 질감과 독성을 주의 깊게 확인한다. 그리고 지문은 그것을 하기 위해 도움이 된다. 그것이 바로 코알라가 그것들을 발달시킨 이유이다!

1 코알라에게 지문이 유용하기 때문에 코알라가 지문을 발달시켰다고 설명하는 글이므로, 주제로 ④가 가장 적절하다.

2 ⓐ, ⓔ는 지문을 가리키고, ⓑ, ⓓ는 코알라들을 가리키며, ⓒ는 물체들을 가리킨다.

3 (A), (D): 코알라 손가락의 개수나 사냥 방법에 대한 언급은 없다.

(B): 코알라는 나무에 산다고 했다.

(C): 코알라는 주로 유칼립투스 잎을 먹는다고 했다.

4 코알라는 강한 악력으로 나뭇가지에 매달려[를 잡고] 있어야 했기 때문에 지문을 발달시켰다. 지문은 그것들이 어떤 유칼립투스 잎을 먹을지 고를[확인할] 때도 도움이 된다.

구문 해설

6행 **Most animals don't (have fingerprints).**
- don't 뒤에 앞서 언급한 have fingerprints가 생략되어 있다. 반복되는 말은 주로 생략한다.

6행 **Only a few animals [that are related to humans, such as gorillas,] have them.**
- a few는 '몇몇의, 약간의'라는 의미로, 뒤에 오는 셀 수 있는 명사의 복수형(animals)을 수식한다.
  cf. 「few + 셀 수 있는 명사의 복수형」: '거의 없는 ~'
- [ ]는 앞에 온 선행사 animals를 수식하는 주격 관계대명사절이다. that은 사람, 사물, 동물을 모두 선행사로 가질 수 있다.

10행 **However, they have fingerprints like ours!**
- ours는 '우리의 것'이라는 의미의 1인칭 소유대명사이다. 소유대명사는 「소유격 + 명사」를 대신하며, 이 문장에서 ours는 our fingerprints를 대신하고 있다.

12행 **Fingerprints help grip objects and feel their surfaces.**
- 「help + 동사원형」은 '~하도록 돕다'라는 의미로, 「help + to-v」로 바꿔 쓸 수 있다. 여기서는 help 뒤에 동사원형 grip과 feel이 접속사 and로 연결되어 쓰였다.

15행 **When koalas select leaves [to eat], they check the texture and toxicity carefully.**
- [ ]는 '먹을'이라는 의미로, to부정사의 형용사적 용법으로 쓰여 앞에 온 명사 leaves를 수식하고 있다.

16행 **And fingerprints are helpful for [doing that].**
- [ ]는 전치사 for(~을 위한)의 목적어 역할을 하는 동명사구이다.

2 있을 건 다 있다

문제집 pp.20~21

1② 2③ 3③ 4 color, environment

당신은 카멜레온이 당신의 손가락 끝에 크기가 딱 맞을 수 있다는 것을 믿겠는가? 이와 같이 작은 생물이 마다가스카르에서 발견되었다. 그것은 '브루케시아 나나'라고 불리고, 그것은 아마 세상에서 가장 작은 파충류일지도 모른다. 그것은 완전하게 자랐을 때조차도, 길이가 3센티미터도 되지 않는다! 이 카멜레온은 매우 작기 때문에, 그것은 많이 먹을 필요가 없다. 따라서, 그것은 충분한 음식을 찾는 데 어려움이 없다.

놀랍게도, 대부분의 카멜레온들과는 다르게, 브루케시아 나나는

포식자들로부터 자신을 보호하기 위해 색깔을 바꾸지 않는다. 이것은 아마도 그것이 일반적으로 땅에 머무르기 때문이다. 브루케시아 나나는 선천적으로 갈색과 녹색이다. 이 색깔들은 이미 토양과 풀의 그것들(색깔들)에 섞여 든다. 따라서, 만약 근처에 무언가 위험한 것이 있으면, 그것은 그냥 풀잎 뒤에 숨을 수 있다!

1 마다가스카르에서 발견된 아주 작은 카멜레온인 브루케시아 나나를 설명하는 글이므로, 제목으로 ②가 가장 적절하다.

(문제 해석)
① 무엇이 파충류의 크기에 영향을 미치는가
② 마다가스카르의 아주 작은 생물
③ 카멜레온: 가장 이상한 파충류
④ 브루케시아 나나: 누가 그것을 발견했는가?
⑤ 왜 마다가스카르에는 가장 작은 동물들이 있는가

2 앞 문장에서 이 카멜레온이 매우 작아 많이 먹을 필요가 없다고 했으므로, 빈칸에는 ③ '충분한 음식을 찾는 데' 어려움이 없다는 내용이 들어가야 가장 적절하다.

(문제 해석)
① 둥지를 만드는 데
② 짝의 마음을 끄는 데
③ 충분한 음식을 찾는 데
④ 더 큰 동물들을 잡아먹는 데
⑤ 새로운 지역들로 이동하는 데

3 주어진 문장의 brown and green은 ③ 다음 문장에 있는 These colors로 이어져, 브루케시아 나나는 선천적으로 갈색과 녹색이며 이 색깔들은 토양과 풀의 색깔들에 섞여 든다는 흐름을 만드는 것이 자연스럽다. 따라서 주어진 문장은 ③에 들어가는 것이 가장 적절하다.

4 | 보기 | 크기   환경   포식자들   색깔   보호

브루케시아 나나는 다른 카멜레온들처럼 색깔을 바꾸지 않는다. 그 이유는 이 작은 동물이 그것의 환경에 섞여 들기 때문이다.

구문 해설

1행 **Would you believe [(that) a chameleon can fit on your fingertip]?**
- [ ]는 Would ~ believe의 목적어 역할을 하는 명사절로, 여기서는 명사절 접속사 that이 생략되어 있다.

2행 **It is called *Brookesia nana*, and it may be [the smallest reptile] in the world.**
- 「A be called B」는 'A가 B라고 불리다'라는 의미로, 「call A B(A를 B라고 부르다)」의 수동태 표현이다.
- 「the + 형용사/부사의 최상급」은 '가장 ~한/하게'라는 의미이다. [ ]에서는 형용사 small의 최상급인 smallest가 쓰였다.

5행 **Thus, it has no trouble finding enough food.**
- 「have/has trouble + (in) + v-ing」는 '~하는 데 어려움을 겪다'라는 의미이다. 여기서는 부정형용사 no가 들어가 '~하는 데 어려움이 없다'라는 의미로 쓰였다.

Surprisingly, unlike most chameleons, *Brookesia nana* doesn't change color [to protect itself from predators].

- [ ]는 '~ 자신을 보호하기 위해'라는 의미로, [목적]을 나타내는 to부정사의 부사적 용법으로 쓰였다.
- to protect의 목적어가 주어(*Brookesia nana*)와 같은 대상이므로 재귀대명사 itself가 쓰였다. 이때의 재귀대명사는 '자신을, 스스로를'이라고 해석하며, 생략할 수 없다.

10행 So, if there is something dangerous nearby, it can just hide behind a blade of grass!

- something과 같이 -thing으로 끝나는 대명사는 형용사가 뒤에서 수식한다. 이 문장에서는 형용사 dangerous가 대명사 something을 뒤에서 수식하여, '무언가 위험한 것'이라고 해석한다.

3 제 취미는 일광욕이에요
문제집 pp.22~23

1 ① 2 (1) T (2) F 3 ③ 4 tail, fins, warm

따뜻한 바다에서, 당신은 지구상에서 가장 큰 물고기 중 하나인 ocean sunfish(개복치)를 발견할 것이다. 이상하게도, 이 거대한 물고기는 꼬리를 가지고 있지 않다. 대신에, 그것은 클라부스라고 불리는 기묘하게 생긴 구조를 가지고 있다. 이 물고기는 그것의 방향을 조정하기 위해 클라부스를 이용하는 한편, 앞으로 나아가기 위해 그것의 몸의 맨 위와 맨 아래에 있는 긴 지느러미들을 흔든다. 그것은 거대한 헤엄치는 머리처럼 생겼다!

이 특이한 물고기는 주로 해파리와 같은 작은 생물들을 먹고 산다. 먹이를 찾기 위해, 그것은 600미터 넘게 잠수한다. 그러나 깊은 바다의 차가운 물은 그것의 체온이 떨어지게 만든다. (개복치의 먹이는 그것이 나이가 들면서 달라진다.) 그래서, 사냥 후에, 그것은 햇볕에서 자신을 따뜻하게 하기 위해 수면으로 올라온다. 그것은 실제로 일광욕을 하는 데 하루의 절반까지도 쓴다! 'sunfish'라는 이름은 이 행동에서 유래한다.

1 the ocean sunfish는 3인칭 단수명사이고 빈칸 뒤에 소유의 대상이 되는 명사구 body temperature가 왔으므로, 빈칸에는 3인칭 소유격 인칭대명사 ① its가 들어가는 것이 알맞다.

2 (1) 글에 지구상에서 가장 큰 물고기 중 하나라고 언급되었다.
  (2) 개복치의 지느러미가 길다고는 했으나, 몸통에 비해 작다는 내용은 언급되지 않았다.

3 개복치가 600미터 넘게 잠수하여 체온이 떨어지면 수면 위로 올라와 일광욕을 한다고 설명하는 내용 중에, 개복치의 먹이에 관한 (c)는 전체 흐름과 관계없다.

4
| 보기 | 머리 지느러미들 차가운 따뜻한 꼬리 먹이 |

개복치는 꼬리가 없는 거대한 물고기이다. 대신에, 그것에게는 방향을 바꾸기 위한 클라부스가 있다. 그리고 물을 헤치며 나아가기 위해, 그것의 지느러미들을 사용한다. 그것은 사냥하기 위해 바닷속으로 깊게 헤엄친 후 따뜻해지기 위해 일광욕을 한다.

1행 In warm oceans, you'll find one of the largest fish on the planet—the ocean sunfish.

- 「one of the + 최상급 + 복수명사」는 '가장 ~한 … 중 하나'라는 의미이다. fish는 '물고기'라는 의미의 명사로, 단수형과 복수형이 같다.

3행 Instead, it has an odd-looking structure [called a clavus].

- [ ]는 앞에 온 명사구 an odd-looking structure를 수식하는 과거분사구이다. 이때 called는 '~이라고 불리는'이라고 해석한다.

6행 To find food, it dives over 600 meters.

- To find food는 '먹이를 찾기 위해'라는 의미로, [목적]을 나타내는 to부정사의 부사적 용법으로 쓰였다.

9행 So, after a hunt, it comes up to the surface [to warm itself in the sun].

- [ ]는 '자신을 따뜻하게 하기 위해'라는 의미로, [목적]을 나타내는 to부정사의 부사적 용법으로 쓰였다.
- to warm의 목적어가 주어(it)와 같은 대상이므로 재귀대명사 itself가 쓰였다. 이때 itself는 생략할 수 없다.

10행 It actually spends up to half a day sunbathing!

- 「spend + 시간 + v-ing」는 '~하는 데 시간을 쓰다'라는 의미이다. spend up to half a day sunbathing은 '일광욕을 하는 데 하루의 절반까지도 쓴다'라고 해석한다.

Review Ground
문제집 p.24

1 ⓓ 2 ⓐ 3 ⓑ 4 ⓒ 5 ⑤ 6 ②
7 Fingerprints help grip objects and feel their surfaces.
8 is so small, it does not need to eat a lot

1 collect(수집하다) - ⓓ 물건이나 정보를 모으거나 한데 합치다

2 develop(발달시키다) - ⓐ 시간이 지남에 따라 서서히 구하거나 얻다

3 protect(보호하다) - ⓑ 무언가 또는 누군가를 피해, 위험, 또는 손상으로부터 지키다

4 drop(떨어지다) - ⓒ 갑자기 낮아지거나 하락하다

5 ⑤: 부사적 용법 ①②③④: 형용사적 용법

문제 해석
① 나에게는 내릴 결정이 있다.
② 그 선수는 마실 음료를 원했다.
③ 그녀는 여행할 기회를 얻었다.
④ Jane을 놀라게 하려는 우리의 계획은 성공했다.
⑤ 나는 버스를 잡기 위해 빨리 걸었다.

6 -body로 끝나는 대명사(somebody)를 꾸밀 때는 형용사(familiar)가 대명사 뒤에 와야 한다.

문제 해석
① 그 회의에서 중요한 것은 아무것도 논의되지 않았다.
② 그녀는 군중 속에서 낯익은 사람을 보았다.
③ 궁금한 사람은 누구나 질문할 수 있다.
④ 나는 부엌에서 무언가 맛있는 냄새를 맡았다.
⑤ 무언가 이상한 일이 벌어지고 있다.

CHAPTER 03 Sports

1 아빠의 슬기로운 발명
문제집 pp.28~29

1 ③ 2 ④ 3 (1) F (2) F
4 (1) rackets (2) holes (3) net

두 사람이 배드민턴처럼 보이는 경기를 하고 있다. 하지만 자세히 보아라. 그들은 라켓 대신에 패들을 들고 있고 셔틀콕 대신에 공을 치고 있다. 그들은 사실 피클볼을 하고 있다!

1965년에 워싱턴주의 베인브리지섬에서, 조엘 프리처드와 빌 벨은 그들의 아이들과 배드민턴을 하고 싶어 했다. 하지만 셔틀콕이나 라켓을 찾을 수 없었다. 그래서, 대신에, 그들은 나무로 만들어진 패들과 구멍이 뚫린 플라스틱 공을 사용했다. 그리고 그 딱딱한 공이 셔틀콕만큼 높이 올라갈 수 없었기 때문에 그들은 배드민턴 네트를 낮추었다. 그런 다음에, 그들은 그것(네트)의 위로 공을 왔다 갔다 치기 시작했다. 바로 그때, 피클볼이 탄생했다.

오늘날에는, 수백만 명의 사람들이 피클볼을 한다. 낮은 네트와 가벼운 장비 덕분에, 아이들부터 노인들까지 모두가 그것을 즐길 수 있다! 이제, 피클볼은 워싱턴주의 공식 스포츠이기도 하다.

1 플라스틱 공으로 아이들부터 노인들까지 모두가 즐길 수 있는 운동인 피클볼의 유래를 설명하는 글이므로, 제목으로 ③이 가장 적절하다.

문제 해석
① 피클볼 경기를 하는 방법
② 라켓 스포츠는 왜 매우 인기 있는가
③ 모든 연령을 위한 구기 스포츠의 부상
④ 피클볼 장비의 발전
⑤ 피클볼: 1965년 이후의 공식 올림픽 스포츠

2 피클볼의 탄생 과정을 설명하는 부분으로, 배드민턴을 치고 싶었지만 배드민턴 장비(셔틀콕과 라켓)를 구할 수 없었다는 내용의 (C), 대신에 나무 패들과 구멍이 뚫린 플라스틱 공을 사용했다는 내용의 (A), 그리고 나서 장비에 맞게 네트를 낮췄다는 내용의 (B)로 이어지는 흐름이 가장 적절하다.

3 (1) 피클볼에서 사용하는 딱딱한 플라스틱 공은 셔틀콕만큼 높이 올라갈 수 없었고 그래서 네트의 높이를 낮췄다고 했으므로, 글의 내용과 일치하지 않는다.
(2) 피클볼이 워싱턴주의 공식 스포츠라고 했으나, '유일한' 공식 스포츠라는 언급은 없다.

	배드민턴	피클볼
장비	- (1) 라켓과 셔틀콕	- 패들과 (2) 구멍이 뚫린 플라스틱 공
(3) 네트 높이	- 더 높음	- 더 낮음

구문 해설

1행 **Two people are playing a game [that looks like badminton].**
- [ ]는 앞에 온 선행사 a game을 수식하는 주격 관계대명사절이다. that은 사람, 사물, 동물을 모두 선행사로 가질 수 있다.
- 「look like + 명사」는 '~처럼 보이다'라는 의미이다. 이때 like는 '~과 같은'이라는 의미의 전치사이다.

3행 **They are holding paddles instead of rackets and hitting a ball rather than a shuttlecock.**
- 「be동사의 현재형 + v-ing」는 현재진행 시제로, '~하고 있다, ~하는 중이다'라고 해석한다. 여기서는 be동사의 현재형(are) 뒤에 v-ing 형태의 holding과 hitting이 접속사 and로 연결되어 쓰였다.

7행 **~ Joel Pritchard and Bill Bell wanted to play badminton with their kids.**
- 「want + to-v」는 '~하고 싶어 하다'라는 의미이다. want는 목적어로 to부정사를 쓴다.

8행 **So, instead, they used paddles [made of wood] and a plastic ball with holes.**
- [ ]는 앞에 온 명사 paddles를 수식하는 과거분사구이다. 이때 made of는 '~으로 만들어진'이라고 해석한다.

11행 **After that, they started hitting the ball back and forth [over it].**
- started hitting은 '치기 시작했다'라고 해석한다. start는 목적어로 동명사와 to부정사를 모두 쓸 수 있다. = they started to hit the ball ~
- [ ]는 '~ 위로'라는 의미의 전치사 over가 이끄는 전치사구이다.

2 고생 끝에 낙이 온다
문제집 pp.30~31

1 ⑤ 2 ① 3 ⓐ: reduce ⓑ: good
4 (1) energy (2) difficult

장거리 경주 중에, 주자들은 '사점'(죽음의 지점)에 도달할지도 모른다. 이 단계에서, 그들은 쉽게 숨을 쉴 수 없고 많은 근육통을 느낀다. 하지만 만약 그들이 이 어려움들을 극복하면, 그들은 에너지의 마법 같은 증가를 얻을 수 있다. 이 특별한 힘은 '세컨드 윈드'라고 알려져 있다.

이것은 왜 발생하는가? 일부 과학자들에 따르면, 그것은 몸이 언제나 산소 공급에 있어 균형을 찾기 때문이다. 자신의 사점에 있는 주자를 위해, 몸은 주자의 수요에 맞출 만큼 충분한 산소를 얻기 위해 노력한다. 하지만 다른 이들은 세컨드 윈드가 엔도르핀 때문에 발생한다고 말한다. 몸이 고통을 겪을 때, 뇌는 엔도르핀을 생성한다. 이 뇌 화학 물질은 고통을 줄이고 주자가 기분 좋게 느끼도록 만든다.

세컨드 윈드는 힘든 운동을 계속하는 것에 대한 보상이다. 그러니, 다음번에 당신이 포기하고 싶을 때는, 계속해라! 당신의 세컨드 윈드가 코앞에 와 있을지도 모른다.

1 장거리 경주 중에 고통스러운 시점에 도달할지도 모르지만, 그것을 극복하고 계속하면 '세컨드 윈드'라는 에너지 증가가 발생한다는 것을 설명하는 글이므로, 제목으로 ⑤가 가장 적절하다.

[문제 해석]
① 숨을 깊이 들이마시고 기분 좋아지기
② 당신의 세컨드 윈드의 속도를 높이는 방법
③ 세컨드 윈드: 새로운 달리기 방법
④ 장거리 달리기는 당신을 건강하게 만든다
⑤ 에너지 증가를 위해 시점을 극복하라

2 (A), (B): 시점이 얼마나 오래 지속되는지, 근육통을 방지하려면 어떤 준비 운동이 필요한지에 대한 언급은 없다.

(C): 몸이 좋은 균형을 찾거나, 뇌가 엔도르핀을 생성하면 세컨드 윈드가 발생할 수 있다고 했다.

(D): 몸이 고통을 겪을 때 뇌가 엔도르핀을 생성한다고 언급되었다.

3 엔도르핀 때문에 세컨드 윈드가 발생한다고 말하는 과학자들의 의견을 소개하는 부분이다. 세컨드 윈드는 힘든 운동에 대한 보상이라고 했으므로, 엔도르핀이 고통을 '줄이고'(reduce) 주자의 기분을 '좋게'(good) 만듦으로써 세컨드 윈드가 발생한다고 해야 문맥상 알맞다.

4 '세컨드 윈드'는 오랜 운동 중의 (1) (에너지 / 고통)의 빠른 증가이다. 사람들은 주로 운동 중 매우 (2) (마법 같은 / 어려운) 단계를 지난 후에 이것을 경험한다.

구문 해설

5행 According to some scientists, it's [because the body always finds a balance in its oxygen supply].
• [ ]는 '~ 때문에'라는 의미의 접속사 because가 이끄는 이유를 나타내는 부사절로, because 뒤에는 「주어(the body) + 동사(finds) ~」의 절이 왔다.
• always(항상)는 어떤 일이 얼마나 자주 일어나는지를 나타내는 빈도부사이다. 빈도부사는 일반동사의 앞 또는 be동사나 조동사의 뒤에 오므로, 여기서는 일반동사 finds의 앞에 왔다.

7행 ~ the body tries to get enough oxygen [to keep up with the runner's needs].
• 「try + to-v」는 '~하기 위해 노력하다'라는 의미로, 여기서는 '(산소를) 얻기 위해 노력하다'라고 해석한다.
cf. 「try + v-ing」: '(시험 삼아) ~해 보다'
• [ ]는 '주자의 수요에 맞출'이라는 의미로, to부정사의 형용

사적 용법으로 쓰여 앞에 온 명사구 enough oxygen을 수식하고 있다.

8행 But others say the second wind happens [because of endorphins].
• 전체 중 일부는 some으로, 그 외 다른 일부는 others로 나누어 표현할 수 있다. 여기서 others는 균형을 찾기 위해 세컨드 윈드가 발생한다고 말하는 앞 문장의 some scientists와는 다른 other scientists를 가리킨다.
• [ ]는 '~ 때문에'라는 의미의 전치사 because of가 이끄는 전치사구로, because of 뒤에는 명사(endorphins)가 온다.

9행 These brain chemicals reduce pain and make the runner feel good.
• 「make + 목적어 + 동사원형」은 '~가 …하도록 만든다'라는 의미로, 이 문장에서는 '주자가 ~하게 느끼도록 만든다'라고 해석한다.
• 「feel + 형용사」는 '~하게 느끼다, ~한 기분을 느끼다'라는 의미이다.

12행 So, the next time you want to give up, keep going!
• 「keep + v-ing」는 '계속해서 ~하다'라는 의미이다.

3 더러운 야구공의 비밀
문제집 pp.32~33

1 ④ 2 ④ 3 ③ 4 (1) slippery (2) coating[surface]

메이저리그 야구 경기의 공들은 항상 더러워 보인다. 그것들은 오래된 것일까? 전혀 아니다! 진흙이 새 야구공들에 의도적으로 묻는다.

새로운 공들은 미끄러워서, 투수들이 그것들을 잘 움켜쥘 수가 없다. 투수들이 그것들을 제어하지 못하면, 타자들이 위험을 마주할 수 있다. 1920년에, 한 타자가 실제로 잘못된 방향으로 날아간 공에 맞은 후에 사망했다. 그 후에, 야구 관계자들은 그들이 공들의 표면을 더 거칠게 만들 필요가 있다는 사실을 깨달았다. 이것을 달성하기 위해, 그들은 그것들에 약간의 진흙을 묻히기 시작했다. 그러나 아무 진흙이나 사용된 것은 아니었다. 1938년에, 레나 블랙번이라는 이름의 코치가 특별한 종류의 진흙을 발견했다. 그것(이 진흙)에는 미끄러운 코팅을 효과적으로 제거하는 미네랄이 함유되어 있다. 이제, 이 진흙은 모든 메이저리그 팀에서 사용된다!

1 메이저리그 야구 경기에서 새 야구공에 일부러 진흙을 묻히는 관행 및 그 이유를 설명하는 글이므로, 주제로 ④가 가장 적절하다.

[문제 해석]
① 야구공을 깨끗하게 만드는 법
② 투수들이 오래된 공을 선호하는 이유
③ 특별한 진흙은 어디에서 발견되었는가
④ 야구공에 진흙을 사용하는 관행
⑤ 새 야구공을 안전하게 제작하는 기술

2 ④는 야구 관계자들을 가리키고, 나머지는 모두 야구공들을 가리킨다.

3 빈칸 뒤 문장에서 특별한 종류의 진흙이 발견되었다고 언급하면서 이

진흙에는 코팅을 효과적으로 제거할 미네랄이 함유되어 있다고 했다. 따라서 땅에 있는 아무 진흙이나 사용된 것이 아닐 것임을 유추할 수 있으므로, 빈칸에는 ③이 들어가는 것이 가장 적절하다.

(문제 해석)

① 그러나 그것은 잘못된 접근이었다.
② 대부분의 선수들은 이것에 반대했다.
③ 그러나 아무 진흙이나 사용된 것은 아니었다.
④ 그래서, 다른 재료들이 실험되었다.
⑤ 그러나, 진흙을 묻히는 것은 허용되지 않았다.

4

새로운 공	처음에, 새 야구공은 (1) 미끄럽고 잡기가 어렵다.
진흙이 묻은 후의 공	그것들은 더 거칠어지는데 이는 진흙이 매끄러운 (2) 코팅[표면]을 제거하기 때문이다.

구문 해설

1행 **The balls in Major League Baseball games always look dirty.**
- 「look + 형용사」는 '~하게 보이다'라는 의미이다. 여기서는 형용사 dirty가 쓰여, '더러워 보인다'라고 해석한다.
  cf. 「look like + 명사」: '~처럼 보이다'

8행 **In 1920, one batter actually died after he was hit by a ball [that went the wrong way].**
- after는 '~ 후에'라는 의미로, 부사절을 이끄는 접속사로 쓰여 뒤에 「주어(he) + 동사(was) ~」의 절이 왔다.
- [ ]는 앞에 온 선행사 a ball을 수식하는 주격 관계대명사절이다.

11행 **Following that, baseball officials realized [(that) they needed to make the surface of the balls rougher].**
- [ ]는 realized의 목적어 역할을 하는 명사절로, 이때 명사절 접속사 that은 생략할 수 있다.
- 「make + 목적어 + 형용사」는 '~을 …하게 만들다'라는 의미이다. 여기서는 목적어 the surface of the balls 뒤에 형용사의 비교급 rougher가 쓰였다.

13행 **[To achieve this], they began putting a little mud on them.**
- [ ]는 '이것을 달성하기 위해'라는 의미로, [목적]을 나타내는 to부정사의 부사적 용법으로 쓰였다.
- began putting은 '묻히기 시작했다'라고 해석한다. begin은 목적어로 동명사와 to부정사를 모두 쓸 수 있다.
  = ~ they began to put a little mud on them

14행 **In 1938, a coach [named Lena Blackburne] discovered a special type of mud.**
- [ ]는 앞에 온 명사구 a coach를 수식하는 과거분사구이다. 이때 named는 '~이라는 이름의, ~이라고 이름 지어진'이라고 해석한다.

Review Ground 문제집 p.34

1 on purpose **2** back and forth **3** around the corner
4 ④ **5** because of **6** ①
7 you want to give up, keep going
8 they needed to make the surface of the balls rougher

1 그녀는 그녀가 공부하는 동안 맑은 공기가 들어오도록 하기 위해 의도적으로 침실 창문을 열어 두었다.

2 그녀의 눈은 앞 유리 와이퍼가 왔다 갔다 움직임에 따라 그것들을 따라갔다.

3 큰 경기가 코 앞에 와 있기 때문에, 훈련에 대해 진지해질 때이다.

4 밑줄 친 reduce는 '줄이다'라고 해석하므로, 의미가 가장 비슷한 것은 ④ lower(낮추다)이다.

(문제 해석)

나무를 심는 것은 공기 중의 이산화탄소량을 줄이는 한 방법이다.

① 제거하다 ② 만들다 ③ ~에 도달하다
④ 낮추다 ⑤ 더하다

5 명사구 앞에는 전치사인 because of가 와야 한다.

(문제 해석)

그는 외부 소음 때문에 독서에 집중할 수 없었다.

6 감각동사의 뒤에 명사가 올 때는, 전치사 like와 함께 「감각동사 + like + 명사」의 형태로 쓴다. 따라서 looks a robot은 looks like a robot으로 고쳐야 한다.

(문제 해석)

① 이 장난감은 로봇처럼 보인다.
② 이 음악은 잔잔하게 들린다.
③ 이 수프는 물 같은 맛이 난다.
④ 이 꽃은 과일 같은 향이 난다.
⑤ 이 원단은 부드럽게 느껴진다.

CHAPTER 04 Places

1 반짝 나타났다 사라지는 매장   문제집 pp.38~39

1 ⑤ **2** ③ **3** ⑤ **4** attract, raise

오늘은 그것들이 여기에 있지만, 내일은 여기에 없을 것이다. 그것이 바로 팝업스토어가 매력적인 이유이다. 그리고 점점 더 많은 브랜드들이 '불쑥 나타나고' 있다!

팝업스토어는 며칠 혹은 몇 달 동안만 여는 매장이다. 그렇다면, 무엇이 이 일시적인 매장들로 사람들을 끌어들이는 것일까? 첫 번째로, 그것들은 재미있는 주제와 독특한 설정을 가지고 있다. 이는 밀레니얼 세대와 Z세대 구성원들 사이에서 그것들을 특히 인기 있게 만든다. 그들은 소셜 미디어에 특별한 경험에 대한 포스트를 게시하는 것을 아주 좋아하는데, 팝업스토어는 그것을 위해 완벽하다. 게다가, 팝업스토어는 희귀한 물건들을 팔거나 특별한 행사들을 계획한다. 한 성공적인 사례는 나이키의 팝업스토어이다. 그 매장은 신발 상자들 중 하나처럼 생겼다! 수천 명의 사람들이 외관의 사진을 찍기 위해 들렀다. 내부에서는, 고객들이 자신만의 운동화를 꾸밀 수 있었다.

팝업스토어를 운영함으로써, 회사는 브랜드 인지도를 빠르게 높일 수 있다. 한편, 쇼핑객들은 신나는 경험을 할 수 있다!

1 ⑤: 글에 팝업스토어는 희귀한 물건들을 판다고 언급되었다.

①: 며칠 혹은 몇 달 동안만 여는 매장이라고는 했으나, 개장 준비에 소요되는 시간이 짧다고는 하지 않았다.

②: Z세대 구성원들 사이에서 인기 있다고는 했으나, Z세대가 처음으로 열었다고는 하지 않았다.

③: 사람들이 팝업스토어를 배경으로 사진을 찍는다고는 했으나, 팝업스토어가 사진 촬영 서비스를 제공한다고는 하지 않았다.

④: 방문객들이 팝업스토어에서의 특별한 경험에 대한 포스트를 게시하는 것에 관해서는 언급되었으나, 팝업스토어가 직접 진행하는 홍보 활동에 관해서는 언급되지 않았다.

2 밑줄 친 부분은 ①, ②, ④, ⑤의 these는 명사 앞에서 명사를 꾸미는 지시형용사이고, ③의 these는 지시대명사이다.

문제 해석
① 나는 탁자에서 이 열쇠들을 찾았다.
② 당신은 이 새로운 비디오 게임들이 마음에 드는가?
③ 이것들은 게임을 위한 규칙이다.
④ 나는 이 쿠키들이 집에서 만든 것이라는 것을 믿을 수가 없다.
⑤ 나는 이 장난감들을 여동생에게 사 주고 싶다.

3 (A): 빈칸 앞뒤 문장은 팝업스토어의 서로 다른 장점들에 대해 설명하고 있다. 따라서 빈칸 (A)에는 부가 설명을 나타내며 또 다른 장점을 소개할 수 있는 Furthermore(게다가)가 들어가는 것이 가장 적절하다.

(B): 빈칸 앞 문장은 팝업스토어를 운영하면 회사가 얻는 장점을, 뒤 문장은 팝업스토어가 고객에게 제공하는 장점을 설명하고 있다. 따라서 빈칸 (B)에는 다른 측면을 나타내는 Meanwhile(한편)이 들어가는 것이 가장 적절하다.

문제 해석

	(A)	(B)		(A)	(B)
①	게다가	그래서	②	그러나	따라서
③	그러나	게다가	④	물론	예를 들어
⑤	게다가	한편			

4

보기 | 끌어들이다   게시하다   꾸미다   계획하다   높이다

팝업스토어는 흥미로운 주제와 행사들을 이용함으로써 고객들을 끌어들이는 매장이다. 그것들(팝업스토어)은 짧은 기간 안에 회사의 브랜드 인식을 높이는 좋은 방법이다.

구문 해설

1행 **That is why pop-up shops are charming.**
• that is why는 '그것이 바로 ~한 이유이다'라는 의미로, why 뒤에 오는 내용이 앞 문장에 대한 결과가 된다.

4행 **Pop-up shops are stores [that open for only a few days or months].**
• [ ]는 앞에 온 선행사 stores를 수식하는 주격 관계대명사절이다.
• 수량형용사 a few는 '몇 개의, 약간의, 조금 있는'이라는 의미로, 뒤에 오는 셀 수 있는 명사의 복수형(days, months)을 수식한다. 참고로, a few days는 보통 '며칠'이라는 의미로 자주 함께 쓰인다.

4행 **So, what attracts people to these temporary stores?**
• 의문문의 주어가 의문사 what이므로 「의문사 + 동사 ~?」의 형태로 쓰였다.

6행 **This makes them especially popular among Millennials and members of Generation Z.**
• 「make(makes) + 목적어(them) + 형용사(popular)」는 '~을 …하게 만들다'라는 의미이다.

7행 **They love posting about special experiences on social media, and pop-ups are perfect for that.**
• love posting은 '포스트를 게시하는 것을 아주 좋아한다'라고 해석하며, love는 목적어로 동명사와 to부정사를 모두 쓸 수 있다. = They love to post about ~

10행 **The shop looked like [one of its shoeboxes]!**
• 「look like + 명사」는 '~처럼 생기다'라는 의미이다.
• [ ]는 '~ 중 하나'라는 의미를 나타내는 「one of + 복수명사」의 형태이다.

11행 **Thousands of people stopped by to take pictures of the exterior.**
• to take pictures 이하는 '~ 사진을 찍기 위해'라는 의미로 [목적]을 나타내는 to부정사의 부사적 용법으로 쓰였다.

2 내 안에 너 있다

1 ④ 2 ④ 3 ③ 4 divided, started, joined

중동에 있는 국가인 아랍에미리트(UAE)의 지도를 보아라. 당신은 마드하라고 불리는 도넛 모양의 지역을 볼 것이다. 하지만 마드하는 아랍에미리트의 일부가 아니다. 그것은 사실 다른 나라인 오만에 속한다! 그것이 전부가 아니다. 도넛 안에 있는 '구멍'인 나화는 아랍에미리트의 영토이다. 무슨 일이 일어난 것일까?

수년 전에, 마드하 주변의 지역은 네 개의 다른 부족들 간에 나뉘어 있었다. 하지만 국가들이 형성되기 시작했을 때, 그 네 명의 지도자들은 내릴 결정이 있었다. 그들은 아랍에미리트와 오만 사이에서 그들의 나라를 선택해야 했다. 셋은 아랍에미리트를 선택했지만, 마드하의 지도자만이 오만을 선택했다. 그 결과, 마드하는 아랍에미리트에 합류했던 두 부족에 의해 완전히 둘러싸였다. 그리고 아랍에미리트에 합류했던 마지막 부족은 완전히 마드하 영토의 내부에 있었다. 이것이 마드하에 독특한 도넛 모양을 주었다!

1 아랍에미리트와 오만은 서로 다른 개별 국가이고 아랍에미리트의 지

도자가 오만을 통치한다는 내용은 글에 언급되지 않았으므로, ④가 글의 내용과 일치하지 않는다.

2 빈칸 앞에서 원인(주변 지역 지도자들이 모두 아랍에미리트를 국가로 선택할 때 마드하 지도자만이 오만을 국가로 선택함)을 설명한 뒤, 빈칸이 있는 문장에서는 결과(마드하가 아랍에미리트에 합류한 두 부족에 의해 둘러싸였음)를 설명하고 있다. 따라서 빈칸에는 ④ As a result(그 결과)가 들어가는 것이 가장 적절하다.

(문제 해석)
① 지금까지   ② 그러나   ③ 게다가
④ 그 결과   ⑤ 반면에

3 밑줄 친 문장과 ①, ②, ④, ⑤는 「주어 + 동사 + 간접 목적어 + 직접 목적어」 형태의 4형식 문장이고, ③은 「주어 + 동사 + 목적어」 형태의 3형식 문장이다.

(문제 해석)
① Max는 Jessica에게 비밀을 말할 것이다.
② Tom은 그의 아버지에게 편지를 썼다.
③ Diana는 나에게 책을 빌려줄 것이다.
④ Charlie는 남동생에게 장난감을 사 주었다.
⑤ Becky는 나에게 케이크를 구워 줄 것이다.

4
| 보기 | 일어났다   합류했다   시작했다   불렀다   나뉘었다 |

마드하 주변의 지역은 네 개의 부족들 간에 나뉘어 있었다.
↓
국가가 형성되기 시작했을 때, 지도자들은 아랍에미리트 또는 오만의 일부가 되는 것을 결정해야 했다.
↓
넷 중, 마드하만이 오만에 합류했다.

구문 해설

7행 **Years ago, the region around Madha was divided <u>among</u> four different tribes.**
- 전치사 among은 '~ 간에, ~ 중에'라는 의미이다. 주로 셋 이상의 사이를 가리킬 때 among을 쓰고, 둘 사이를 가리킬 때는 between을 쓴다.

8행 **But when countries <u>started forming</u>, the four rulers had a decision [to make].**
- started forming은 '형성되기 시작했다'라고 해석하며, start는 목적어로 동명사와 to부정사를 모두 쓸 수 있다.
- = But when countries <u>started to form</u> ~
- [ ]는 '(결정을) 내릴'이라는 의미로, to부정사의 형용사적 용법으로 쓰여 앞에 온 명사구 a decision을 수식하고 있다.

10행 **They <u>had to</u> choose [between the UAE and Oman] as their country.**
- had to는 의무를 나타내는 조동사 have to의 과거형으로, '~해야 했다'라는 의미이다.
- [ ]는 '~ 사이에, ~ 중에'라는 의미의 전치사 between이 이끄는 전치사구이다. 둘 사이를 가리킬 때는 between을 쓴다.

13행 **As a result, Madha <u>was</u> completely <u>surrounded</u> by two tribes [that joined the UAE].**
- 「be동사 + p.p.」의 수동태는 '~되다, ~받다'라는 의미로, was surrounded는 '둘러싸였다'라고 해석한다.
- [ ]는 앞에 온 선행사 two tribes를 수식하는 주격 관계대명사절이다.

16행 **This gave Madha its unique donut shape!**
- 「give + 간접목적어(Madha) + 직접목적어(its unique donut shape)」는 '~에(게) …을 주다'라는 의미이다.

3 오늘은 스페인, 내일은 프랑스   문제집 pp.42~43

1 ③   2 ③   3 peace   4 ② → 작은

어느 날은 스페인에 속하고 다음 날은 프랑스에 속하는 땅이 있다. 그것은 대체 무엇일까? 그것은 꿩섬이다!
이 작은 섬은 스페인과 프랑스 사이의 비다소아강에 위치해 있다. 이 영토는 두 나라들에 의해 공유된다. 이 흔치 않은 협의의 기원은 1659년으로 거슬러 올라갈 수 있다. 그때는 스페인과 프랑스가 피레네 조약에 서명했던 때였다. 이 조약은 유럽의 피비린내 나는 30년간의 전투를 끝냈다. 이 협정은 꿩섬을 평화의 상징으로 만드는 조항을 포함했다. 그것은 2월 1일부터 7월 31일까지는 스페인의 일부일 것이고 그 후 8월 1일부터 1월 31일까지는 프랑스에 의해 소유될 것이다. 그곳에는 주민들이 없지만, 그 섬에는 이 조약을 기리는 기념비가 있다.

1 ③: 섬에 주민들이 없다고는 했지만 그 이유는 언급되지 않았다.
   ①: 비다소아강에 위치해 있다고 언급되었다.
   ②: 스페인과 프랑스에 속한다고 언급되었다.
   ④: 2월 1일부터 7월 31일까지 스페인의 일부라고 언급되었다.
   ⑤: 섬에 기념비가 있다고 언급되었다.

(문제 해석)
① 그 섬은 어디에 있는가?
② 어떤 나라들이 그 섬을 소유하는가?
③ 그 섬에 왜 사람들이 살지 않는가?
④ 그 섬은 언제 스페인에 속하는가?
⑤ 섬에서 무엇을 볼 수 있는가?

2 주어진 문장의 That은 1659년을 가리키며, 이때 피레네 조약이 체결되어 유럽에서의 피비린내 나는 30년간의 전투가 끝났다는 흐름이 되어야 자연스러우므로, 주어진 문장은 ③에 들어가는 것이 가장 적절하다.

3 '싸움 없이 평온하거나 조용한 상태'라는 뜻에 해당하는 단어는 peace(평화)이다.

4 'This tiny island is located in the Bidasoa River ~'에서 꿩섬은 작은 섬이라고 언급되었으므로, 꿩섬을 '큰' 섬이라고 한 ②가 글의 내용과 일치하지 않는다. '큰'을 '작은'으로 고쳐야 한다.

1행 There is a piece of land [that belongs to Spain one day and France the next].
- 「there + be동사」는 '~이 있다'라는 의미로, 뒤따라오는 명사에 be동사를 수일치시킨다. 여기서는 뒤에 단수명사구 a piece of land가 왔으므로 단수동사 is가 쓰였다.
- [ ]는 앞에 온 명사구 a piece of land를 수식하는 주격 관계대명사절이다.

4행 This tiny island is located in the Bidasoa River between Spain and France.
- 「between A and B」는 'A와 B 사이의, 간에'라는 의미이다.

6행 The origin of this unusual arrangement can be traced back to the year 1659.
- 「A can be traced back to B」는 'A(의 기원, 유래)가 B까지 거슬러 올라갈 수 있다'라는 의미이다.

8행 The agreement included a provision [that made Pheasant Island a symbol of peace].
- [ ]는 앞에 온 선행사 a provision을 수식하는 주격 관계대명사절이다.
- 「make(made) + 목적어(Pheasant Island) + 명사구(a symbol of peace)」는 '~을 …으로 만들다'라는 의미이다.

11행 There are no residents, but the island has a monument [to honor the treaty].
- 「there + be동사」는 '~이 있다'라는 의미로, 뒤따라오는 명사에 be동사를 수일치시킨다. 여기서는 뒤에 복수명사 residents가 왔으므로 복수동사 are가 쓰였다.
- [ ]는 '조약을 기리는'이라는 의미로, to부정사의 형용사적 용법으로 쓰여 앞에 온 명사구 a monument를 수식하고 있다.

Review Ground
문제집 p.44

1 ⓐ 2 ⓒ 3 ⓑ 4 ① 5 beautifully → beautiful 6 ③
7 stopped by to take pictures of the exterior
8 made Pheasant Island a symbol of peace

1 territory(영토) - ⓐ 특정 국가에 의해 소유되거나 통치되는 땅의 영역

2 agreement(협정) - ⓒ 특정 행동 방침을 모든 사람이 받아들이는 상호 계약

3 theme(주제) - ⓑ 디자인, 양식, 혹은 메시지를 보여 주는 주요 아이디어나 개념

4 - 사막의 무지개는 희귀한 광경이다.
  - 그 연구팀은 정글에서 희귀한 동물종을 발견했다.
  ① 희귀한   ② 작은   ③ 마지막의
  ④ 피비린내 나는   ⑤ 일시적인

5 5형식 동사 make는 「동사 + 목적어 + 목적격 보어(명사나 형용사)」의 형태로 쓰이고, 목적격 보어 자리에 부사는 올 수 없다. 따라서 부사 beautifully를 형용사 beautiful로 고쳐야 한다.

(문제 해석)
나는 정원을 아름답게 만들 것이다.

6 「There + be동사」는 뒤따라오는 명사에 be동사를 수일치시키는데, ①, ②, ④, ⑤에서는 뒤따라오는 명사가 단수명사(구)이므로 빈칸에 단수동사 is 혹은 was가 들어간다. 반면, ③에서는 뒤따라오는 명사가 복수명사구이므로, ③에만 복수동사 are 혹은 were가 들어간다.

(문제 해석)
① 지붕 위에 고양이 한 마리가 있다[있었다].
② 선반 위에 책 한 권이 있다[있었다].
③ 항아리 안에 쿠키들이 들어 있다[있었다].
④ 벽에 그림 한 점이 있다[있었다].
⑤ 뒷마당에 나무 한 그루가 있다[있었다].

CHAPTER 05 Human Body

1 '네일' 봐요. 다를 거예요.
문제집 pp.48~49

1 ⑤ 2 (1) F (2) T (3) T 3 ④ 4 sunlight[sun], blood

당신의 손톱을 일주일마다 한 번 자르는 것이 성가신가? 그러면, 밖에 나가는 것을 피하고 컴퓨터 게임을 하는 것을 멈춰라. 그것은 이상하게 들릴지도 모르지만, 이 활동들은 손톱 성장의 속도를 높일 수 있다! 왜 그럴까?

당신이 더 많은 햇볕을 받으면, 당신의 몸은 더 많은 비타민D를 생성한다. 이 영양소는 손톱을 튼튼하게 유지하고 그것들이 자라도록 돕는 데 있어 매우 중요하다. 따라서, 만약 당신이 양지에서 많은 시간을 보낸다면, 당신은 손톱을 더 자주 깎아야 할지도 모른다!

또한, 손을 더 많이 사용하는 것은 당신의 손톱이 더 빨리 자라게 만든다. 당신의 오른손과 왼손을 비교해 보아라. 만약 당신이 오른손을 주로 사용한다면, 그것은 더 긴 손톱을 가지고 있을 것이다. 그것은 손가락을 움직이는 것이 손톱으로 가는 혈액의 흐름을 증가시키기 때문이다. (양손을 사용하는 것은 또한 뇌가 더 잘 기능하게 만든다.) 그리고 혈액은 손톱이 자라도록 돕는 영양소와 산소를 제공한다!

1 손톱은 더 많은 햇볕을 받거나 손을 더 많이 사용하면 더 빨리 자란다는 것을 설명하는 글이므로, 제목으로 ⑤가 가장 적절하다.

(문제 해석)
① 손톱: 우리에게 그것의 중요성
② 손톱에 필요한 영양소들
③ 왜 손톱은 햇볕을 필요로 하는가
④ 손톱을 깎는 올바른 방법
⑤ 무엇이 손톱을 더 빨리 자라게 만드는가

2 (1) 손톱을 일주일마다 한 번 자르는 것이 성가신지에 대해 독자들에게 질문하기는 하였으나, 그것이 바람직한지 아닌지에 대한 언급은 없다.

(2) 비타민D가 손톱을 튼튼하게 유지하고 손톱이 자라도록 돕는 데 있어 중요하다고 언급되었다.

(3) 더 많이 사용하는 손의 손톱이 더 빨리 자란다고 언급되었으므로, 오른손과 왼손의 손톱이 자라는 속도가 다를 수 있음을 알 수 있다.

3 더 많이 사용하는 손의 손톱이 더 빨리 자라는 이유에 대해 설명하는 내용 중에, 양손의 사용과 뇌 기능의 관계에 관한 내용인 (d)는 전체 흐름과 관계없다.

4 많은 햇볕[해]을(를) 받는 것은 그것(햇볕)이 당신의 손톱에 중요한 영양소를 생성하도록 돕기 때문에 손톱이 더 빨리 자라게 만든다. 또한, 손을 많이 사용하는 것은 손톱에 더 많은 혈액을 보내고, 그것은 그것들에 영양소와 산소를 제공한다.

구문 해설

1행 Is it annoying to cut your fingernails [once a week]?
- it은 가주어이고, to cut 이하가 진주어이다. to부정사구가 와서 주어가 긴 경우 이를 문장의 뒤로 옮기고 원래 주어 자리에는 가주어 it을 쓴다.
- [ ]는 시간의 부사구로, 여기서 a는 횟수를 나타내는 표현과 함께 쓰여, '~마다, ~당'이라는 의미로 빈도를 나타낼 수 있다. 따라서 a week은 '일주일마다'라고 해석한다.

1행 Then, avoid going outside and stop playing computer games.
- avoid와 stop은 동명사를 목적어로 쓴다. 참고로, stop이 「stop + v-ing」의 형태로 쓰일 때는 '~하는 것을 멈추다'라는 의미이고, 「stop + to-v」의 형태로 쓰여 뒤에 [목적]을 나타내는 부사적 용법의 to부정사가 올 때는 '~하기 위해 멈추다'라는 의미이다.
  ex. Sophia stopped to watch the beautiful sunset. (Sophia는 아름다운 일몰을 보기 위해 멈췄다.)

2행 It may sound strange, but these activities can speed up fingernail growth!
- 「sound + 형용사」는 '~하게 들리다'라는 의미이다. 여기 서는 형용사 strange가 쓰여, '이상하게 들린다'라고 해석 한다.
  cf. 「sound like + 명사」; '~처럼 들리다'

4행 This nutrient is very important for keeping your nails strong and helping them grow.
- 전치사 for의 목적어 역할을 하는 동명사구 2개가 접속사 and로 연결되어 쓰였다. 「keep + 목적어 + 형용사」는 '~을 …하게 유지하다'라는 의미이고, 「help + 목적어 + 동사원 형」은 '~이 …하도록 돕다'라는 의미이다.

8행 Also, [using your hands more] makes your nails grow faster.
- [ ]는 문장의 주어 역할을 하는 동명사구이다. 동명사구는 단수 취급하므로 뒤에 단수동사 makes가 쓰였다.

---

2 당신이 피곤하다는 신호
문제집 pp.50~51

1 ⑤ **2** ③ **3** 눈을 비벼 눈에 압력을 가하는 것
4 tears, dry[tired/sleepy], more

자정이고, 당신은 숙제를 끝내기 위해 늦게까지 깨어 있어 왔다. 당신은 피곤해지기 시작하고 생각 없이 눈을 비빈다. 하지만 당신은 왜 이렇게 하는 것일까?

첫 번째로, 당신의 눈은 더 많은 눈물이 필요하다! 당신이 졸리게 되면, 신경계는 수면 동안 에너지를 아끼기 위해 눈물 생산을 줄인다. 당신의 눈은 젖게 되고(→ 건조해지고), 그것은 당신이 그것들(눈)을 비비고 싶게 만든다. 건조한 눈을 비비는 것은 편안함을 가져다주는데 이는 그것이 그것들(눈)로 하여금 더 많은 눈물을 생성하게 하기 때문이다.

또 다른 이유는 당신의 눈과 심장이 신경계를 통해 연결되어 있다는 것이다. 당신의 심장은 눈을 비빔으로써 그것들에 압력을 가하면 속도가 느려진다. 따라서, 이렇게 하는 것은 당신이 더 차분하게 느끼도록 만들지도 모른다. 다시 말해서, 당신은 자신의 몸이 진정하도록 돕고 있는 것이다!

1 피곤할 때 눈을 생각 없이 비비게 되는 두 가지 이유를 설명하는 글이므로, 주제로 ⑤가 가장 적절하다.

문제 해석
① 눈물 생산을 줄이는 방법
② 눈을 비비는 것의 위험성
③ 올바른 눈 관리를 받는 것의 가치
④ 늦게 자는 것에 대해 과학이 하는 이야기
⑤ 왜 피곤함은 우리가 눈을 비비게 만드는가

2 졸리게 되면 신경계가 눈물 생산을 줄인다고 했으므로, 이후 눈이 ⓒ '젖게' 된다는 것은 문맥상 적절하지 않다. 따라서 ③이 정답이다. 주어진 wet의 자리에 들어갈 적절한 말은 '건조한'이라는 의미의 dry 이다.

3 앞 문장에 언급된 내용을 의미한다. 눈을 비벼 눈에 압력을 가하는 것 (= this)이 심장의 속도를 늦춰 우리가 차분하게 느끼도록 만들 수 있다는 의미이다.

4

당신이 졸리면, 몸은 에너지를 아끼기 위해 더 적은 눈물을 생성한다.
↓
당신은 건조한[피곤한/졸린] 눈을 비비고 싶다.
↓
눈을 비비는 것은 그것들(눈)이 더 많은 눈물을 만들도록 이끈다.

구문 해설

1행 [It's midnight], and you have stayed up late {to finish your homework}.
- [ ]에서 It은 시간을 나타내는 비인칭 주어로, '그것'이라고 해석하지 않는다.
- have stayed up은 현재완료 시제(have p.p.)로, 이 문 장에서는 과거에 시작된 일이 현재까지 이어지는 [계속]을

나타낸다. 과거부터 자정까지 계속해서 깨어 있어 왔다는 의미이다.

- { }는 '숙제를 끝내기 위해'라는 의미로, [목적]을 나타내는 to부정사의 부사적 용법으로 쓰였다.

4행 When you get sleepy, the nervous system reduces the production of tears [to save energy during sleep].

- 「get + 형용사」는 '~하게 되다'라는 의미로, 여기서는 형용사 sleepy가 쓰여 '졸리게 되다'라고 해석한다.
- [ ]는 '수면 동안 에너지를 아끼기 위해'라는 의미로, [목적]을 나타내는 to부정사의 부사적 용법으로 쓰였다.

5행 Your eyes become dry, and that makes you want to rub them.

- 「become + 형용사(dry)」는 '~해지다, ~하게 되다'라는 의미이다.
- 「make + 목적어(you) + 동사원형(want)」은 '~가 …하게 만들다'라는 의미이다.

8행 Another reason is [that your eyes and heart are linked through the nervous system].

- [ ]는 is의 보어 역할을 하는 명사절로, 명사절 접속사 that은 문장 안에서 보어로 쓰이는 명사절을 이끈다.

9행 Your heart slows down when you put pressure on your eyes by rubbing them.

- 「by + v-ing」는 '~함으로써, ~해서'라는 의미로, 수단이나 방법을 나타낸다.

---

3 행복은 장에서부터
문제집 pp.52~53

1 the gut **2** (1) T (2) F **3** ④
4 unhealthy, properly[well], anxious

당신은 행복이 장에서 시작된다는 것을 알고 있었는가? 최근에, 과학자들은 이 장기가 당신의 몸에서 세로토닌의 약 95퍼센트를 생성한다는 것을 발견했다. 세로토닌은 당신의 기분을 편안하고 행복하게 만들어 주는 화학물질이다. 장과 뇌는 연결되어 있으므로, 장은 세로토닌을 뇌로 보낸다.

이제, 당신은 아마 장을 돌보지 않는 것의 결과를 추측할 수 있을 것이다. 건강에 해로운 음식을 많이 섭취하는 것은 장이 제대로 작동하는 것을 막을 수 있다. 따라서, 그것은 평소보다 더 적은 세로토닌을 생성할지도 모른다. 그리고 당신의 뇌는 자연스럽게 더 적은 그것(세로토닌)을 받을지도 모른다. 이것은 당신을 불안하고 슬프게 만들 수 있다. 그러니, 만약 당신의 기분이 좋기를 원한다면, 건강한 음식으로 장을 잘 다루어라!

1 ⓐ, ⓑ가 공통으로 가리키는 것은 the gut(장)이다. ⓐ와 ⓑ를 포함한 문장의 이전 문장에 각각 the gut이 언급된다.

2 (1) 글에 세로토닌은 기분을 편안하고 행복하게 만들어 주는 화학물질이라고 언급되었다.

(2) 체내 세로토닌의 약 95퍼센트를 생성하는 것은 뇌가 아닌 장이므로, 글의 내용과 일치하지 않는다.

3 주어진 문장은 뇌가 더 적은 양의 무언가를 받는다는 내용이다. 장이 뇌에 세로토닌을 보내므로, 장이 평소보다 더 적은 양의 세로토닌을 생성하면 뇌 역시 더 적은 세로토닌을 받게 될 것임을 유추할 수 있다. 따라서 장이 더 적은 양의 세로토닌을 생성한다는 문장 바로 다음인 ④에 주어진 문장이 들어가는 것이 가장 적절하다.

4

당신은 많은 건강에 해로운 음식을 먹는다.

↓

당신의 장이 제대로[잘] 작동하지 않는다.

↓

당신은 불안하고 슬프게 느낀다.

구문 해설

3행 Serotonin is a chemical [that makes you feel relaxed and happy].

- [ ]는 앞에 온 선행사 a chemical을 수식하는 주격 관계대명사절이다.
- 「make + 목적어(you) + 동사원형(feel)」은 '~가 …하게 만들다'라는 의미이다.

5행 [As the gut and the brain are connected], the gut sends serotonin to the brain.

- [ ]는 '~이므로'라는 의미의 접속사 as가 이끄는 부사절이다.
- 「send + 직접목적어(serotonin) + to + 간접목적어(the brain)」는 '~에(게) …을 보내다'라는 의미이다.

8행 Now, you can probably guess the result of [not taking care of your gut].

- [ ]는 전치사 of(~의)의 목적어 역할을 하는 동명사구이다. 동명사의 부정형은 동명사 앞에 not을 붙여 만든다.

10행 [Eating lots of unhealthy foods] can prevent the gut from working properly.

- [ ]는 문장의 주어 역할을 하는 동명사구이다.
- 「prevent A from v-ing」는 'A가 ~하는 것을 막다'라는 의미이다. 이 문장에서는 '장이 작동하는 것을 막다'라고 해석한다.

13행 This can make you anxious and sad.

- 「make + 목적어 + 형용사」는 '~를 …하게 만들다'라는 의미이다. 여기서는 형용사 anxious와 sad가 접속사 and로 연결되어 쓰였다.

14행 So, [if you want to be in a good mood], treat your gut well with healthy foods!

- [ ]는 '만약 ~한다면'이라는 의미의 접속사 if가 이끄는 조건의 부사절이다.
- 「want + to-v」는 '~하고 싶다'라는 의미이다. want는 to부정사를 목적어로 쓴다.

1 speed up 2 slow down 3 stay up 4 ⑤

5 ⑤ 6 ④

7 the gut sends serotonin to the brain

8 you get more sunlight, your body produces more
   vitamin D

1-3 보기 ㅣ 깨어 있다   속도를 높이다   속도를 늦추다

1 제시간에 경주를 마치기 위해서, 그녀는 달리는 속도를 높여야 했다.

2 도로가 빙판길이 되자, 운전자는 안전한 여정을 위해 속도를 늦추기
   시작했다.

3 우리는 밤을 새워서 이야기하고 게임을 하면서 깨어 있기로 결정했다.

4 ⑤는 relaxed(편안한)의 영영 풀이이며, anxious(불안해하는)의 올
   바른 영영 풀이는 a state of feeling nervous or stressed, not
   calm(평온하지 않고 초조하거나 스트레스를 받는 상태)이다.

   문제 해석
   ① 제공하다: 도움이나 자원과 같이, 필요한 것을 주다
   ② 영양소: 음식에 들어 있는 당신을 더 건강하게 만드는 것
   ③ 적절하게: 올바른 방법으로 규칙이나 표준을 따르며
   ④ 피하다: 무언가를 멀리하거나 하지 않다
   ⑤ 불안해하는: 스트레스 없이 평온함을 느끼는 상태

5 finish, stop, keep, enjoy는 동명사를 목적어로 쓰고, ⑤ want는
   to부정사를 목적어로 쓴다.

   문제 해석
   Elise는 피자 먹는 것을 끝냈다[멈췄다/계속했다/즐겼다].

6 '만약 ~한다면'이라는 의미로, 조건을 나타내는 부사절을 이끄는 접속
   사는 if이다.

   문제 해석
   - 만약 교통량이 적으면 우리는 일찍 파티에 도착할 것이다.
   - 만약 네가 그것들에 정기적으로 물을 준다면 식물들이 잘 자랄 수
     있어.

CHAPTER 06 Entertainment

1 네 번째 벽이 깨진다면?   문제집 pp.58~59

1 imaginary 2 ③ 3 ⑤ 4 searching, observers

   화면 속 배우들이 진지한 대화를 나누고 있다. 시청자들은 그들
을 지켜보며 다음에 무엇이 일어날지 궁금해한다. 갑자기, 한 배우
가 카메라를 빤히 쳐다보며 관객에게 말을 걸기 시작한다. 무슨 일
이 벌어지고 있는 것일까? 이 배우는 제4의 벽을 깨고 있는 중이다!
   '제4의 벽'은 배우들과 관객을 나누는 가상의 벽이다. 이 개념
은 세 개의 실제 벽이 있는 무대 공연에서 처음 사용되었다. 그리
고 그것은 지금 영화와 텔레비전 드라마에서도 사용된다. 배우들은
그들의 앞에 시청자들이나 카메라 대신에 제4의 벽이 있는 것처럼
군다. 그것은 배우들이 장면에 집중하도록 돕는다.
   그렇다면 왜 배우들은 때때로 이 벽을 깨뜨릴까? 이렇게 하는
것은 시청자들을 장면의 일부로 만든다! 영화 「에놀라 홈즈」에서,
에놀라는 그녀의 어머니를 찾고 있다. 가끔, 그녀는 카메라를 향해
"좋은 생각 있어요?"라고 묻는다. 그 순간, 시청자들은 더 이상 단
순한 관찰자가 아니다!

1 Q. 제4의 벽은 무엇인가?

   A. 그것은 배우들과 시청자들 사이에 있는 가상의 벽이다.

2 밑줄 친 문장의 '배우가 제4의 벽을 깨는 것'은 시청자에게 말을 걸어
   영화나 텔레비전 드라마에 참여시키는 것을 뜻하므로, 배우가 관객
   에게 퀴즈를 내서 관객을 극에 참여시키는 ③이 이에 해당하는 가장
   적절한 사례이다.

3 빈칸 뒤 문장에서 시청자들에게 질문을 하는 영화 주인공의 예시를
   들며, 이것이 시청자들을 단순한 관찰자 이상으로 만든다고 했다. 따
   라서 왜 배우들이 때때로 제4의 벽을 깨뜨리는지에 대한 답변으로는,
   그렇게 하는 것이 ⑤ '시청자들을 장면의 일부로 만든다'라는 내용이
   들어가야 가장 적절하다.

   문제 해석
   ① 그들의 연기 재능을 뽐낸다
   ② 배우들에게 마음의 평화를 준다
   ③ 배우들을 시청자들로부터 분리시킨다
   ④ 그들이 대사를 잊을 때 유용하다
   ⑤ 시청자들을 장면의 일부로 만든다

4 보기 ㅣ 가지는   관찰자들   깨는   배우들   찾는

   영화 평론: 「에놀라 홈즈」
   에놀라는 그녀의 어머니를 찾는 데 시청자들이 참여하게 한다.
   그 결과, 시청자들은 더 이상 영화의 단순한 관찰자들이 아니다.

구문 해설

1행 **The actors on the screen are having a serious
     conversation.**
     • 동사 have는 '가지다'라는 소유의 의미일 때는 진행형으로
       쓸 수 없지만, '(대화를) 나누다' 등과 같은 동작을 나타낼 때
       는 진행형으로 쓸 수 있다.

2행 **The viewers watch them and wonder [what will
     happen next].**
     • [ ]는 「의문사(what) + 동사(will happen) ~」 형태의 의
       문사가 주어인 간접의문문으로, wonder의 목적어 역할을
       하고 있다.

8행 **The "fourth wall" is an imaginary wall [that
     divides the actors and the audience].**
     • [ ]는 앞에 온 선행사 an imaginary wall을 수식하는 주격
       관계대명사절이다.
     • 「divide A and B」는 'A와 B를 나누다, 분리하다'라는 의
       미이다.

10행 **The actors pretend [(that) the fourth wall is in front of them instead of the viewers or cameras].**
- [ ]는 pretend의 목적어 역할을 하는 명사절로, 이때 명사절 접속사 that은 생략할 수 있다. pretend의 목적어로는 that절이나 to부정사를 쓴다.
- in front of는 '~ 앞에'라는 의미의 전치사이고, instead of는 '~ 대신에'라는 의미의 전치사이다.

17행 **At that moment, the viewers are not just observers anymore!**
- 「not ~ anymore」는 '더 이상 ~가 아닌'이라는 의미이다.
= 「no longer ~」

2 마살라의 맛에 빠지다
문제집 pp.60~61

1 ③ 2 노래와 춤이 심각한 상황의 중간에도 아무 때나 등장하기 때문이다. 3 ③ 4 six, three, three

액션! 드라마! 로맨스! 코미디! 당신은 이 모든 것들을 한 영화에서 보고 싶은가? 그렇다면 인도의 마살라 영화를 보아라. 마살라 영화는 많은 장르들의 독특한 조합이다. 그것은 카레에 사용되는 혼합 향신료인 마살라의 이름을 따서 이름 지어졌다. 마살라 영화의 완벽한 '조리법'은 최소 여섯 곡의 노래와 세 번의 춤 곡을 포함한다. 따라서, 그것은 꽤 길 수 있으며, 때로는 세 시간이 넘을 수도 있다! 노래들은 기억에 남으므로, 당신은 며칠 동안 그것들을 노래하는 자신을 발견할 것이다. 그리고 대규모의 단체 춤들은 당신도 일어나서 춤을 추고 싶게 만들 것이다. 그러나, 그 노래와 춤들은 심지어 심각한 상황의 중간에도, 아무 때나 등장할 수 있다. 처음에, 당신은 타이밍이 자연스럽지 않다고 생각할지도 모른다. 하지만 그 장면들은 매우 신나서 웃음을 유발할 수 있다. 그것이 마살라 영화의 목적이다! 그것은 우리들의 즐거움을 위해 만들어진다.

1 인도의 마살라 영화는 여러 장르가 독특하게 혼합된 영화임을 설명하는 글이므로, 제목으로 ③이 가장 적절하다.

(문제 해석)
① 액션 영화에 어떻게 음악을 가미하는가
② 비평가들은 마살라 영화에 관해 무엇이라고 말하는가
③ 한 영화에서 다양한 장르를 즐겨라
④ 마살라: 최초의 인도 영화 장르
⑤ 인도 뮤지컬의 특징들

2 밑줄 친 문장의 앞 문장에서 노래와 춤이 심각한 상황의 중간에도 아무 때나 등장한다고 했고, 이것이 처음에 마살라 영화를 볼 때 타이밍이 자연스럽지 않다고 생각할 수 있는 이유라고 했다.

3 마살라 영화의 장면들은 신나서 웃음을 유발할 수 있고, 그것이 이 영화의 목적이라고 했다. 따라서 빈칸에는 마살라 영화가 우리의 ③ '즐거움'을 위해 만들어진다는 내용이 들어가는 것이 가장 적절하다.

(문제 해석)
① 창의력 ② 자신감 ③ 즐거움
④ 자유 ⑤ 학습

4
마살라의 특징들
마살라 영화는 최소 여섯 곡의 노래들과 세 번의 단체 춤들을 포함할 수 있다. 그리고 그것은 세 시간 넘게 지속될 수 있다.

구문 해설

4행 **It is named after masala, [a mix of spices used in curry].**
- 「A be named after B」는 'A는 B의 이름을 따서 이름 지어지다'라는 의미로, 「name A after B(B의 이름을 따서 A의 이름을 짓다)」의 수동태 표현이다.
ex. I named my daughter after her grandmother. (나는 그녀 할머니의 이름을 따서 내 딸의 이름을 지었다.)
- masala와 [ ]는 콤마(,)로 연결된 동격 관계로, 마살라가 카레에 사용되는 혼합 향신료라는 의미이다.

7행 **The songs are memorable, so you'll find yourself singing them for days.**
- 「find + 목적어 + 현재분사」는 '~가 …하고 있는 것을 발견하다'라는 의미이다. 이때 동사 will find의 목적어가 주어(you)와 같은 대상이므로, 재귀대명사 yourself가 쓰였다.

10행 **At first, you may think [(that) the timing is not natural].**
- [ ]는 may think의 목적어 역할을 하는 명사절로, 명사절 접속사 that이 생략되어 있다.

11행 **But the scenes are so exciting that they can bring about a smile.**
- 「so + 형용사/부사 + that + 주어 + can + 동사원형」은 '매우 ~해서 …할 수 있는'이라는 의미이다. 이 문장에서는 '매우 신나서 (웃음을) 유발할 수 있는'이라고 해석한다.
= 「형용사/부사 + enough + to-v」: '…할 만큼 충분히 ~한'
ex. But the scenes are exciting enough to bring about a smile. (그 장면들은 웃음을 유발할 만큼 충분히 신난다.)

3 자꾸만 맴도는 이 노래는?
문제집 pp.62~63

1 ⑤ 2 ④ 3 (1) 노래 전체를 듣는 것 (2) 껌을 씹는 것 (3) 다른 무언가에 집중하는 것 4 ③ → fast

"I'm super shy, super shy."(난 너무 부끄러워, 너무 부끄러워.) 유명한 노래 속 한 가사가 당신의 머릿속에서 반복해서 재생되고 있다. 무슨 일이 일어나고 있는가? 당신에게 귀벌레가 있다! 귀벌레는 당신의 머릿속에 쉽게 박히는 노래의 한 부분이다. 이 용어는 독일어 단어인 'Ohrwurm'(오어부름)에서 유래했다. 이것은 매력적이고, 기억에 남는 곡에 관해 이야기하기 위해 사용된다. 이 단어의 영어식 표현은 잘 알려진 작가 스티븐 킹 덕분에 대중적이게 되었다. 그는 언젠가 그가 그것에 의해 '감염되었다'고 말했다. 그렇다면, 이 귀벌레들을 멈추게 하는 것이 왜 그렇게 어려울까? 과학자들은 귀벌레가 있는 노래들의 몇 가지 공통된 특징들을 발견했다. 그것들은 보통 단순한 멜로디의 빠른 박자와 많은 반복되는 음을 가지고 있다. 따라서, 그 노래들은 부르기 쉽다.

다행히도, 귀벌레들을 없애기 위한 몇 가지 방법들이 있다. 노래 전체를 듣거나, 껌을 씹거나, 아니면 다른 무언가에 집중해 보아라!

1 빈칸 앞에서 노래 속 한 가사가 머릿속에서 반복 재생되는 현상을 설명했고 이것은 귀벌레가 있기 때문이라고 했으므로, 빈칸에는 귀벌레가 ⑤ '당신의 머릿속에 쉽게 박히는' 노래의 한 부분이라는 내용이 들어가야 가장 적절하다.

〔문제 해석〕
① 춤추기에 좋은
② 가장 빠른 박자를 가진
③ 아무 가사도 포함하고 있지 않은
④ 노래의 메시지를 강조하는
⑤ 당신의 머릿속에 쉽게 박히는

2 ⓐ, ⓒ, ⓓ는 to부정사로, ⓑ, ⓔ는 전치사로 사용되었다.

3 마지막 문장에 귀벌레를 없애기 위한 세 가지 방법이 언급되었다.

4 귀벌레는 단순한 멜로디의 빠른 박자와 많은 반복되는 음을 가지고 있다고 했으므로, ③ slow(느린)를 fast(빠른)로 고쳐 '박자가 빨랐다'라는 의미를 완성해야 한다.

〔문제 해석〕

11월 17일
오늘, 나는 ① 단순한 멜로디의 ② 잊기 힘든 노래를 들었다! 박자가 ③ 느렸(→ 빨랐)고 많은 음이 ④ 반복되었다. 그 노래는 나의 머릿속에서 ⑤ 되풀이해서 재생되고 있다!

구문 해설

4행 **An earworm is a section of a song [that gets stuck in your head easily].**
- [ ]는 앞에 온 선행사 a section of a song을 수식하는 주격 관계대명사절이다.
- get stuck은 '(머리·뇌리에) 박히다'라는 의미이다.

11행 **Thus, the songs are easy [to sing].**
- 이 문장은 「주어(the songs) + 동사(are) + 주격 보어(easy)」의 형태로 된 2형식 문장으로, 주격 보어 자리에는 명사나 형용사가 올 수 있으므로 형용사 easy가 쓰였다.
- [ ]는 '부르기에'라는 의미로, to부정사의 형용사적 용법으로 쓰여 앞에 온 형용사 easy를 수식하고 있다.

13행 **Luckily, there are a few ways [to get rid of an earworm].**
- a few는 '몇 가지의, 약간의, 조금 있는'이라는 의미로, 뒤에 오는 셀 수 있는 명사의 복수형(ways)을 수식한다.
- [ ]는 to부정사의 형용사적 용법으로 쓰여 앞에 온 명사 ways를 수식하고 있다.

14행 **Listen to the entire song, chew gum, or focus on [something different]!**
- 이 문장은 동사원형으로 시작하는 명령문으로, 동사원형 Listen, chew, focus가 접속사 or로 연결되어 쓰였다. 이

때 세 가지 이상의 단어가 나열되었으므로 「A, B, or C」로 나타냈다.
- [ ]는 전치사 on의 목적어 역할을 하는 명사구이다. 이때 something과 같이 -thing으로 끝나는 대명사는 형용사가 뒤에서 수식한다.

Review Ground
문제집 p.64

1 ⓐ 2 ⓒ 3 ⓑ 4 ④ 5 ③ 6 ②
7 stares into the camera and starts speaking to the audience
8 Do you want to see all of these in one movie?

1 natural(자연스러운) - ⓐ 예상한 대로 일어나며, 놀랄 일도 아니고 특이한 일도 아닌

2 exciting(신나는) - ⓒ 당신이 흥미롭거나, 행복하거나, 에너지가 넘친다고 느끼게 해 주는

3 entire(전체의) - ⓑ 완전하며, 어떤 것의 모든 부분을 가지고 있는

4 울타리는 뒷마당을 놀이 공간과 정원으로 나눈다.
① 포함한다   ② 강조한다   ③ 감염시킨다
④ 나눈다   ⑤ 쳐다본다

5 동사 have는 '가지다'라는 소유의 의미일 때는 진행형으로 쓸 수 없으므로, ③의 is having은 has로 고쳐야 한다.

〔문제 해석〕
① 그들은 함께 점심을 먹고 있다.
② 그녀는 파티에서 즐거운 시간을 보내고 있다.
③ 내 남동생은 짧은 갈색 머리를 가지고 있다.
④ 우리는 어젯밤에 대화를 나누고 있었다.
⑤ 그는 어제 오후 3시에 커피 한 잔을 마시고 있었다.

6 ②에서는 재귀대명사가 강조 용법으로 쓰여 주어 He를 강조하기 위해 문장 맨 뒤에 왔고, 이때는 생략할 수 있다.

〔문제 해석〕
① 저 자신을 소개하겠습니다.
② 그는 직접 방에 페인트칠을 했다.
③ 고양이는 장난감 쥐로 자신을 즐겁게 했다.
④ 그녀는 그 결정에 대해 자신에게 물었다.
⑤ 학생들은 의상을 입고 그들 자신을 바라보았다.

CHAPTER 07 Science

1 베이킹만 할 수 있는 게 아니에요

1 ⑤　**2** (1) fuel (2) heat (3) oxygen　**3** ③, ⑤
4 put, out, release, burning

베이킹 소다는 주방에서 정말로 유용하다. 그것은 베이킹만을 위한 것이 아니라, 안전을 위한 것이기도 하다. 놀랍게도, 그것은 주방 화재를 진압하는 것을 도울 수 있다! 하지만 그것은 어떻게 그렇게 하는가?

모든 불은 타기 위해 세 가지 것들을 필요로 하는데, 그것은 연료, 열, 산소이다. 베이킹 소다는 산소 부분을 처리한다. 당신이 베이킹 소다를 불 위에 내던지면, 불의 열은 그것(베이킹 소다)이 이산화탄소 가스를 방출하도록 만든다. 이 가스는 화염을 둘러싼 공기 중의 산소를 제거한다. 산소가 없기 때문에, 불은 계속 타오를 수 없다.

하지만 이 일에 베이킹파우더를 사용하지 않도록 조심하라. 베이킹 소다와 달리, 그것은 화재를 악화시킬 수 있다!

1 ⓔ는 베이킹파우더를 가리키고, 나머지는 모두 베이킹 소다를 가리킨다.

2 밑줄 친 three things를 포함한 문장에서 모든 불은 타기 위해 연료, 열, 산소의 세 가지가 필요하다고 했다.

3 ③: 베이킹파우더로 조리를 하면 어떤 일이 일어나는지에 대한 언급은 없다.
⑤: 화재 시 베이킹 소다 대신 베이킹파우더를 사용하지 않도록 조심하라고는 했지만, 베이킹 소다 대신 사용할 수 있는 것에 대한 언급은 없다.
①: 베이킹 소다는 주방 화재를 진압하는 데 사용할 수 있다고 했다.
②: 베이킹 소다를 불 위에 내던지면 불을 끌 수 있다고 했다.
④: 이산화탄소는 공기 중의 산소를 제거하여 불이 타오를 수 없게 한다고 했다.

4 베이킹 소다는 주방 화재를 진압할 수 있다. 만약 그것이 불에 내던져지면, 그 열은 베이킹 소다로 하여금 이산화탄소라고 불리는 가스를 방출하도록 만든다. 이 가스는 불 주위의 산소를 제거하고, 이는 불이 타는 것을 방지한다.

구문 해설

2행 **Surprisingly, it can help put out kitchen fires!**
・「help + 동사원형」은 '~하는 것을 돕다'라는 의미이다.
＝「help + to-v」 ex. ~ it can help to put out kitchen fires

4행 **All fires require three things to burn: fuel, heat, and oxygen.**
・to burn은 '타기 위해'라는 의미로, [목적]을 나타내는 to부정사의 부사적 용법으로 쓰였다.

5행 **When you throw baking soda onto a fire, the fire's heat causes it to release carbon dioxide gas.**

・「cause + 목적어 + to-v」는 '~이 …하도록 만들다, 야기하다'라는 의미이다. 이 문장에서는 '(불의 열은) 그것(= 베이킹 소다)이 (이산화탄소 가스를) 방출하도록 만든다'라고 해석한다.

6행 **This gas gets rid of the oxygen in the air [that surrounds the flames].**
・[ ]는 앞에 온 선행사 the air를 수식하는 주격 관계대명사절이다.

7행 **Because there is no oxygen, the fire cannot continue burning.**
・continue는 목적어로 동명사와 to부정사를 모두 쓸 수 있다. ＝ ~ the fire cannot continue to burn

9행 **But be careful not to use baking powder for this task.**
・to부정사의 부정형은 「not to + 동사원형」의 형태로 쓴다.

2 물방울의 소리로 알 수 있다

1 ③　**2** ⑤　**3** ②
4 뜨거운 물은 싱크대에 부딪힐 때 높은 소리를 낸다.

당신은 물의 온도를 '들을' 수 있다는 것을 알고 있었는가? 이것을 확인하기 위해, 부엌으로 가서 찬물을 틀어 보아라. 물이 싱크대에 부딪힐 때 주의 깊게 들어 보아라. 이것을 뜨거운 물을 가지고 반복해라, 그러면 당신은 뜨거운 물의 음의 높이가 차가운 물의 것보다 더 높다는 것을 알아차릴 것이다!

이 차이는 물의 밀도에 의해 발생된다. 꿀에 대해 생각해 보아라. 아마 당신이 알다시피, 차가운 꿀이 뜨거운 꿀보다 밀도가 더 높다. 비슷하게, 차가운 물은 뜨거운 물보다 더 걸쭉하다. 차가운 물의 분자들은 무거운 덩어리 안에 함께 빽빽하게 꽉 차 있다. 그래서, 차가운 물이 싱크대에 부딪힐 때, 그것은 낮은 소리를 낸다. 대조적으로, 뜨거운 물은 더 묽고 그것이 싱크대에 부딪힐 때 더 작은 물방울들로 부서진다. 그러므로, 반대의 효과가 발생한다.

1 물의 온도에 따라 음의 높낮이가 다르다는 것을 설명하는 글이므로, 제목으로 ③이 가장 적절하다.

문제 해석
① 음파의 과학
② 소리는 물속에서 어떻게 이동하는가
③ 물의 소리: 뜨거움 대 차가움
④ 왜 물 분자들은 서로 달라붙는가
⑤ 부엌에서의 간단한 과학 실험들

2 「비교급(-er) + than」은 '~보다 더 …한/하게'라는 의미이고, 형용사 high의 비교급은 higher이다. 따라서 빈칸에 ⑤가 들어가는 것이 알맞다.

3 ・단비: 차가운 물이 싱크대에 부딪힐 때 뜨거운 물보다 더 낮은 소리가 나는 것처럼, 차가운 물을 컵에 따르면 뜨거운 물보다 더 둔탁한 소리가 날 것임을 바르게 유추하였다.
・영은: 바리톤은 중저음, 소프라노는 고음의 음역대를 뜻하므로 바

18 ┃ 영어 실력을 높여주는 다양한 학습 자료 제공 HackersBook.com

르게 비유하였다.

- 태오: 글에서 차가운 꿀이 뜨거운 꿀보다 밀도가 더 높다고 했으므로, 글의 내용을 반대로 이해하였다.

- 도준: 글에 물과 꿀은 온도에 따른 밀도 차이가 같다고 언급되었으므로, 글의 내용을 바르게 이해하지 못했다.

4 차가운 물의 분자들은 무거운 덩어리 안에 꽉 들어차 있어 싱크대에 부딪힐 때 낮은 소리를 낸다고 했으므로, 반대로 더 묽어서 작은 물방울들로 부서지는 뜨거운 물은 높은 소리를 낼 것임을 알 수 있다.

구문 해설

1행 **Did you know [(that) you can "hear" the temperature of water]?**
- [ ]는 Did ~ know의 목적어 역할을 하는 명사절로, 이때 명사절 접속사 that은 생략할 수 있다.

2행 **[To check this], go to the kitchen and turn on the cold water.**
- [ ]는 '이것을 확인하기 위해'라는 의미로, [목적]을 나타내는 to부정사의 부사적 용법으로 쓰였다.
- 동사구 turn on은 목적어가 명사(구)(the cold water)일 때는 「동사 + 부사 + 목적어」, 「동사 + 목적어 + 부사」의 어순을 모두 가질 수 있다. = ~ turn the cold water on
  cf. 목적어가 대명사일 때는 「동사 + 목적어 + 부사」의 어순으로만 쓸 수 있다. ex. turn it on (O) turn on it (X)

3행 **Repeat this with hot water, and you will notice the hot water's pitch is higher than the cold water's (pitch)!**
- 「명령문 + and ~」는 '…해라, 그러면 ~'이라는 의미이다. 여기서는 '반복해라, 그러면 알아차릴 것이다'라고 해석한다.
- the cold water's 다음에 앞서 언급된 pitch가 생략되었다. 반복되는 말은 생략하는 경우가 많다.

5행 **The difference is caused by the water's thickness.**
- 「be동사 + p.p.」의 수동태는 '~되다, ~해지다'라는 의미이고, 뒤에 붙는 「by + 행위자」는 '~에 의해'라고 해석한다.

5행 **As you probably know, cold honey is denser than hot honey.**
- 「비교급(-er) + than」은 '~보다 더 …한/하게'라는 의미로, 이 문장에서는 형용사 dense의 비교급 denser가 쓰였다.

3 기찻길에 없어서는 안 될 '이것' 문제집 pp.72~73

1 ④ 2 ① 3 (1) T (2) F 4 holds, weight, clear

기차선로를 보면, 당신은 그것의 아래에 있는 많은 작은 돌들을 알아차릴지도 모른다. 이 돌들은 '밸러스트'라고 불리고, 그것들은 당신의 기차 여행을 안전하게 만들기 위해 거기에 있다!

우선, 그 돌들은 기차가 선로 위를 달릴 때 그것(선로)을 제자리에 고정시킨다. 그것들은 어떻게 이것을 해낼까? 그 비결은 그것들의 모양에 있다. 이 돌들은 뾰족한 모서리를 가지고 있어서, 그것들

은 퍼즐 조각들처럼 서로 잘 맞는다. 이는 그것들이 선로를 단단히 고정하는 것을 가능하게 한다. 둘째로, 돌들은 무거운 기차의 무게를 분산시킨다. 만약 그것들이 거기에 없다면, 선로는 부드러운 땅속으로 가라앉을 수도 있다! 게다가, 돌들은 선로를 깨끗하게 유지한다. 그것들은 물을 흘러가게 하고 식물이 자라는 것을 방지한다.

결론적으로, 밸러스트가 없으면, 기차선로는 제대로 기능할 수 없다!

1 기차선로에 있는 밸러스트라는 작은 돌들이 선로를 제자리에 있게 해 주고, 무거운 기차의 무게를 분산시키며, 선로를 깨끗하게 유지하는 등의 중요한 역할들을 한다고 설명하는 글이므로, 제목으로 ④가 가장 적절하다.

문제 해석
① 기차는 어떻게 선로에 머물러 있을까?
② 기차선로 아래 다양한 돌들의 종류들
③ 선로 위의 돌들은 기차에 안전하지 않다!
④ 큰 역할들을 가진 아주 작은 기차선로의 도우미들
⑤ 작고 날카로운 돌들: 그것들을 찾는 비결

2 빈칸 뒤 문장에서 돌들이 뾰족한 모서리를 가지고 있어서 서로 퍼즐 조각처럼 잘 맞기 때문에 선로를 단단히 고정할 수 있다고 했다. 따라서 빈칸에는 비결은 돌들의 ① '모양'에 있다는 내용이 들어가는 것이 가장 적절하다.

문제 해석
① 모양 ② 두께 ③ 크기
④ 양 ⑤ 색깔

3 (1) 밸러스트가 무거운 기차들의 무게를 분산시키는 역할을 하는데, 그것이 없다면 선로는 부드러운 땅속으로 가라앉을 수도 있다고 언급되었다.

(2) 밸러스트가 선로를 깨끗하게 유지하며 식물이 자라는 것을 방지한다고 했으므로, 글의 내용과 반대된다.

4

보기	무게 기능하다 깨끗한 무거운 여행 고정하다

밸러스트의 역할은 무엇인가?

- 선로를 단단히 고정한다
- 기차의 무게를 고르게 분산시킨다
- 선로를 깨끗하게 유지한다

구문 해설

2행 **These rocks are called "ballast," and they are there [to make your train journey safe]!**
- 「A be called B」는 'A가 B라고 불리다'라는 의미로, 「call A B(A를 B라고 부르다)」의 수동태 표현이다.
- [ ]는 '당신의 기차 여행을 안전하게 만들기 위해'라는 의미로, [목적]을 나타내는 to부정사의 부사적 용법으로 쓰였다.
- 「make + 목적어(your train journey) + 형용사(safe)」는 '~을 …하게 만들다'라는 의미이다.

6행 **This allows them to hold the track tightly.**
- 「allow + 목적어(them) + to-v(to hold)」는 '~이 …하는 것을 가능하게 하다'라는 의미이다.

9행 In addition, the rocks keep the track clear.
- 「keep + 목적어 + 형용사」는 '~을 …하게 유지하다'라는 의미로, 여기서는 '선로를 깨끗하게 유지한다'라고 해석한다.

9행 They let water flow away and prevent plants from growing.
- 「let + 목적어 + 동사원형」은 '~이 …하게 하다'라는 의미로, 이 문장에서는 '물이 흘러가게 한다'라고 해석한다.
- 「prevent A from v-ing」는 'A가 ~하는 것을 방지하다'라는 의미이다. 이 문장에서는 '식물이 자라는 것을 방지한다'라고 해석한다.

Review Ground
문제집 p.74

1 ⑤ 2 ⑤ 3 ① 4 ③ 5 or 6 calm

7 it can make the fire worse

8 you may notice lots of small rocks under it

1 allow(가능하게 하다)의 올바른 영영 풀이는 to give permission for something to happen(어떤 일이 일어나도록 허락하다)이므로 ⑤가 올바르지 않다. to prohibit something from happening or being done에 해당하는 단어는 disallow(허락하지 않다)이다.

(문제 해석)
① 기능하다: 작업을 수행하거나 활동을 수행하다
② 알아차리다: 무언가를 인식하거나 주의를 기울이기 시작하다
③ 내던지다: 힘을 사용하여 무언가를 공중으로 이동시키다
④ 예방하다: 사전 조치를 취함으로써 무언가의 발생을 막다
⑤ 가능하게 하다: 어떤 일이 발생하거나 수행되는 것을 금지하다

2 헬멧을 착용하는 것은 도로에서 자전거를 타는 사람들의 안전을 위해 매우 중요하다.
① 모서리 ② 효과 ③ 무게 ④ 비결 ⑤ 안전

3 Maria는 어떤 실수라도 피하기 위해 선생님의 조언을 주의 깊게 들었다.
① 주의 깊게 ② 비슷하게 ③ 고르게
④ 정말로 ⑤ 단단히

4 Jimmy는 방문객들에게 그들이 캠프장을 떠나기 전에 캠프파이어를 꺼 달라고 요청한다.
① ~을 분산시키다 ② ~에 달라붙다 ③ (불) 끄다
④ ~으로 가라앉다 ⑤ ~에 있다

5 「명령문 + or ~」는 '…해라, 그렇지 않으면 ~'이라는 의미이다.

(문제 해석)
너의 친구에게 사과하렴, 그렇지 않으면 그녀는 심지어 더 화가 날지도 몰라.

6 동사 keep이 5형식으로 쓰일 때 목적격 보어 자리에 부사는 올 수 없으므로 형용사 calm을 쓴다.

(문제 해석)
그는 토론 중에 그의 어조를 차분하게 유지했다.

CHAPTER 08 Environment

1 모래성 같은 미래
문제집 pp.78~79

1 ④ 2 (1) F (2) T 3 ②

4 (1) growing (2) building (3) warming (4) losing

100년 안에, 모래성을 만드는 것이 과거의 일이 될지도 모른다. 전 세계 대부분의 모래 해변이 사라지고 있다!
주된 이유는 인간의 활동이다. 전 세계 사람들의 수가 증가하고 있다. 그래서, 집과 도로를 짓기 위해 점점 더 많은 모래가 필요하다. 사막에는 많은 모래가 있지만, 그것은 너무 매끄럽고 둥글어서 건축하는 데는 적합하지 않다. 건축가들은 납작한 표면과 각도를 가진 모래를 필요로 하며, 이러한 종류의 모래는 보통 해변에서 발견된다. 그러나, 사람들은 자연이 그것을 원래 있던 자리에 다시 놓을 수 있는 것보다 훨씬 더 빨리 그것을 빼앗아 가고 있다. 새로운 모래를 만드는 데는 수천 년이 걸린다! 게다가, 지구 온난화 때문에 해수면이 상승하고 있어, 해변들은 더 작아지고 있다.
더 적은 모래는 땅이 바람과 파도로부터 더 적은 보호를 받는다는 것을 뜻한다. 그리고 게와 같은 동물들은 그것들의 서식지를 잃을 것이다.

1 인간의 활동 때문에 모래 해변이 사라지고 있는 현상과 그로 인해 발생할 수 있는 문제를 설명하는 글이므로, 제목으로 ④가 가장 적절하다.

(문제 해석)
① 우리는 모래로 무엇을 만들 수 있는가
② 해변: 모래가 형성되는 곳
③ 사막 모래: 그것은 무엇에 좋은가?
④ 곤경에 처한 해변: 무슨 일이 일어나고 있는가?
⑤ 모래성은 어린 시절의 기억을 되살린다

2 (1) 사막의 모래는 매끄럽고 둥근 반면 해변의 모래는 납작하다고 했으므로, 비슷한 특성을 가지고 있다고 볼 수 없다.

(2) 글에서 모래가 더 적어지면 게와 같은 동물들은 서식지를 잃을 것이라고 언급되었다.

3 (A): 뒤 문장에서 자연이 새로운 모래를 만드는 데 수천 년이 걸린다고 했으므로, 인간은 자연이 모래를 다시 놓을 수 있는 느린 속도보다 훨씬 '더 빨리' 모래를 빼앗아 가고 있을 것임을 유추할 수 있다.

(B): 해수면이 상승하면 바닷물이 늘어날 것이므로 해변은 '더 작아질' 것임을 유추할 수 있다.

(C): 글 전체적으로 모래가 사라지는 것의 부정적인 영향을 언급하고 있으므로, 모래가 적으면 바람과 파도로부터의 보호도 '더 적을' 것임을 유추할 수 있다.

(문제 해석)

	(A)	(B)	(C)
①	더 빨리	더 커질	더 많을
②	더 빨리	더 작아질	더 적을
③	더 빨리	더 커질	더 적을
④	더 느리게	더 작아질	더 적을
⑤	더 느리게	더 커질	더 많을

4

| 보기 | 짓는 | 증가하는 | 잃는 | 온난화(따뜻해지는) |

모래 해변이 사라지고 있다

원인	결과
- 전 세계적으로 인구가 (1) 증가하고 있다.	- 시설물들을 (2) 짓기 위해 많은 양의 모래가 채취되고 있다.
- 지구 (3) 온난화는 해수면 상승을 유발한다.	- 해변은 땅을 (4) 잃고 있다.

구문 해설

1행 In 100 years, [making sandcastles] might be a thing of the past.
- [ ]는 문장의 주어 역할을 하는 동명사구이다.
- 조동사 might은 '~할지도 모른다, ~할 수도 있다'라는 의미로, may보다 불확실한 추측을 나타낸다.

2행 Most sand beaches around the world are disappearing!
- 「be동사의 현재형 + v-ing」는 현재진행 시제로, '~하고 있다, ~하는 중이다'라고 해석한다.

3행 The number of people in the world is growing.
- 「the number of + 복수명사」는 '~의 수'라는 의미로, 뒤에 단수동사(is)가 온다. 이 문장에서는 '사람들의 수'라고 해석한다.
  cf.「a number of + 복수명사」: '많은, 다수의 ~'라는 의미로, 뒤에 복수동사를 쓴다.

7행 However, people are taking it away {much faster than nature can replace it}.
- taking it away는 「동사 + 목적어 + 부사」의 형태로, 「동사 + 부사」의 목적어가 대명사(it)일 때 목적어는 동사와 부사 사이에 들어간다.
  cf.「동사 + 부사」의 목적어가 명사일 때:「동사 + 부사 + 목적어」/「동사 + 목적어 + 부사」
- { }에서 부사 much는 '훨씬'이라는 의미로 비교급 faster 앞에서 비교급을 강조할 수 있다.

9행 Moreover, sea levels are rising [because of global warming], so beaches are getting smaller.
- [ ]는 '~ 때문에'라는 의미의 전치사 because of가 이끄는 전치사구로, 전치사 뒤에는 명사(구)가 온다.
- 「get + 형용사」는 '~해지다, ~하게 되다'라는 의미이다. 이 문장에서는 get 뒤에 형용사의 비교급 smaller가 쓰여 '(해변이) 더 작아지다'라고 해석한다.

2 '웃픈' 경연 대회
문제집 pp.80~81

1 ① 2 ②, ④ 3 ②
4 conservation, nature[homes], donate[send]

고릴라가 그것의 코를 후비고 있다. 그리고 다람쥐가 얼굴에 용

감한 표정을 띠고 점프를 하고 있다. 그저 그것들에 대해 생각하는 것이 당신을 웃게 만들지 않는가? 당신은 이 장면들을 담은 사진들을 코미디 야생동물 사진상 웹사이트에서 찾을 수 있다!

이 연례 대회는 2015년에 시작되었다. 그 목적은 야생동물 보존의 중요성에 대한 메시지를 퍼뜨리는 것이었다. 야생동물들은 환경 파괴로 인해 그것들의 서식지를 잃고 있다. 그러나, 주최자들은 이것에 관해 사람들을 슬프게 만들고 싶지 않았다. 대신에, 그들은 사람들이 자연 속 동물들의 재미있는 사진을 그들에게 보내도록 했다. 그리고 그들의 아이디어는 효과가 있었다! 이 대회는 인기가 있어졌다. 그래서, 주최자들은 그 사진들이 들어간 제품들을 판매한다. 그들은 또한 수익의 일부를 야생동물 단체에 기부한다. 분명, 심각한 문제라고 해서 항상 심각한 접근법을 필요로 하는 것은 아니다!

1 야생동물 보존의 중요성에 대한 메시지를 재미있는 사진을 통해 퍼뜨리기 위해 개최되는 코미디 야생동물 사진상에 관해 설명하는 글이므로, 제목으로 ①이 가장 적절하다.

문제 해석
① 야생동물을 돕는 재미있는 방법
② 야생동물들이 생존하는 방법
③ 왜 인간은 재미있는 사진을 좋아할까
④ 성공적인 대회를 개최하는 방법
⑤ 경고: 집들이 사라지고 있다

2 ②, ④: 작품 제출 방법이나 사진 심사 기준에 대한 언급은 없다.
①: 야생동물 보존의 중요성에 대한 메시지를 퍼뜨리는 것이 대회의 개최 목적이라고 언급되었다.
③: 고릴라가 코를 후비는 사진, 다람쥐가 용감한 표정으로 점프를 하는 사진이 예시로 언급되었다.
⑤: 2015년에 시작되었다고 언급되었다.

3 야생동물이 환경 파괴로 인해 집을 잃고 있는 것은 '심각한' 문제이지만, 코미디 야생동물 사진상은 '심각한' 접근법이 아닌 재미있는 접근법으로 야생동물 보존의 중요성에 대한 메시지를 퍼뜨리고 있는 것이므로, 빈칸에 공통으로 들어갈 말로 가장 적절한 것은 ② serious(심각한)이다.

문제 해석
① 어리석은　　② 심각한　　③ 효과적인
④ 따분한　　⑤ 자연스러운

4 대회 주최자들은 사람들에게 야생동물 보존이 중요하다는 것을 보여 주고 싶었다. 그래서, 그들은 자연[서식지] 속 동물들의 재미있는 사진을 위한 대회를 만들었다. 그들은 또한 일부 수익을 야생동물 단체에 기부한다[보낸다].

구문 해설

7행 The purpose was to spread a message about the importance of wildlife conservation.
- to spread a message는 '메시지를 퍼뜨리는 것'이라는 의미로, to부정사의 명사적 용법으로 쓰여 was의 보어 역할을 하고 있다.

11행 Instead, they let people {send them humorous pictures of animals in nature}.

- 「let + 목적어 + 동사원형」은 '~가 …하도록 하다'라는 의미로, 이 문장에서는 '사람들이 보내도록 했다'라고 해석한다.
- { }에서는 send가 「send + 간접목적어 + 직접목적어」 형태의 4형식으로 쓰였으며, '~에(게) …을 보내다'라고 해석한다.
= 「send + 직접목적어 + to + 간접목적어」 ex. ~ people send humorous pictures to them

13행 So, the organizers sell products with those images.

- those는 '그 ~, 저 ~'라는 의미의 that의 복수형으로, 지시형용사로 쓰여 명사 앞에서 명사를 꾸밀 수 있다.

15행 They also donate some of the profits to wildlife organizations.

- 부정대명사 some을 써서 여럿 중 일부를 나타낼 수 있다. 이 문장에서는 '수익의 일부'라고 해석한다.

16행 Clearly, serious problems don't always call for serious approaches!

- 「not + always」는 [부분 부정]으로, '항상 ~한 것은 아니다'라고 해석한다.

3 쓰레기는 사지 않아요

문제집 pp.82~83

1 ⑤ **2** ④ **3** (1) F (2) T (3) T
4 planned, movement, plastic

슈퍼마켓에서, 쇼핑객들은 물품들을 구매하고 그것들로부터 플라스틱 포장재를 벗겨낸다. 그들은 카운터 옆에 있는 큰 무더기에 그 쓰레기를 버리고 가게를 떠난다. 무슨 일이 벌어지고 있는가? 그것은 플라스틱 어택이다!

플라스틱 어택은 플라스틱 쓰레기에 반대하는 시위이다. 그것은 영국의 한 작은 도시에서 시작되었다. 한 무리의 사람들이 플라스틱 포장재의 양에 의해 충격을 받았고 최초의 플라스틱 어택을 계획했다.

그들은 영국에서 매시간 버려지는 플라스틱 포장재가 만 대가 넘는 쇼핑 카트를 채울 수도 있다고 말했다. 그리고 이 플라스틱의 약 절반은 재활용될 수 없다!

다행히도, 그들의 목소리는 청취 되었다. 예를 들어, 대형 식료품 체인점인 테스코는, 2025년까지 그들의 모든 포장재를 재활용 가능하게 만들기로 약속했다. 그리고 놀랍게도, 이 운동은 다른 나라들로 확산되고 있다. 한 단체의 행동들이 세계적인 운동이 된 것이다!

1 플라스틱 어택이 실제로 벌어지고 있는 상황을 묘사한 이후에, 플라스틱 어택이 a group of people(한 무리의 사람들)에 의해 시작되었다는 배경을 설명하는 (C), 그들(= a group of people)이 주장하는 플라스틱 쓰레기의 심각성을 소개하는 내용의 (B), 이러한 their voices(그들의 목소리)가 청취 되어 플라스틱 어택이 실제로 세계적인 운동이 되는 긍정적 효과가 있음을 설명하는 내용의 (A)로 이어지는 흐름이 가장 적절하다.

2 앞 문장에서 플라스틱 쓰레기의 심각성을 알리는 사람들의 목소리가 청취 되었다고 했고, 빈칸 뒤에서 테스코라는 실제 식료품 체인점이 그 목소리를 청취하여 어떻게 행동했는지에 관한 사례를 소개하고 있다. 따라서 빈칸에는 예시를 나타내는 ④가 들어가는 것이 가장 적절하다.

(문제 해석)
① 그러나 ② 게다가 ③ 그렇지 않으면
④ 예를 들어 ⑤ 대신에

3 (1) 영국에서 매시간 버려지는 플라스틱 포장재의 양이 만 대가 넘는 쇼핑 카트를 채울 수 있다고는 했으나, 플라스틱 어택이라는 운동을 벌이는 데 많은 쇼핑 카트가 필요하다는 언급은 없다.
(2) 플라스틱 어택은 플라스틱 쓰레기에 반대하는 시위라고 언급되었다.
(3) 플라스틱 어택은 영국의 한 작은 도시에서 시작되어 다른 나라들로 확산되고 있다고 언급되었다.

(문제 해석)
(1) 플라스틱 어택은 많은 쇼핑 카트의 사용을 필요로 한다.
(2) 플라스틱 어택은 플라스틱 쓰레기를 줄이려는 노력이다.
(3) 플라스틱 어택은 다른 나라들로 확산되었다.

4 | 보기 | 플라스틱 카트 운동 청취 되었다 쇼핑 계획되었다

최초의 플라스틱 어택은 몇몇 영국 사람들에 의해 계획되었다. 그들은 자신들의 나라에서 버려지는 많은 양의 플라스틱 포장재에 충격을 받아 그 운동을 시작했다.

구문 해설

4행 For example, [Tesco, a big grocery chain,] promised to {make all their packaging recyclable} by 2025.

- [ ]의 Tesco와 a big grocery chain은 콤마(,)로 연결된 동격 관계이다.
- promise는 to부정사를 목적어로 쓴다.
- { }의 「make + 목적어(all their packaging) + 형용사(recyclable)」는 '~을 …하게 만들다'라는 의미이다.

8행 They said [(that) plastic packaging {thrown out each hour in the UK} could fill over 10,000 shopping carts].

- [ ]는 said의 목적어 역할을 하는 명사절로, 명사절 접속사 that이 생략되어 있다.
- { }는 앞에 온 명사구 plastic packaging을 수식하는 과거분사구이다.
- could는 조동사 can(~할 수 있다)의 과거형으로, '~할 수 있었다'라는 의미이다. 주절에 과거 동사 said가 쓰였으므로, 명사절에도 과거형 could가 쓰였다.

9행 And around half of this plastic can't be recycled!

- can't be recycled는 '재활용될 수 없다'라는 의미이다. 조동사 뒤에는 동사원형이 오므로, 조동사가 있는 수동태는 「조동사 + be p.p.」의 형태로 쓴다.

1 ⓒ **2** ⓐ **3** ⓑ **4** ② **5** ③ **6** ④

7 takes thousands of years to make new sand

8 are losing their homes due to environmental damage

1 친환경 제품들을 사용하는 것은 쓰레기의 양을 줄일 수 있다.
- ⓒ trash(쓰레기)

2 나는 나의 재능을 보여 주기 위해 학교 그림 대회에 참가했다.
- ⓐ contest(대회)

3 나무 살리기 운동에 동참하고 새 나무를 심으세요!
- ⓑ campaign(운동)

4 그 남자는 아이를 차에서 구하려는 용감한 결정을 내렸다.

① 세계적인　　② 용감한　　③ 둥근
④ 납작한　　⑤ 재미있는

5 ③: 3형식　①②④⑤: 4형식

문제 해석

① 제가 이메일로 당신에게 정보를 보내드리겠습니다.
② 그들은 나에게 선물을 선택하는 것에 대한 몇몇 조언을 해 주었다.
③ 그녀는 갑작스러운 폭풍우 중에 친구에게 우산을 주었다.
④ 그는 그녀가 키오스크를 사용할 수 없을 때 도움을 주었다.
⑤ 그녀는 나에게 읽을 책을 가져다주었다.

6 decide는 to부정사를 목적어로 쓰므로, ④의 동명사 visiting을 to부정사 to visit으로 고쳐야 한다.

문제 해석

① 나는 시내에 새로 생긴 박물관을 방문하고 싶다.
② 그는 내년 여름에 유럽으로 여행을 가기를 희망한다.
③ 우리는 이번 주 말까지 이 과제를 완료해야 한다.
④ 나는 이번 봄에 내 친척을 방문하기로 결정했다.
⑤ 그녀는 방과후에 내 숙제를 도와주기로 약속했다.

CHAPTER 09 Ideas

1 1초 만에 음식 파헤치기 문제집 pp.88~89

1 ⑤ **2** (1) T (2) F **3** ③
4 artificial, intelligence, nutritional

당신은 식당에서 저녁 식사를 하고 있다. 당신은 음식이 마음에 들고, 그것에 대해 더 알고 싶다. 하지만 이제 당신은 바쁜 종업원에게 물어볼 필요가 없다. 대신에, 푸드렌즈 애플리케이션을 사용해라. 그것은 인공지능(AI)에 의해 구동된다!

그냥 당신의 휴대전화로 음식의 사진을 찍어라, 그러면 그 인공지능이 나머지를 할 것이다. 그것은 당신에게 요리에 무엇이 들어 있는지 그리고 그것을 어떻게 만드는지 알려 줄 수 있다. 그것은 또한 당신에게 지방 함량과 같은 영양 정보도 줄 수 있다. (패스트푸드의 지방 함량은 보통 높다.) 하지만 그것은 거기에서 끝나지 않

다. 그것은 당신의 사진에 기반하여 당신이 가장 좋아하는 음식들을 학습하고 시도할 비슷한 요리들을 제안한다. 따라서, 이 인공지능 휴대전화 애플리케이션은 당신의 취향에 맞는 더 맛있는 식사들을 찾도록 당신을 도울 수 있다!

1 음식 사진을 찍기만 하면 영양 정보를 알려 주고 비슷한 음식을 제안해 주는 인공지능(AI) 애플리케이션인 푸드렌즈를 소개하는 글이므로, 제목으로 ⑤가 가장 적절하다.

문제 해석

① 인공지능이 스마트폰을 대체할 수 있는가?
② 오늘날 식당은 인공지능을 어떻게 사용하고 있는가
③ 사람들은 왜 음식 사진을 찍는가?
④ 앱으로 간편하게 음식 사진을 공유하라
⑤ 음식을 분석하기 위한 새로운 애플리케이션

2 (1) 글에서 사용자가 음식 사진을 찍기만 하면 요리에 무엇이 들어있는지, 그리고 어떻게 만드는지 알려 줄 수 있다고 언급되었다.

(2) 사진에 기반하여 사용자가 좋아할 만한 음식을 제안한다고는 했으나, 건강을 고려하여 음식을 추천한다는 언급은 없다.

3 인공지능이 사진을 통해 음식을 분석하는 기능에 관해 설명하는 내용 중에, 패스트푸드의 지방 함량에 관한 내용인 (c)는 전체 흐름과 관계 없다.

4 인공지능을 사용하는 휴대전화 애플리케이션은 음식 사진을 분석할 수 있다. 그것은 사용자들에게 재료, 조리법, 그리고 지방의 양과 같은 요리의 영양 정보를 말해 줄 수 있다.

구문 해설

2행 **But now you don't have to ask the busy waiter.**
• don't have to는 have to(~해야 한다)의 부정형으로, '~할 필요가 없다, ~하지 않아도 된다'라고 해석한다.

5행 **Simply take a picture of the food with your phone, and the AI will do the rest.**
• 동사원형 take로 시작하는 명령문으로, 「명령문 + and ~」는 '···해라, 그러면 ~'이라는 의미이다.

6행 **It can tell you [what is in the dish] and [how to make it].**
• 「tell + 간접목적어(you) + 직접목적어」는 '~에게 ···을 알려 주다, 말해 주다'라는 의미이다. 이 문장에서는 두 개의 명사구 [ ]가 접속사 and로 연결되어 쓰여, tell의 직접목적어 역할을 하고 있다.
• 「how + to-v」는 '어떻게 ~할지, ~하는 방법'이라는 의미로, tell의 직접목적어 역할을 하고 있다.

6행 **It can also give you nutritional information like the fat content.**
• 「give + 간접목적어(you) + 직접목적어(nutritional information)」는 '~에게 ···을 주다'라는 의미이다.
= 「give + 직접목적어 + to + 간접목적어」 ex. It can also give nutritional information to you.

2 무엇이든 될 수 있다 문제집 pp.90~91

1 ② **2** ⑤ **3** melt[make], new
4 (1) liquid (2) solid (3) Thin (4) thick

당신만의 옷을 만드는 것을 상상해 본 적이 있는가? 패브리칸과 함께라면 누구나 패션 디자이너가 될 수 있다!
패브리칸은 캔에 담긴 액체 원단이다. 그것은 중합체와 면, 양모, 그리고 나일론과 같은 다양한 섬유들로 만들어진다. 이 액체는 안개와 같이 뿌려져 그것이 공기와 접촉하면 마법처럼 고체로 변한다. 당신은 원단을 얇게 만들기 위해서는 그것을 조금만 뿌리거나 그것을 두껍게 만들기 위해서는 많이 뿌릴 수 있다. 게다가, 패브리칸은 많은 색상과 냄새로 나온다. 다시 말해서, 당신은 이 스프레이를 이용해 옷의 거의 모든 특징을 제어할 수 있다. 그리고 당신이 옷을 더 이상 입고 싶지 않다면, 그것을 다시 녹여 액체 형태로 만들어라. 그것은 새 옷을 만드는 데 재사용될 수 있다. 이 원단은 정말 친환경적이다!

1 캔에 담긴 액체 원단인 패브리칸이 안개와 같이 뿌려져 공기와 접촉하면 고체로 변하여 옷이 될 수 있고 색상과 냄새도 다양하다는 것을 설명하는 글이므로, 제목으로 ②가 가장 적절하다.

(문제 해석)
① 패브리칸 기술의 한계들
② 옷을 만들어 내는 마법의 스프레이
③ 어떻게 패션 디자이너가 되는가
④ 원단 산업은 빠르게 변화하고 있다
⑤ 패션계에서의 패브리칸의 성공

2 빈칸 앞에서 패브리칸으로 원하는 두께의 원단을 만들 수 있고, 패브리칸이 많은 색상과 냄새로 나와 원하는 색상과 냄새도 구현할 수 있다고 하였으므로, 빈칸에는 패브리칸 스프레이로 옷의 ⑤ '거의 모든 특징을 제어할' 수 있다는 내용이 들어가는 것이 가장 적절하다.

(문제 해석)
① 가치를 높일
② 원래 스타일을 지킬
③ 상태를 유지할
④ 품질을 세심하게 점검할
⑤ 거의 모든 특징을 제어할

3
Q. 만약 제가 패브리칸으로 만든 옷이 싫증 나면 무엇을 할 수 있나요?

A. 옷을 액체로 녹이실[만드실] 수 있습니다. 그런 다음, 그것은 새 옷을 만들기 위해 다시 사용될 수 있습니다.

4
(1) 액체 패브리칸이 분사되어 공기와 접촉하면, 그것은 (2) 고체

가 된다. (3) 얇은 옷은 조금의 스프레이만으로 만들어질 수 있지만, (4) 두꺼운 것들은 많은 양을 필요로 한다.

구문 해설

1행 **Have you ever {imagined making} your own clothes?**
· 「Have/Has + 주어 + p.p. ~?」의 현재완료 시제가 쓰인 의문문은 과거의 [경험]을 물을 때 쓴다.
· 「imagine + v-ing」는 '~하는 것을 상상하다'라는 의미이다. imagine은 동명사를 목적어로 쓴다.

3행 **It is made from polymers and various fibers such as cotton, wool, and nylon.**
· be made from은 '~으로 만들어지다'라는 의미의 수동태 표현이다. be made from은 화학적인 변화를 거쳐 재료의 성질이 변하고 원형을 잃을 때 사용한다. 여기서는 고체 형태의 섬유들을 이용해 액체 형태의 패브리칸을 만든 것이므로 be made from이 쓰였다.
cf. be made of: '~으로 만들어지다' (재료의 성질이 변하지 않으며 원형이 남아 있음) ex. This desk is made of wood. (이 책상은 나무로 만들어진다.)

4행 **The liquid is sprayed like a mist and magically turns solid [when it contacts air].**
· 「turn + 형용사」는 '~하게 변하다, ~한 상태로 바뀌다'라는 의미이다. 여기서는 형용사 solid가 쓰여 '고체로 변한다'라고 해석한다.
· [ ]는 접속사 when이 이끄는 부사절로, when은 '~하면, ~할 때'라는 의미이다.

5행 **You can spray it [a little to make the fabric thin] or [a lot to make it thick].**
· 두 개의 부사구 [ ]가 접속사 or로 연결되어 쓰였다.
· 「make + 목적어(the fabric, it) + 형용사(thin, thick)」는 '~을 …하게 만들다'라는 의미이다.

7행 **In other words, you can control almost every feature of an outfit with this spray.**
· 부정대명사 every(모든) 뒤에는 반드시 단수명사(feature)가 와야 한다.

3 말하지 않아도 알아요 문제집 pp.92~93

1 ⑤ **2** ⑤ **3** ②
4 speaking, answers, headphone

지금 파리의 기온은 몇 도인가? 그것을 온라인으로 찾아보는 대신에, 그냥 얼터에고에 신호를 보내 보는 것은 어떤가? 당신은 손가락을 들어 올리거나 소리를 낼 필요가 없을 것이다!
얼터에고는 MIT(Massachusetts Institute of Technology, 매사추세츠 공과대학교)에서 만들어진 웨어러블(착용할 수 있는) 기기이다. 그것은 착용자의 '생각들'을 읽도록 설계된다. 하지만 그것은 어떻게 작동할까? 첫 번째로, 이 기기는 사용자의 턱에 부착되고 귀에

걸쳐진다. 다음으로, 사용자는 그 혹은 그녀의 머릿속으로 질문을 한다. 이렇게 하는 것은 얼굴과 목 근육에서 신호를 만들어 낸다. 얼터에고는 이 신호들을 읽고 그것들을 컴퓨터로 전달한다. 컴퓨터는 그러면 응답을 생각해 낸다. 마침내, 얼터에고는 뼈를 통해 소리를 보내는 특별한 헤드폰을 이용해서 사용자에게 응답을 전달한다! 모든 것이 완전한 침묵 속에서 이루어진다.

이 기기는 아직 개발 중이지만, 그것은 사용자들을 이해하는 데 있어 약 92퍼센트의 성공률을 보인다!

1 사용자가 머릿속으로 생각을 하면, 소리 내어 말을 하지 않아도 특별한 헤드폰을 이용해 사용자에게 응답을 전달하는 웨어러블 기기인 얼터에고를 소개하는 글이므로, 제목으로 ⑤가 가장 적절하다.

(문제 해석)
① 미래의 웨어러블 기기들
② 얼터에고의 몇몇 교육적 활용들
③ 얼터에고는 처음에 왜 개발되었는가?
④ 사람들의 마음을 읽는 과학
⑤ 얼터에고: 생각들을 답변으로 전환하기

2 주어진 문장은 얼터에고가 사용자의 얼굴과 목 근육에 생기는 신호를 컴퓨터로 전달한 뒤의 내용을 설명하고 있다. 컴퓨터가 응답(a response)을 내놓은 뒤 얼터에고가 그 응답(the response)을 사용자에게 전달하는 흐름이 되어야 자연스러우므로, 주어진 문장은 ⑤에 들어가는 것이 가장 적절하다.

3 얼터에고는 사용자가 소리를 내지 않고 머릿속으로 질문을 해도 생각을 읽어내 응답을 전달하는 기기라고 했다. 따라서 빈칸에는 모든 과정이 완전한 ② '침묵' 속에서 이루어진다는 내용이 들어가는 것이 가장 적절하다.

(문제 해석)
① 어둠   ② 침묵   ③ 혼란   ④ 안전   ⑤ 동의

4
보기 | 답변   목   헤드폰   착용하는   손가락   말하는
얼터에고: 당신의 개인 도우미
· 당신은 실제로 말하지 않고도 질문할 수 있다.
· 당신은 헤드폰을 통해 답변을 얻을 수 있다.

구문 해설

2행 **Instead of [{looking it up} online], why don't you just send a signal to AlterEgo?**
- [ ]은 전치사 Instead of의 목적어 역할을 하는 동명사구이다.
- { }의 구동사 look up(찾아보다)은 목적어가 명사인지 대명사인지에 따라 어순이 달라지는데, 목적어가 대명사(it)인 경우에는 「동사 + 대명사 + 부사」의 어순으로 쓴다.
- '~하는 것이 어떤가?'라는 의미로 상대방에게 어떤 것을 제안하거나 권유할 때는 「Why don't you + 동사원형 ~?」을 쓴다.

4행 **You won't have to lift a finger or make a sound!**
- 「won't(= will not) have to + 동사원형」은 '~할 필요가 없을 것이다'라는 의미이다. 이 문장에서는 동사원형 lift와 make가 접속사 or로 연결되어 쓰였다.

11행 **Doing this produces signals in the face and neck muscles.**
- Doing this는 문장의 주어 역할을 하는 동명사구이다. 동명사구는 단수 취급하므로 뒤에 단수동사 produces가 쓰였다.

13행 **Finally, AlterEgo delivers the response to the user with a special headphone [that sends sound through bones]!**
- 전치사 with는 '(도구)를 이용해서'라는 의미이다.
- [ ]는 앞에 온 선행사 a special headphone을 수식하는 주격 관계대명사절이다.
- 전치사 through는 '~을 통해서'라는 의미이다.

Review Ground
문제집 p.94

1 ⓓ **2** ⓑ **3** ⓒ **4** ⓐ **5** ③ **6** ①

7 Everything happens in complete silence.

8 Have you ever imagined making your own clothes?

1 clothes(옷) - ⓓ 셔츠, 바지, 치마 등 몸에 착용되는 물건들

2 dish(요리) - ⓑ 조리되어 먹도록 준비된 품목

3 device(기기) - ⓒ 특정 목적을 위해 설계된 도구나 장비

4 signal(신호) - ⓐ 정보를 보내거나 메시지를 전달할 때 사용되는 표시

5 '어떻게 ~할지'라는 의미는 「how + to부정사」로 나타낸다.

6 목적어가 대명사일 때는 「동사(wake) + 목적어(him) + 부사(up)」의 어순으로 써야 한다.

(문제 해석)
① 제발 그를 깨우지 마세요.
② 미진이는 그녀의 재킷을 입었다.
③ 아쉽게도, 수호는 그것을 포기해야 했다.
④ 불 좀 켜 주세요.
⑤ 그것을 여기에 적어 주실 수 있나요?

CHAPTER **10** Stories

1 이분들을 놀라게 해서는 안 돼
문제집 pp.98~99

1 ③ **2** (1) F (2) F (3) T **3** (D) → (C) → (B) → (A)
4 남자도 (사람이 아니라) 유령이다.

한 남자가 오래된 호텔 안으로 들어섰다. 그는 지배인에게 "오늘 밤에 묵을 방이 필요해요."라고 말했다. 그(지배인)는 그(남자)에게 특이한 경고와 함께 방 열쇠를 주었다. "이것만 기억하세요, 휘파람을 불지 마세요. 만약 당신이 그렇게 한다면, 그것이 유령들을 불

러낼 거예요." 그는 고개를 끄덕이며 정보를 알려 줘서 고맙다고 말했다. 그의 방문을 열면서, 그는 흥겨운 곡조의 휘파람을 불기 시작했다. 천천히, 한 유령이 나타났다! 그러나 그 남자는 휘파람을 부는 것을 멈추지 않았다. 남자가 마침내 마칠 때까지 방 안은 계속해서 더 많은 유령들로 채워졌다. "고마워"라고 유령들 중 하나가 속삭였다. "우리는 매우 오랜 시간 동안 나오지 못하고 있었어!" 그가 "별말을."이라고 대답했다. "친구 좋다는 게 뭐야?"

1 ⓒ는 호텔 지배인을 가리키고, 나머지는 모두 호텔에 방문한 남자 투숙객을 가리킨다.

2 (1) 호텔 지배인이 남자 투숙객에게 휘파람을 불지 말라고 경고하기는 했으나, 층간 소음에 관한 경고를 했다는 언급은 없다.
(2) 남자 투숙객은 그의 호텔 방문을 열면서 휘파람을 불기 시작한 것이므로, 글의 내용과 일치하지 않는다.
(3) 남자 투숙객이 휘파람 부는 것을 마칠 때까지 방 안이 계속 유령들로 채워졌다고 언급되었다.

3 남자가 열쇠를 받아 호텔 방에 들어가면서 휘파람을 불기 시작하자 유령들이 나타났고, 방 안이 유령들로 채워질 때까지 휘파람을 계속해서 불었다고 했으므로, (D) → (C) → (B) → (A)의 순서가 가장 적절하다.

문제 해석
(A) 그 남자는 계속해서 휘파람을 불었다.
(B) 한 유령이 서서히 나왔다.
(C) 남자는 휘파람을 불기 시작했다.
(D) 남자는 방 열쇠를 얻었다.

4 남자가 지배인의 경고를 무시하고 휘파람을 분 점, 유령이 남자에게 불러내 줘서 고맙다고 인사한 점, 남자가 마지막에 유령에게 '친구 좋다는 게 뭐야?'라고 말한 점 등으로 보아, 남자 또한 사람이 아니라 유령임을 유추할 수 있다.

구문 해설

1행 **"I'd like a room for tonight,"** he said to the manager.
• 「would like + 명사」는 '~하고 싶다'라는 의미이며, 「want + 명사」로 바꿔 쓸 수 있다. = I want a room for tonight ~

2행 He gave him a room key [along with an unusual warning].
• 「give(gave) + 간접목적어(him) + 직접목적어(a room key)」는 '~에게 …을 주다'라는 의미이다.
= 「give + 직접목적어 + to + 간접목적어」, ex. He gave a room key to him ~
• [ ]는 '~과 함께'라는 의미의 전치사 along with가 이끄는 전치사구이다.

3행 **If you do**, it will call the ghosts.
• 조건을 나타내는 If(만약 ~한다면)절에서는 미래를 나타낼 때도 현재 시제(do)를 쓴다.
• 대동사 do가 동사의 반복을 피하기 위해 쓰였다. 여기서는 앞서 언급된 whistle을 대신하고 있다.

4행 [As he opened the door of his room], he began to whistle a happy tune.
• [ ]는 '~하면서, ~하고 있을 때'라는 의미의 부사절 접속사 as가 이끄는 시간의 부사절로, as 뒤에 「주어 + 동사」의 절이 왔다.
cf. 「전치사 as + 명사」: '~으로서' ex. She is more famous as a singer. (그녀는 가수로서 더 유명하다.)
• begin은 목적어로 to부정사와 동명사를 모두 쓸 수 있다.
= ~ he began whistling a happy tune

6행 But the man didn't stop whistling.
• 「stop + v-ing」는 '~하는 것을 멈추다'라는 의미이다. stop은 동명사를 목적어로 쓴다.
cf. 「stop + to-v」: '~하기 위해 멈추다' (to부정사의 부사적 용법)

6행 The room continued to fill with more ghosts [until the man finally finished].
• continue는 목적어로 to부정사와 동명사를 모두 쓸 수 있다. = The room continued filling with ~
• [ ]는 '~할 때까지'라는 의미의 부사절 접속사 until이 이끄는 시간의 부사절로, until 뒤에 「주어 + 동사」의 절이 왔다.
cf. 「전치사 until + 명사」: '~까지' ex. He will not come back until next week. (그는 다음 주까지 돌아오지 않을 것이다.)

8행 "We haven't been out in a really long time!"
• haven't been은 현재완료 시제(have p.p.)로, 과거부터 현재까지의 [경험]을 나타낸다.

2 서점엔 분명 무언가가 있다
문제집 pp.100~101

1 ③ **2** ⑤ **3** bookstore, restroom
4 (1) smell[scent] (2) quiet[relaxing] (3) chance

당신이 서점에 있다고 상상해 보아라. 당신은 책들을 훑어보며 조용한 분위기를 즐기고 있다. 갑자기, 당신은 급히 화장실로 움직인다. 당신은 변을 누어야 한다!
많은 사람들이 이 이상한 경험에 익숙하다. 사실, 그 경험은 매우 흔해서 마리코 아오키 현상이라는 이름까지 있다. 그것은 한 일본인 여성인 아오키의 이름을 따서 지어졌다. 그녀는 1985년에 한 기사에서 이 느낌을 묘사했다.
이 현상의 원인은 알려지지 않았으며, 그것에 대한 많은 엉뚱한 가설들이 있다. 하나는 종이와 잉크의 냄새에 실마리가 있을지도 모른다고 말한다. 아마 냄새에 포함된 무언가가 당신이 화장실을 사용하고 싶게 만든다는 것이다. 또 다른 가설은 서점이 편안한 장소이기 때문에, 사람의 장도 긴장을 푼다고 시사한다. 아니면 이런 현상은 우연히 일어날 수도 있다. 당신은 어떻게 생각하는가?

1 서점에 가면 갑자기 변을 누고 싶어지는 특이한 느낌을 받는 현상인 마리코 아오키 현상을 설명하는 글이므로, 주제로 ③이 가장 적절하다.

문제 해석
① 변을 누기에 가장 좋은 분위기
② 화장실에서 무엇을 읽을 것인가
③ 서점에서의 이상한 느낌
④ 마리코 아오키는 왜 독서를 즐겼는가
⑤ 서점에 대한 몇몇 잘못된 가설들

2 빈칸 앞 문장에서 많은 사람들이 이 이상한 경험에 익숙하다고 했고, 빈칸 뒤에서는 이것이 너무 흔한 현상이므로 이름까지 있다고 했다. 따라서 빈칸에는 방금 한 말에 대해 자세한 내용을 덧붙일 때 쓰는 ⑤ In fact(사실)가 들어가는 것이 가장 적절하다.

문제 해석
① 그러나   ② 예를 들어   ③ 한편
④ 그렇지 않으면   ⑤ 사실

3
Q. 마리코 아오키는 그녀의 기사에서 무엇을 묘사했는가?

A. 그녀는 그녀가 서점에 갔을 때, 갑자기 화장실에 가고 싶어 한다는 것을 알아차렸다.

4
가설 1	잉크와 종이의 (1) 냄새는 신체가 반응하게 한다.
가설 2	서점의 (2) 조용한[편안한] 분위기는 당신의 장이 긴장을 풀게 만든다.
가설 3	이 현상은 (3) 우연히 발생한다.

구문 해설

3행 **You have to poop!**
· '~해야 한다'라는 의미의 의무를 나타낼 때는 have to를 쓴다. have to 다음에는 동사원형이 온다.

4행 **In fact, the experience is so common that it even has a name: the Mariko Aoki phenomenon.**
· 「so + 형용사/부사 + that절」은 '매우/너무 ~해서 …하다'라는 의미이다. 이 문장에서는 '그 경험은 매우 흔해서 이름까지 있다'라고 해석한다.

6행 **It was named after a Japanese woman, Aoki.**
· 「A be named after B」는 'A는 B의 이름을 따서 (이름이) 지어지다'라는 의미로, 「name A after B(B의 이름을 따서 A의 이름을 짓다)」의 수동태 표현이다.

10행 **Something in the scent probably makes you want to use the restroom.**
· 「make(makes) + 목적어(you) + 동사원형(want)」은 '~가 …하게 만들다'라는 의미이다. 이 문장에서는 '당신이 화장실을 사용하고 싶게 만든다'라고 해석한다.

11행 **Another theory suggests [(that) {because a bookstore is a relaxing place}, a person's bowels relax, too].**
· 「another + 단수명사」는 '또 다른 ~'이라는 의미이다. 이 문장에서는 '(첫 번째 가설인 하나(One)와 다른) 또 다른 가설'이라고 해석한다.
· [ ]는 suggests의 목적어 역할을 하는 명사절로, 이때 명사

절 접속사 that은 생략할 수 있다.
· { }는 '~ 때문에'라는 의미의 이유를 나타내는 접속사 because가 이끄는 부사절로, because 다음에는 「주어(a bookstore) + 동사(is) ~」로 된 절이 왔다.

3 특별한 생일 만들기 대작전   문제집 pp.102~103

1 ③ 2 (1) hat (2) garage 3 noticed
4 (1) special (2) wrong[odd]

Steven의 생일이었다. 그의 누나 Sophie는 그것을 특별하게 만들고 싶었다. 그래서, 그녀는 그의 생일 카드에 수수께끼를 포함했다.

생일 축하해, Steven!
나는 너를 위해 선물을 하나 준비했어. 하지만 너는 수수께끼를 먼저 풀어야 해. 그것은 내가 가장 좋아하는 영화인 「포레스트 검프」에 대한 것이야. 왼쪽 페이지는 선물의 위치에 대한 힌트를 포함하고 있고, 오른쪽 페이지에는 선물 그 자체에 대한 단서가 있어.

왼쪽 페이지	오른쪽 페이지
한 남자가 낯선 사람들에게 자신의 인생 이야기를 들려주고 있다. 그의 이름은 포레스트 검프이다. 그에게는 많은 문제들이 있었지만, 그는 용기와 따뜻한 마음을 가지고 자랐다.	그는 "인생은 초콜릿 상자와 같다"라고 말한다. 그것은 인생에서 자신의 상황을 선택할 수 있는 사람은 아무도 없다는 뜻이다. 하지만 중요한 것은 항상 최선을 다하는 것이다.

Steven은 몇몇 단어들이 이상하다는 것을 알아차렸다. 그는 틀린 글자에 동그라미를 그리고 그것들을 올바른 글자들로 바꿨다. 그러자, Sophie의 비밀 메시지가 나타났다!

1 ③: Steven의 생일이 언제인지에 대한 언급은 없다.
① Sophie는 Steven의 누나라고 했다.
② 수수께끼를 풀면 나오는 비밀 메시지에 선물의 위치와 선물이 무엇인지를 적어서 준다.
④ 「포레스트 검프」가 Sophie가 가장 좋아하는 영화라고 했다.
⑤ 선물과 선물의 위치에 대한 단서를 포함한다고 했다.

문제 해석
① Sophie와 Steven은 서로에게 누구인가?
② Sophie는 Steven에게 어떻게 선물을 주는가?
③ Steven의 생일은 언제인가?
④ Sophie가 가장 좋아하는 영화는 어느 것인가?
⑤ 수수께끼는 어떤 정보를 숨기고 있는가?

2 (1) 오른쪽 페이지의 올바른 철자 h(cjocolates → chocolates), a(importent → important), t(besk → best)를 조합하면 hat(모자)이 된다.
(2) 왼쪽 페이지의 올바른 철자 g(strankers → strangers), a(neme → name), r(ploblems → problems), a(coureged → courage), g(zentle → gentle), e(hoart → heart)를 조합하면 garage(차고)가 된다.

3 빈칸에 공통으로 들어갈 알맞은 단어는 '알아차리다'라는 의미의 단어 notice의 과거형인 noticed이다.

〔문제 해석〕
• Tim은 그가 밖에 나갔을 때 비가 내리고 있음을 알아차렸다.
• 그녀는 조금의 물을 마셨는데 그것에서 다른 맛이 난다는 것을 알아차렸다.

4

Q. Sophie는 왜 수수께끼를 만들었는가?
A. 그녀는 Steven의 생일을 (1) 특별하게 만들고 싶었다.
Q. Steven은 어떻게 수수께끼를 풀었는가?
A. 그는 (2) 틀린[이상한] 글자들을 고치고 그것들이 무엇이 되는지 보았다.

구문 해설

1행 His older sister Sophie <u>wanted to</u> {make it special}.
• 「want + to-v」는 '~하고 싶다'라는 의미이다. want는 목적어로 to부정사를 쓴다.
• { }의 「make + 목적어(it) + 형용사(special)」는 '~을 …하게 만들다'라는 의미이다.

10행 It means [(that) <u>no one</u> can choose their situation in life].
• [ ]는 means의 목적어 역할을 하는 명사절로, 명사절 접속사 that이 생략되어 있다.
• no one은 '아무도/누구도 ~하지 않다'라는 의미로, [전체 부정]을 나타낸다.

12행 But the important thing is <u>to always try your best</u>.
• to always try your best는 '항상 최선을 다하는 것'이라는 의미로, to부정사의 명사적 용법으로 쓰여 is의 보어 역할을 하고 있다. 명사적 용법의 to부정사는 문장 안에서 주어, 보어 또는 목적어 역할을 한다.

14행 Steven noticed [(that) some words were odd].
• [ ]는 noticed의 목적어 역할을 하는 명사절로, 여기서 명사절 접속사 that은 생략할 수 있다.

14행 He <u>circled</u> the letters [that were wrong] and <u>changed</u> them to the correct letters.
• 과거 시제 동사 circled와 changed가 접속사 and로 연결되어 쓰였다.
• [ ]는 앞에 온 선행사 the letters를 수식하는 주격 관계대명사절이다.

Review Ground
문제집 p.104

1 courage/용기 **2** atmosphere/분위기
3 experience/경험 **4** clue/단서 **5** ① **6** ④
7 We haven't been out in a really long time!
8 Steven noticed that some words were odd.

1-4 | 보기 | 경험 용기 경고 단서 분위기 곡조

1 자신감을 가지고 공포나 위험을 직면할 능력 - courage/용기

2 특정한 장소나 환경의 주요한 분위기 - atmosphere/분위기

3 활동들에 참여함으로써 얻어지는 지식 - experience/경험

4 문제를 풀도록 돕는 증거 - clue/단서

5 • Julia는 버스가 마침내 도착해 그녀를 학교로 데려갈 때까지 버스 정류장에서 기다렸다.
• Jonathan은 그 개념을 완전히 이해할 때까지 열심히 공부했다.
① ~할 때까지   ② ~하는 동안   ③ ~하자마자
④ ~한 후에   ⑤ ~한 이후로

6 ④의 that은 '그것'을 뜻하는 지시대명사이므로 생략할 수 없다. 참고로, ④에는 'I heard (that) that is the best restaurant in town.'과 같이 명사절 접속사 that이 이미 생략되어 있다. ①, ②, ③, ⑤의 that은 목적어로 쓰이는 명사절을 이끄는 접속사이므로, 생략 가능하다.

〔문제 해석〕
① 그의 미소는 그가 행복하다는 것을 의미한다.
② 우리는 지구가 태양 주위를 돌고 있다는 것을 안다.
③ 그녀는 그 영화가 재미있었다고 생각한다.
④ 나는 그것이 시내에서 최고의 식당이라고 들었다.
⑤ 그는 노력이 성공으로 이어진다고 믿는다.

PART 1 직독직해

❶ 주어: this baguette   동사: is breaking
경고 / 이 바게트는 / 어기고 있다 / 법을

❷ 주어: –   동사: hold on
그런데 / 잠시만

❸ 주어: bread   동사: Can ~ break
빵이 어길 수 있는가 / 법을

❹ 주어: it   동사: can
프랑스에서는 / 그럴 수 있다

❺ 주어: the French government   동사: passed
1993년에 / 프랑스 정부는 / 통과시켰다 / '르 데크레 팽'을 /
빵 법령인

❻ 주어: Its main purpose   동사: is
그것의 주요 목적은 / 보호하는 것이다 / 바게트의 품질을

❼ 주어: The law   동사: requires
이 법은 / 요구한다 / 특정한 과정을 / 그것들을 굽는 / 프랑스에서

❽ 주어: Bakers   동사: must ~ use
제빵사들은 / 오직 사용해야 한다 / 네 가지 재료를 / 바게트를
만들기 위해

❾ 주어: These   동사: include
이것들은 / 포함한다 / 밀가루, 소금, 효모, 그리고 물을

❿ 주어: Baguettes   동사: (1) must ~ be baked (2) sold
바게트는 / 또한 구워져야 한다 / 그리고 판매되어야 한다 / 같
은 빵집에서

⓫ 주어: the bread   동사: stays
그렇게 해서 / 빵은 / 신선한 상태를 유지한다

⓬ 주어: Freezing baguettes at bakeries   동사: is
빵집에서 바게트를 얼리는 것은 / 법에 어긋난다 / 같은 이유로

⓭ 주어: This strict law   동사: keeps
이 엄격한 법은 / 유지한다 / 프랑스 바게트의 품질을 / 훌륭하게

❶ 주어: you   동사: Do ~ want
당신은 원하는가 / 나와 같이 '삼겹살'을 먹기를 / 우리가 '한국
드라마'를 보는 동안

❷ 주어: –   동사: (1) wearing (2) taking
~하는 것은 어떤가 / '한복'을 입는 것은 / 그리고 몇 장의 사진
을 찍는 것은

❸ 주어: (1) Every Korean (2) English speakers
동사: (1) knows (2) know
모든 한국인 / 안다 / 이 단어들을 / 그리고 이제는 영어 사용
자들 / 또한 그것들을 안다

❹ 주어: more than 20 Korean words   동사: were added
2021년에 / 20개가 넘는 한국어 단어들이 / 추가되었다 / 옥스
퍼드 영어 사전에

❺ 주어: This   동사: is
이것은 / '한류' 덕분이다 / 20년도 더 이전에 시작된

❻ 주어: Korean culture   동사: has become
그때 이후로 / 한국 문화가 / 널리 퍼지게 되었다

❼ 주어: English speakers   동사: (1) watch (2) make
예를 들어 / 영어 사용자들은 / 시청한다 / 많은 '먹방' 프로그램
들을 / 그리고 심지어 제작한다 / 그들 자신의 영상을

❽ 주어: they   동사: scream
그리고 그들은 외친다 / 뉴진스 콘서트에서 '언니'를 / 혹은 세븐
틴 공연에서 '오빠'를

❾ 주어: A dictionary's job   동사: is
사전의 역할은 / 반영하는 것이다 / 사회에서의 언어의 사용을

❿ 주어: these words   동사: have ~ been added
따라서 / 이 단어들이 / 자연스럽게 추가되어 왔다

⓫ 주어: Korean culture   동사: gets
한국 문화는 / 더욱 인기를 얻고 있다 / 매년

⓬ 주어: we   동사: might find
그래서 / 우리는 찾을지도 모른다 / 더 많은 '한류' 단어들을 / 영
어 사전에서 / 미래에

❶ 주어: I   동사: heard
나는 들었어 / David이 도착했다고 / 런던에서 / 지난주에

❷ 주어: You   동사: must be
네가 기쁠 것임에 틀림없어 / 너의 오랜 친구가 ~해서 / 동네
에 있어서

❸ 주어: you   동사: Have ~ met
너는 그와 만났니

❹ 주어: I   동사: have
응 / 나는 만났어

❺ 주어: We   동사: got into
우리는 언쟁을 하게 되었어 / 그렇지만

❻ 주어: We   동사: agreed
우리는 동의했었어 / 만나기로 / 1층에서 / 쇼핑몰의

❼ 주어: we   동사: were looking for
하지만 우리는 서로를 찾고 있었어 / 다른 층에서 / 30분 동안

❽ 주어: that   동사: did ~ happen
오 / 어떻게 그런 일이 일어났니

❾ 주어: His idea of "first floor"   동사: was
그의 '1층'에 대한 생각이 / 나의 것과는 달랐어

❿ 주어: the first floor   동사: is
여기 미국에서 / 1층은 / ~인 것이지 / 같은 층에 있는 / 거리와

⓫ 주어: people in England call it the "ground floor!"
동사: turns out
하지만 드러났어 / 영국에 있는 사람들은 / 그것을 'ground
floor'라고 부르는 것으로

⓬ 주어: they   동사: consider
한편 / 그들은 1층을 여기지 / ~ 것으로 / 지상층 바로 위의

⓭ 주어: That   동사: sounds
그거 복잡하게 들리네

⓮ 주어: I   동사: (a)m going to see
나는 만날 계획이야 / 나의 영국 친구들과 미국 친구들을 / 다음
주에 / 그 쇼핑몰에서

⑮ 주어: I 동사: (wi)ll ask
나는 그들에게 요청할 거야 / 만나자고 / 꼭대기 층에서

⑯ 주어: they 동사: won't get confused
그러면 / 그들이 혼란스러워하지 않을 거야

---

❶ 주어: – 동사: Imagine
상상해 보아라 / 범죄 현장을

❷ 주어: Police officers 동사: (1) collect (2) send
경찰관들이 지문을 수집한다 / 그리고 그것들을 실험실로 보낸다

❸ 주어: scientists 동사: are confused
하지만 과학자들은 / 혼란스러워한다 / 지문 모양으로 인해

❹ 주어: They 동사: do not match
그것들은 일치하지 않는다 / 어떤 인간 용의자들의 지문과도

❺ 주어: they 동사: belong to
사실 / 그것들은 / 한 코알라의 것이다

❻ 주어: animals 동사: Do ~ have
동물들이 지문을 가지고 있는가

❼ 주어: Most animals 동사: don't
대부분의 동물들은 / 그렇지 않다

❽ 주어: Only a few animals that are related to humans, such as gorillas 동사: have
몇몇 동물들만이 / 인간과 유전적으로 관련이 있는 / 고릴라와 같이 / 그것들을 가지고 있다

❾ 주어: Koalas 동사: are not related
코알라는 유전적으로 관련이 없다 / 인간과

❿ 주어: they 동사: have
그러나 / 그것들은 지문을 가지고 있다 / 우리의 것과 같은

⓫ 주어: Scientists 동사: think
과학자들은 생각한다 / 지문이 유용하다고 / 코알라에게

⓬ 주어: Fingerprints 동사: help
지문은 / 돕는다 / 물체들을 쥐도록 / 그리고 그것들의 표면을 느끼도록

⓭ 주어: (1) Koalas (2) they 동사: (1) live (2) need
코알라는 나무에 산다 / 그래서 그것들은 매달려 있을 필요가 있다 / 나뭇가지에 꽉

⓮ 주어: these animals 동사: eat
게다가 / 이 동물들은 주로 먹는다 / 유칼립투스 잎을

⓯ 주어: they 동사: check
코알라가 고를 때 / 먹을 잎을 / 그것들은 확인한다 / 질감과 독성을 주의 깊게

⓰ 주어: fingerprints 동사: are
그리고 지문은 도움이 된다 / 그것을 하기 위해

⓱ 주어: That 동사: (i)s
그것이 바로 ~한 이유이다 / 코알라가 그것들을 발달시킨

---

❶ 주어: you 동사: Would ~ believe

당신은 믿겠는가 / 카멜레온이 / 크기가 딱 맞을 수 있다는 것을 / 당신의 손가락 끝에

❷ 주어: A little creature like this 동사: was found
이와 같이 작은 생물이 / 발견되었다 / 마다가스카르에서

❸ 주어: (1) It (2) it 동사: (1) is called (2) may be
그것은 '브루케시아 나나'라고 불린다 / 그리고 그것은 아마 가장 작은 파충류일지도 모른다 / 세상에서

❹ 주어: it 동사: is
그것이 완전하게 자랐을 때조차도 / 그것은 길이가 3센티미터도 되지 않는다

❺ 주어: it 동사: does not need
이 카멜레온은 매우 작기 때문에 / 그것은 필요가 없다 / 많이 먹을

❻ 주어: it 동사: has
따라서 / 그것은 어려움이 없다 / 충분한 음식을 찾는 데

❼ 주어: Brookesia nana 동사: doesn't change
놀랍게도 / 대부분의 카멜레온들과는 다르게 / '브루케시아 나나'는 / 색깔을 바꾸지 않는다 / 자신을 보호하기 위해 / 포식자들로부터

❽ 주어: This 동사: is
이것은 아마도 ~ 때문이다 / 그것이 일반적으로 머무르기 / 땅에

❾ 주어: Brookesia nana 동사: is
'브루케시아 나나'는 / 선천적으로 갈색과 녹색이다

❿ 주어: These colors 동사: blend in
이 색깔들은 이미 섞여 든다 / 토양과 풀의 그것들에

⓫ 주어: it 동사: can ~ hide
따라서 만약 ~이 있다면 / 무언가 위험한 것이 근처에 / 그것은 그냥 숨을 수 있다 / 풀잎 뒤에

---

❶ 주어: you 동사: (wi)ll find
따뜻한 바다에서 / 당신은 발견할 것이다 / 가장 큰 물고기 중 하나를 / 지구상에서 / 개복치를

❷ 주어: this giant fish 동사: doesn't have
이상하게도 / 이 거대한 물고기는 / 꼬리를 가지고 있지 않다

❸ 주어: it 동사: has
대신에 / 그것은 기묘하게 생긴 구조를 가지고 있다 / 클라부스라고 불리는

❹ 주어: it 동사: waves
이 물고기는 클라부스를 이용하는 한편 / 그것의 방향을 조정하기 위해 / 그것은 긴 지느러미들을 흔든다 / 그것의 몸의 맨 위와 맨 아래에 있는 / 앞으로 나아가기 위해

❺ 주어: It 동사: looks
그것은 생겼다 / 거대한 헤엄치는 머리처럼

❻ 주어: This unusual fish 동사: feeds on
이 특이한 물고기는 / 주로 작은 생물들을 먹고 산다 / 해파리와 같은

❼ 주어: it 동사: dives
먹이를 찾기 위해 / 그것은 잠수한다 / 600미터 넘게

❽ 주어: the cold water of the deep ocean 동사: causes
그러나 차가운 물은 / 깊은 바다의 / 그것의 체온이 ~하게 만든다 / 떨어지게

⑨ 주어: it   동사: comes up
그래서 / 사냥 후에 / 그것은 올라온다 / 수면으로 / 자신을 따뜻하게 하기 위해 / 햇볕에서

⑩ 주어: It   동사: spends
그것은 실제로 쓴다 / 하루의 절반까지 / 일광욕을 하는 데

⑪ 주어: The name "sunfish"   동사: comes from
'sunfish'라는 이름은 / 이 행동에서 유래한다

CHAPTER 03   **1**
Workbook p.10

❶ 주어: Two people   동사: are playing
두 사람이 경기를 하고 있다 / 배드민턴처럼 보이는

❷ 주어: –   동사: look
하지만 / 자세히 보아라

❸ 주어: They   동사: (1) are holding (2) hitting
그들은 패들을 들고 있다 / 라켓 대신에 / 그리고 공을 치고 있다 / 셔틀콕 대신에

❹ 주어: They   동사: (a)re ~ playing
그들은 사실 하고 있다 / 피클볼을

❺ 주어: Joel Pritchard and Bill Bell   동사: wanted
1965년에 / 워싱턴주의 베인브리지섬에서 / 조엘 프리처드와 빌 벨은 / ~하고 싶어 했다 / 배드민턴을 치는 것을 / 그들의 아이들과

❻ 주어: they   동사: couldn't find
하지만 그들은 찾을 수 없었다 / 셔틀콕이나 라켓을

❼ 주어: they   동사: used
그래서 / 대신에 / 그들은 패들을 사용했다 / 나무로 만들어진 / 그리고 플라스틱 공을 / 구멍이 뚫린

❽ 주어: they   동사: lowered
그리고 그들은 낮추었다 / 배드민턴 네트를 / 그 딱딱한 공이 올라갈 수 없었기 때문에 / 셔틀콕만큼 높이

❾ 주어: they   동사: started
그런 다음에 / 그들은 공을 치기 시작했다 / 왔다 갔다 / 그것의 위로

❿ 주어: pickleball   동사: was born
바로 그때 / 피클볼이 탄생했다

⓫ 주어: millions of people   동사: play
오늘날에는 / 수백만 명의 사람들이 / 피클볼을 한다

⓬ 주어: everyone from kids to older people
동사: can enjoy
~ 덕분에 / 낮은 네트와 가벼운 장비의 / 아이들부터 노인들까지 모두가 / 그것을 즐길 수 있다

⓭ 주어: pickleball   동사: is
이제 / 피클볼은 공식 스포츠이기도 하다 / 워싱턴주의

CHAPTER 03   **2**
Workbook p.11

❶ 주어: runners   동사: may reach
장거리 경주 중에 / 주자들은 도달할지도 모른다 / '사점'에

❷ 주어: they   동사: (1) cannot breathe (2) feel
이 단계에서 / 그들은 쉽게 숨을 쉴 수 없다 / 그리고 많은 근육통을 느낀다

❸ 주어: they   동사: can gain
하지만 만약 그들이 극복하면 / 이 어려움들을 / 그들은 얻을 수 있다 / 마법 같은 증가를 / 에너지의

❹ 주어: This special power   동사: is known
이 특별한 힘은 알려져 있다 / '세컨드 윈드'라고

❺ 주어: this   동사: does ~ happen
이것은 왜 발생하는가

❻ 주어: it   동사: (i)s
일부 과학자들에 따르면 / 그것은 ~ 때문이다 / 몸이 언제나 균형을 찾기 / 산소 공급에 있어

❼ 주어: the body   동사: tries
자신의 사점에 있는 주자를 위해 / 몸은 노력한다 / 충분한 산소를 얻기 위해 / 주자의 수요에 맞출 만큼

❽ 주어: others   동사: say
하지만 다른 이들은 말한다 / 세컨드 윈드가 발생한다고 / 엔도르핀 때문에

❾ 주어: the brain   동사: produces
몸이 고통을 겪을 때 / 뇌는 엔도르핀을 생성한다

❿ 주어: These brain chemicals   동사: (1) reduce (2) make
이 뇌 화학 물질은 / 고통을 줄인다 / 그리고 주자가 기분 좋게 느끼도록 만든다

⓫ 주어: The second wind   동사: is
세컨드 윈드는 보상이다 / 힘든 운동을 계속하는 것에 대한

⓬ 주어: –   동사: keep
그러니 / 다음번에 / 당신이 포기하고 싶을 때는 / 계속해라

⓭ 주어: Your second wind   동사: might be
당신의 세컨드 윈드가 / 코앞에 와 있을지도 모른다

CHAPTER 03   **3**
Workbook p.12

❶ 주어: The balls in Major League Baseball games
동사: look
공들은 / 메이저리그 야구 경기의 / 항상 더러워 보인다

❷ 주어: they   동사: Are
그것들은 오래된 것일까

❸ 주어: –   동사: –
전혀 아니다

❹ 주어: Mud   동사: is added
진흙이 묻는다 / 새 야구공들에 / 의도적으로

❺ 주어: (1) Brand-new balls (2) pitchers
동사: (1) are (2) can't grip
새로운 공들은 미끄럽다 / 그래서 투수들이 그것들을 잘 움켜쥘 수가 없다

❻ 주어: batters   동사: can face
투수들이 ~하지 못하면 / 그것들을 제어하지 / 타자들이 위험을 마주할 수 있다

❼ 주어: one batter   동사: died
1920년에 / 한 타자가 실제로 사망했다 / 그가 맞은 후에 / 공에 / 잘못된 방향으로 날아간

❽ 주어: baseball officials   동사: realized
그 후에 / 야구 관계자들은 깨달았다 / 그들이 만들 필요가 있다는 것을 / 공들의 표면을 / 더 거칠게

⑨ 주어: they 동사: began
이것을 달성하기 위해 / 그들은 묻기 시작했다 / 약간의 진흙을 / 그것들에

⑩ 주어: not just any mud 동사: was used
그러나 아무 진흙이나 사용된 것은 아니었다

⑪ 주어: a coach named Lena Blackburne 동사: discovered
1938년에 / 레나 블랙번이라는 이름의 한 코치가 / 발견했다 / 특별한 종류의 진흙을

⑫ 주어: It 동사: has
그것에는 미네랄이 함유되어 있다 / 효과적으로 제거하는 / 미끄러운 코팅을

⑬ 주어: this mud 동사: is used
이제 / 이 진흙은 사용된다 / 모든 메이저리그 팀에서

CHAPTER 04 1
Workbook p.13

❶ 주어: (1) They (2) they 동사: (1) are (2) won't be
오늘은 그것들이 여기에 있다 / 하지만 그것들은 내일은 여기에 없을 것이다

❷ 주어: That 동사: is
그것이 바로 ~한 이유이다 / 팝업스토어가 매력적인

❸ 주어: more and more brands 동사: are "popping up!"
그리고 점점 더 많은 브랜드들이 / '불쑥 나타나고' 있다

❹ 주어: Pop-up shops 동사: are
팝업스토어는 매장이다 / 여는 / 며칠 혹은 몇 달 동안만

❺ 주어: what 동사: attracts
그렇다면 / 무엇이 사람들을 끌어들이는 것일까 / 이 일시적인 매장들로

❻ 주어: they 동사: have
첫 번째로 / 그것들은 가지고 있다 / 재미있는 주제와 독특한 설정을

❼ 주어: This 동사: makes
이는 그것들을 만든다 / 특히 인기 있게 / 밀레니얼 세대와 Z세대 구성원들 사이에서

❽ 주어: (1) They (2) pop-ups 동사: (1) love (2) are
그들은 포스트를 게시하는 것을 아주 좋아한다 / 특별한 경험에 대한 / 소셜 미디어에 / 그리고 팝업스토어는 완벽하다 / 그것을 위해

❾ 주어: pop-up shops 동사: (1) sell (2) organize
게다가 / 팝업스토어는 / 희귀한 물건들을 판다 / 혹은 특별한 행사들을 계획한다

❿ 주어: One successful example 동사: is
한 성공적인 사례는 / 나이키의 팝업스토어이다

⓫ 주어: The shop 동사: looked
그 매장은 생겼다 / 그것의 신발 상자들 중 하나처럼

⓬ 주어: Thousands of people 동사: stopped by
수천 명의 사람들이 들렀다 / 사진을 찍기 위해 / 외관의

⓭ 주어: customers 동사: could decorate
내부에서는 / 고객들이 꾸밀 수 있었다 / 자신만의 운동화를

⓮ 주어: a company 동사: can raise
팝업스토어를 운영함으로써 / 회사는 높일 수 있다 / 그것의 브랜드 인지도를 빠르게

⑮ 주어: shoppers 동사: can have
한편 / 쇼핑객들은 할 수 있다 / 신나는 경험을

CHAPTER 04 2
Workbook p.14

❶ 주어: – 동사: Look
지도를 보아라 / 아랍에미리트(UAE)의 / 중동에 있는 국가인

❷ 주어: You 동사: will see
당신은 볼 것이다 / 도넛 모양의 지역을 / 마드하라고 불리는

❸ 주어: Madha 동사: is not
하지만 마드하는 일부가 아니다 / 아랍에미리트의

❹ 주어: It 동사: belongs to
그것은 사실 속한다 / 다른 나라인 오만에

❺ 주어: That 동사: (i)s not
그것이 전부가 아니다

❻ 주어: The "hole" in the donut, Nahwa 동사: is
도넛 안에 있는 '구멍'인 나화는 / 영토이다 / 아랍에미리트의

❼ 주어: What 동사: happened
무슨 일이 일어난 것일까

❽ 주어: the region around Madha 동사: was divided
수년 전에 / 마드하 주변의 지역은 / 나뉘어 있었다 / 네 개의 다른 부족들 간에

❾ 주어: the four rulers 동사: had
하지만 국가들이 형성되기 시작했을 때 / 그 네 명의 지도자들에게는 / 있었다 / 내릴 결정이

❿ 주어: They 동사: had to choose
그들은 선택해야 했다 / 아랍에미리트와 오만 사이에서 / 그들의 나라로

⓫ 주어: (1) Three (2) only the Madha leader
동사: (1) selected (2) picked
셋은 아랍에미리트를 선택했다 / 하지만 마드하의 지도자만이 / 오만을 선택했다

⓬ 주어: Madha 동사: was ~ surrounded
그 결과 / 마드하는 완전히 둘러싸였다 / 두 부족에 의해 / 아랍에미리트에 합류했던

⓭ 주어: the last tribe that joined the UAE 동사: was
그리고 마지막 부족은 / 아랍에미리트에 합류했던 / 완전히 마드하 영토의 내부에 있었다

⓮ 주어: This 동사: gave
이것이 주었다 / 마드하에 / 그것의 독특한 도넛 모양을

CHAPTER 04 3
Workbook p.15

❶ 주어: a piece of land that belongs to Spain one day and France the next 동사: is
땅이 있다 / 어느 날은 스페인에 속하는 / 그리고 다음 날은 프랑스에 속하는

❷ 주어: it 동사: is
그것은 대체 / 무엇일까

❸ 주어: It 동사: is
그것은 꿩섬이다

④ 주어: This tiny island 동사: is located
이 작은 섬은 위치해 있다 / 비다소아강에 / 스페인과 프랑스 사이의

⑤ 주어: The territory 동사: is shared
이 영토는 공유된다 / 두 나라들에 의해

⑥ 주어: The origin of this unusual arrangement
동사: can be traced back to
기원은 / 이 흔치 않은 협의의 / ~로 거슬러 올라갈 수 있다 / 1659년으로

⑦ 주어: That 동사: was
그때는 ~했던 때였다 / 스페인과 프랑스가 / 피레네 조약에 서명했던

⑧ 주어: This treaty 동사: put an end to
이 조약은 ~을 끝냈다 / 30간의 피비린내 나는 전투를 / 유럽의

⑨ 주어: The agreement 동사: included
이 협정은 조항을 포함했다 / 꿩섬을 ~으로 만드는 / 평화의 상징으로

⑩ 주어: It 동사: (1) would be (2) owned
그것은 스페인의 일부일 것이다 / 2월 1일부터 7월 31일까지는 / 그리고 그 후 소유될 것이다 / 프랑스에 의해 / 8월 1일부터 1월 31일까지는

⑪ 주어: (1) no residents (2) the island 동사: (1) are (2) has
그곳에는 주민들이 없다 / 하지만 그 섬에는 / 기념비가 있다 / 이 조약을 기리는

CHAPTER 05   1   Workbook p.16

① 주어: to cut your fingernails once a week 동사: Is
성가신가 / 당신의 손톱을 자르는 것이 / 일주일마다 한 번

② 주어: – 동사: (1) avoid (2) stop
그러면 / 피하라 / 밖에 나가는 것을 / 그리고 멈춰라 / 컴퓨터 게임을 하는 것을

③ 주어: (1) It (2) these activities
동사: (1) may sound (2) can speed up
그것은 이상하게 들릴지도 모른다 / 하지만 이 활동들은 속도를 높일 수 있다 / 손톱 성장의

④ 주어: that 동사: is
왜 그럴까

⑤ 주어: your body 동사: produces
당신이 더 많은 햇볕을 받으면 / 당신의 몸은 생성한다 / 더 많은 비타민D를

⑥ 주어: This nutrient 동사: is
이 영양소는 매우 중요하다 / 손톱을 튼튼하게 유지하는 데 / 그리고 그것들이 자라도록 돕는 데

⑦ 주어: you 동사: might need
따라서 / 만약 당신이 많은 시간을 보낸다면 / 양지에서 / 당신은 ~해야 할지도 모른다 / 손톱을 깎아야 / 더 자주

⑧ 주어: using your hands more 동사: makes
또한 / 손을 더 많이 사용하는 것은 / 당신의 손톱이 더 빨리 자라게 만든다

⑨ 주어: – 동사: Compare
비교해 보아라 / 당신의 오른손과 왼손을

---

⑩ 주어: it 동사: will have
만약 당신이 주로 사용한다면 / 오른손을 / 그것은 가지고 있을 것이다 / 더 긴 손톱을

⑪ 주어: That 동사: is
그것은 ~ 때문이다 / 손가락을 움직이는 것이 / 혈액의 흐름을 증가시키기 / 손톱으로 가는

⑫ 주어: blood 동사: provides
그리고 혈액은 제공한다 / 영양소와 산소를 / 손톱이 자라게 돕는

CHAPTER 05   2   Workbook p.17

① 주어: (1) It (2) you 동사: (1) (i)s (2) have stayed up
자정이다 / 그리고 당신은 늦게까지 깨어 있어 왔다 / 숙제를 끝내기 위해

② 주어: You 동사: (1) start (2) rub
당신은 피곤해지기 시작한다 / 그리고 눈을 비빈다 / 생각 없이

③ 주어: you 동사: do ~ do
하지만 당신은 왜 이렇게 하는 것일까

④ 주어: your eyes 동사: need
첫 번째로 / 당신의 눈은 필요하다 / 더 많은 눈물이

⑤ 주어: the nervous system 동사: reduces
당신이 졸리게 되면 / 신경계는 줄인다 / 눈물 생산을 / 에너지를 아끼기 위해 / 수면 동안

⑥ 주어: (1) Your eyes (2) that 동사: (1) become (2) makes
당신의 눈은 건조해진다 / 그리고 그것은 당신이 ~하게 만든다 / 그것들을 비비고 싶게

⑦ 주어: Rubbing your dry eyes 동사: brings
건조한 눈을 비비는 것은 / 편안함을 가져다준다 / 이는 그것이 그것들을 ~하게 만들기 때문이다 / 더 많은 눈물을 생성하게

⑧ 주어: Another reason 동사: is
또 다른 이유는 ~이다 / 당신의 눈과 심장이 연결되어 있다는 것 / 신경계를 통해

⑨ 주어: Your heart 동사: slows down
당신의 심장은 / 속도가 느려진다 / 당신이 압력을 가하면 / 당신의 눈에 / 그것들을 비빔으로써

⑩ 주어: doing this 동사: may make
따라서 / 이렇게 하는 것은 / 만들지도 모른다 / 당신이 더 차분하게 느끼도록

⑪ 주어: you 동사: (a)re helping
다시 말해서 / 당신은 돕고 있는 것이다 / 자신의 몸이 진정하도록

CHAPTER 05   3   Workbook p.18

① 주어: you 동사: Did ~ know
당신은 알고 있었는가 / 행복이 시작된다는 것을 / 장에서

② 주어: scientists 동사: discovered
최근에 / 과학자들은 발견했다 / 이 장기가 생성한다는 것을 / 세로토닌의 약 95퍼센트를 / 당신의 몸에서

③ 주어: Serotonin 동사: is
세로토닌은 화학물질이다 / 당신의 기분을 ~하게 만들어 주는 / 편안하고 행복하게

④ 주어: the gut　동사: sends
장과 뇌는 연결되어 있으므로 / 장은 세로토닌을 보낸다 / 뇌로

⑤ 주어: you　동사: can ~ guess
이제 / 당신은 아마 결과를 추측할 수 있을 것이다 / 장을 돌보지 않는 것의

⑥ 주어: Eating lots of unhealthy foods　동사: can prevent
건강에 해로운 음식을 많이 섭취하는 것은 / 막을 수 있다 / 장이 / 제대로 작동하는 것을

⑦ 주어: it　동사: may produce
따라서 / 그것은 더 적은 세로토닌을 생성할지도 모른다 / 평소보다

⑧ 주어: your brain　동사: may ~ receive
그리고 당신의 뇌는 / 자연스럽게 받을지도 모른다 / 더 적은 그것을

⑨ 주어: This　동사: can make
이것은 만들 수 있다 / 당신을 불안하고 슬프게

⑩ 주어: –　동사: treat
그러니 / 만약 당신이 원한다면 / 기분이 좋기를 / 장을 잘 다루어라 / 건강한 음식으로

① 주어: The actors on the screen　동사: are having
화면 속 배우들이 / 나누고 있다 / 진지한 대화를

② 주어: The viewers　동사: (1) watch (2) wonder
시청자들은 / 그들을 지켜본다 / 그리고 궁금해한다 / 다음에 무엇이 일어날지

③ 주어: one actor　동사: (1) stares into (2) starts
갑자기 / 한 배우가 / 카메라를 빤히 쳐다본다 / 그리고 말을 걸기 시작한다 / 관객에게

④ 주어: What　동사: is happening
무슨 일이 / 벌어지고 있는 것일까

⑤ 주어: The actor　동사: is breaking
이 배우는 / 깨고 있는 중이다 / 제4의 벽을

⑥ 주어: The "fourth wall"　동사: is
'제4의 벽'은 / 가상의 벽이다 / 나누는 / 배우들과 관객을

⑦ 주어: The concept　동사: was ~ used
이 개념은 / 처음 사용되었다 / 무대 공연에서 / 세 개의 실제 벽이 있는

⑧ 주어: it　동사: is ~ used
그리고 지금 / 그것은 또한 사용된다 / 영화와 텔레비전 드라마에서

⑨ 주어: The actors　동사: pretend
배우들은 / 제4의 벽이 있는 것처럼 군다 / 그들 앞에 / 시청자들이나 카메라 대신에

⑩ 주어: It　동사: helps
그것은 / 배우들이 집중하도록 돕는다 / 그 장면에

⑪ 주어: actors　동사: do ~ break
그렇다면 왜 배우들은 / 때때로 깨뜨릴까 / 이 벽을

⑫ 주어: Doing this　동사: makes
이렇게 하는 것은 / 시청자들을 ~으로 만든다 / 장면의 일부로

⑬ 주어: Enola　동사: is searching for

영화 「에놀라 홈즈」에서 / 에놀라는 찾고 있다 / 그녀의 어머니를

⑭ 주어: (1) she (2) you
동사: (1) turns to (2) asks (3) Do ~ have
가끔 / 그녀는 카메라를 향한다 / 그리고 묻는다 / "좋은 생각 있어요?"라고

⑮ 주어: the viewers　동사: are not
그 순간 / 시청자들은 / 단순한 관찰자가 아니다 / 더 이상

① 주어: –　동사: –
액션 드라마 로맨스 코미디

② 주어: you　동사: Do ~ want
당신은 보고 싶은가 / 이 모든 것들을 / 한 영화에서

③ 주어: –　동사: watch
그렇다면 / 마살라 영화를 보아라 / 인도의

④ 주어: A masala film　동사: is
마살라 영화는 / 독특한 조합이다 / 많은 장르들의

⑤ 주어: It　동사: is named
그것은 이름 지어졌다 / 마살라의 이름을 따서 / 혼합 향신료인 / 카레에 사용되는

⑥ 주어: A perfect "recipe" for a masala film　동사: contains
완벽한 '조리법'은 / 마살라 영화의 / 포함한다 / 최소 여섯 곡의 노래를 / 그리고 세 번의 춤 곡을

⑦ 주어: it　동사: can be
따라서 / 그것은 꽤 길 수 있다 / 때로는 세 시간이 넘으면서

⑧ 주어: (1) The songs (2) you　동사: (1) are (2) (wi)ll find
노래들은 기억에 남는다 / 그래서 당신은 자신이 ~하는 것을 발견할 것이다 / 그것들을 노래하는 / 며칠 동안

⑨ 주어: the large group dances　동사: will make
그리고 대규모의 단체 춤들은 / 만들 것이다 / 당신도 일어나서 춤을 추고 싶게

⑩ 주어: the songs and dances　동사: can appear
그러나 / 그 노래와 춤들은 등장할 수 있다 / 아무 때나 / 심지어 심각한 상황의 중간에도

⑪ 주어: you　동사: may think
처음에 / 당신은 생각할지도 모른다 / 타이밍이 자연스럽지 않다고

⑫ 주어: the scenes　동사: are
하지만 그 장면들은 매우 신난다 / 그래서 그것들은 웃음을 유발할 수 있다

⑬ 주어: That　동사: is
그것이 목적이다 / 마살라 영화의

⑭ 주어: It　동사: is made
그것은 만들어진다 / 우리들의 즐거움을 위해

① 주어: I　동사: (a)m
난 너무 부끄러워 / 너무 부끄러워

② 주어: One line from a famous song　동사: is playing

한 가사가 / 유명한 노래 속의 / 재생되고 있다 / 반복해서 / 당신의 머릿속에서

❸ 주어: What 동사: (i)s going on
무슨 일이 일어나고 있는가

❹ 주어: You 동사: have
당신에게 귀벌레가 있다

❺ 주어: An earworm 동사: is
귀벌레는 노래의 한 부분이다 / 박히는 / 당신의 머릿속에 쉽게

❻ 주어: The term 동사: came from
이 용어는 ~에서 유래했다 / 독일어 단어인 '오어부름'에서

❼ 주어: This 동사: is used
이것은 사용된다 / 이야기하기 위해 / 매력적이고 기억에 남는 곡에 관해

❽ 주어: The English version of this word 동사: became
영어식 표현은 / 이 단어의 / 대중적이게 되었다 / 잘 알려진 작가 스티븐 킹 덕분에

❾ 주어: He 동사: said
그는 언젠가 말했다 / 그가 '감염되었다'고 / 그것에 의해

❿ 주어: it 동사: is
그렇다면 / 왜 그렇게 어려울까 / 이 귀벌레들을 멈추게 하는 것이

⓫ 주어: Scientists 동사: found
과학자들은 발견했다 / 몇 가지 공통된 특징들을 / 노래들의 / 귀벌레가 있는

⓬ 주어: They 동사: have
그것들은 보통 가지고 있다 / 단순한 멜로디의 빠른 박자를 / 그리고 많은 반복되는 음을

⓭ 주어: the songs 동사: are
따라서 / 그 노래들은 쉽다 / 부르기

⓮ 주어: a few ways to get rid of earworms 동사: are
다행히도 / 몇 가지 방법들이 있다 / 귀벌레들을 없애기 위한

⓯ 주어: – 동사: (1) Listen (2) chew (3) focus on
노래 전체를 들어라 / 껌을 씹어라 / 아니면 다른 무언가에 집중해 보아라

CHAPTER 07 ▮1 Workbook p.22

❶ 주어: Baking soda 동사: is
베이킹 소다는 / 정말로 유용하다 / 주방에서

❷ 주어: (1) It (2) it 동사: (1) is not (2) is
그것은 베이킹만을 위한 것이 아니다 / 그것은 안전을 위한 것이기도 하다

❸ 주어: it 동사: can help
놀랍게도 / 그것은 도울 수 있다 / 주방 화재를 진압하는 것을

❹ 주어: it 동사: does ~ do
하지만 그것은 어떻게 그렇게 하는가

❺ 주어: All fires 동사: require
모든 불은 세 가지 것들을 필요로 한다 / 타기 위해 / 연료, 열, 그리고 산소를

❻ 주어: Baking soda 동사: deals with
베이킹 소다는 ~을 처리한다 / 산소 부분을

❼ 주어: the fire's heat 동사: causes

당신이 베이킹 소다를 내던지면 / 불 위에 / 불의 열은 / 그것이 ~하도록 만든다 / 이산화탄소 가스를 방출하도록

❽ 주어: This gas 동사: gets rid of
이 가스는 산소를 제거한다 / 공기 중의 / 화염을 둘러싼

❾ 주어: the fire 동사: cannot continue
산소가 없기 때문에 / 불은 계속 타오를 수 없다

❿ 주어: – 동사: be
하지만 조심해라 / 베이킹파우더를 사용하지 않도록 / 이 일에

⓫ 주어: it 동사: can make
베이킹 소다와 달리 / 그것은 화재를 악화시킬 수 있다

CHAPTER 07 ▮2 Workbook p.23

❶ 주어: you 동사: Did ~ know
당신은 알고 있었는가 / 당신이 '들을' 수 있다는 것을 / 물의 온도를

❷ 주어: – 동사: (1) go (2) turn on
이것을 확인하기 위해 / 부엌으로 가라 / 그리고 찬물을 틀어 보아라

❸ 주어: – 동사: Listen
주의 깊게 들어 보아라 / 물이 싱크대에 부딪힐 때

❹ 주어: you 동사: (1) Repeat (2) will notice
이것을 반복해라 / 뜨거운 물을 가지고 / 그러면 당신은 알아차릴 것이다 / 뜨거운 물의 음의 높이가 더 높다는 것을 / 차가운 물의 것보다

❺ 주어: The difference 동사: is caused
이 차이는 발생된다 / 물의 밀도에 의해

❻ 주어: – 동사: Think
꿀에 대해 생각해 보아라

❼ 주어: cold honey 동사: is
아마 당신이 알다시피 / 차가운 꿀이 밀도가 더 높다 / 뜨거운 꿀보다

❽ 주어: cold water 동사: is
비슷하게 / 차가운 물이 더 걸쭉하다 / 뜨거운 물보다

❾ 주어: Molecules of cold water 동사: are packed
차가운 물의 분자들은 / 함께 빽빽하게 꽉 차 있다 / 무거운 덩어리 안에

❿ 주어: it 동사: makes
그래서 / 차가운 물이 싱크대에 부딪힐 때 / 그것은 낮은 소리를 낸다

⓫ 주어: hot water 동사: (1) is (2) breaks
대조적으로 / 뜨거운 물은 더 묽다 / 그리고 더 작은 물방울들로 부서진다 / 그것이 싱크대에 부딪힐 때

⓬ 주어: the opposite effect 동사: occurs
그러므로 / 반대의 효과가 발생한다

CHAPTER 07 ▮3 Workbook p.24

❶ 주어: you 동사: may notice
당신이 기차선로를 보면 / 당신은 알아차릴지도 모른다 / 많은 작은 돌들을 / 그것의 아래에 있는

② 주어: (1) These rocks (2) they　동사: (1) are called (2) are
이 돌들은 불린다 / '밸러스트'라고 / 그리고 그것들은 거기에 있다 / 당신의 기차 여행을 안전하게 만들기 위해

③ 주어: the rocks　동사: secure
우선 / 그 돌들은 선로를 고정시킨다 / 제자리에 / 기차가 그것 위를 달릴 때

④ 주어: they　동사: do ~ accomplish
그것들은 어떻게 이것을 해낼까

⑤ 주어: The secret　동사: lies in
그 비결은 ~에 있다 / 그것들의 모양에

⑥ 주어: (1) The rocks (2) they　동사: (1) have (2) fit
이 돌들은 / 뾰족한 모서리를 가지고 있다 / 그래서 그것들은 서로 잘 맞는다 / 퍼즐 조각들처럼

⑦ 주어: This　동사: allows
이는 그것들이 ~하는 것을 가능하게 한다 / 선로를 단단히 고정하는 것을

⑧ 주어: the rocks　동사: distribute
둘째로 / 돌들은 무게를 분산시킨다 / 무거운 기차의

⑨ 주어: the track　동사: can sink into
만약 그것들이 거기에 없다면 / 선로는 가라앉을 수도 있다 / 부드러운 땅속으로

⑩ 주어: the rocks　동사: keep
게다가 / 돌들은 유지한다 / 선로를 깨끗하게

⑪ 주어: They　동사: (1) let (2) prevent
그것들은 물이 흘러가게 한다 / 그리고 식물이 자라는 것을 방지한다

⑫ 주어: the train track　동사: cannot function
결론적으로 / 밸러스트가 없으면 / 기차선로는 제대로 기능할 수 없다

CHAPTER 08　1　Workbook p.25

❶ 주어: making sandcastles　동사: might be
100년 안에 / 모래성을 만드는 것이 / ~이 될지도 모른다 / 과거의 일이

❷ 주어: Most sand beaches around the world
동사: are disappearing
대부분의 모래 해변이 / 전 세계의 / 사라지고 있다

❸ 주어: The main reason　동사: is
주된 이유는 / 인간의 활동이다

❹ 주어: The number of people in the world
동사: is growing
사람들의 수가 / 전 세계의 / 증가하고 있다

❺ 주어: more and more sand　동사: is needed
그래서 / 점점 더 많은 모래가 / 필요하다 / 집과 도로를 짓기 위해

❻ 주어: (1) Deserts (2) it　동사: (1) have (2) doesn't work
사막에는 많은 모래가 있다 / 하지만 그것은 건축하는 데는 적합하지 않다 / 그것이 너무 매끄럽고 둥글어서

❼ 주어: (1) Builders (2) this type of sand
동사: (1) need (2) is ~ found
건축가들은 모래를 필요로 한다 / 납작한 표면과 각도를 가진 / 그리고 이러한 종류의 모래는 / 보통 해변에서 발견된다

❽ 주어: people　동사: are taking ~ away
그러나 / 사람들은 그것을 빼앗아 가고 있다 / 훨씬 더 빨리 / 자연이 그것을 원래 있던 자리에 다시 놓을 수 있는 것보다

❾ 주어: It　동사: takes
수천 년이 걸린다 / 새로운 모래를 만드는 데는

❿ 주어: (1) sea levels (2) beaches
동사: (1) are rising (2) are getting
게다가 / 해수면이 상승하고 있다 / 지구 온난화 때문에 / 그래서 해변들은 더 작아지고 있다

⑪ 주어: Less sand　동사: means
더 적은 모래는 뜻한다 / 땅이 더 적은 보호를 받는다는 것을 / 바람과 파도로부터

⑫ 주어: animals like crabs　동사: will lose
그리고 동물들은 / 게와 같은 / 그것들의 서식지를 잃을 것이다

CHAPTER 08　2　Workbook p.26

❶ 주어: A gorilla　동사: is picking
고릴라가 / 그것의 코를 후비고 있다

❷ 주어: a squirrel　동사: is jumping
그리고 다람쥐가 / 점프를 하고 있다 / 용감한 표정을 띠고 / 얼굴에

❸ 주어: thinking about them　동사: Doesn't ~ make
그저 그것들에 대해 생각하는 것이 당신을 웃게 만들지 않는가

❹ 주어: You　동사: can find
당신은 사진들을 찾을 수 있다 / 이 장면들을 담은 / 코미디 야생 동물 사진상 웹사이트에서

❺ 주어: This annual competition　동사: started
이 연례 대회는 / 2015년에 시작되었다

❻ 주어: The purpose　동사: was
그 목적은 ~하는 것이었다 / 메시지를 퍼뜨리는 / 중요성에 대한 / 야생동물 보존의

❼ 주어: Wild animals　동사: are losing
야생동물들은 / 그것들의 서식지를 잃고 있다 / 환경 파괴로 인해

❽ 주어: the organizers　동사: didn't want
그러나 / 주최자들은 / 원하지 않았다 / 사람들을 슬프게 만드는 것을 / 이것에 관해

❾ 주어: they　동사: let
대신에 / 그들은 사람들이 그들에게 보내도록 했다 / 동물들의 재미있는 사진을 / 자연 속의

❿ 주어: their idea　동사: worked
그리고 그들의 아이디어는 효과가 있었다

⑪ 주어: The contest　동사: became
이 대회는 / 인기가 있어졌다

⑫ 주어: the organizers　동사: sell
그래서 / 주최자들은 판매한다 / 그 사진들이 들어간 제품들을

⑬ 주어: They　동사: donate
그들은 또한 기부한다 / 수익의 일부를 / 야생동물 단체에

⑭ 주어: serious problems　동사: don't ~ call for
분명 / 심각한 문제가 / 항상 필요로 하는 것은 아니다 / 심각한 접근법을

CHAPTER 08 **3** Workbook p.27

❶ 주어: shoppers 동사: (1) buy (2) take off
슈퍼마켓에서 / 쇼핑객들은 물품들을 구매한다 / 그리고 플라스틱 포장재를 벗겨낸다 / 그것들로부터

❷ 주어: They 동사: (1) put (2) leave
그들은 그 쓰레기를 버린다 / 큰 무더기에 / 카운터 옆에 있는 / 그리고 가게를 떠난다

❸ 주어: What 동사: is going on
무슨 일이 벌어지고 있는가

❹ 주어: It 동사: is
그것은 플라스틱 어택이다

❺ 주어: A plastic attack 동사: is
플라스틱 어택은 시위이다 / 플라스틱 쓰레기에 반대하는

❻ 주어: It 동사: started
그것은 시작되었다 / 한 작은 도시에서 / 영국의

❼ 주어: A group of people 동사: (1) were shocked (2) planned
한 무리의 사람들이 충격을 받았다 / 플라스틱 포장재의 양에 의해 / 그리고 계획했다 / 최초의 플라스틱 어택을

❽ 주어: They 동사: said
그들은 말했다 / 플라스틱 포장재가 / 영국에서 매시간 버려지는 / 채울 수도 있다고 / 만 대가 넘는 쇼핑 카트를

❾ 주어: around half of this plastic 동사: can't be recycled
그리고 이 플라스틱의 약 절반은 / 재활용될 수 없다

❿ 주어: their voices 동사: were heard
다행히도 / 그들의 목소리는 청취 되었다

⓫ 주어: Tesco, a big grocery chain 동사: promised
예를 들어 / 대형 식료품 체인점인 테스코는 / 약속했다 / 만들기로 / 그들의 모든 포장재를 재활용 가능하게 / 2025년까지

⓬ 주어: this movement 동사: is spreading
그리고 놀랍게도 / 이 운동은 확산되고 있다 / 다른 나라들로

⓭ 주어: The actions of one group 동사: became
행동들이 / 한 단체의 / 세계적인 운동이 된 것이다

CHAPTER 09 **1** Workbook p.28

❶ 주어: You 동사: are having
당신은 저녁 식사를 하고 있다 / 식당에서

❷ 주어: (1) You (2) you 동사: (1) like (2) want
당신은 음식이 마음에 든다 / 그리고 당신은 알고 싶다 / 그것에 대해 더

❸ 주어: you 동사: don't have to ask
하지만 이제 / 당신은 물어볼 필요가 없다 / 바쁜 종업원에게

❹ 주어: – 동사: use
대신에 / 푸드렌즈 애플리케이션을 사용하라

❺ 주어: It 동사: (i)s powered
그것은 구동된다 / 인공지능(AI)에 의해

❻ 주어: the AI 동사: (1) take (2) will do
그냥 / 음식의 사진을 찍어라 / 당신의 휴대전화로 / 그러면 그 인공지능이 할 것이다 / 나머지를

❼ 주어: It 동사: can tell
그것은 당신에게 알려 줄 수 있다 / 요리에 무엇이 들어있는지 / 그리고 그것을 어떻게 만드는지

❽ 주어: It 동사: can ~ give
그것은 또한 당신에게 줄 수 있다 / 영양 정보를 / 지방 함량과 같은

❾ 주어: it 동사: doesn't end
하지만 그것은 거기에서 끝나지 않는다

❿ 주어: It 동사: (1) learns (2) suggests
그것은 당신이 가장 좋아하는 음식들을 학습한다 / 당신의 사진에 기반하여 / 그리고 제안한다 / 비슷한 요리들을 / 시도할

⓫ 주어: this AI phone application 동사: can help
따라서 / 이 인공지능 휴대전화 애플리케이션은 / 당신을 도울 수 있다 / 더 맛있는 식사들을 찾도록 / 당신의 취향에 맞는

CHAPTER 09 **2** Workbook p.29

❶ 주어: you 동사: Have ~ imagined
당신은 상상해 본 적이 있는가 / 당신만의 옷을 만드는 것을

❷ 주어: Anyone 동사: can be
누구나 패션 디자이너가 될 수 있다 / 패브리칸과 함께라면

❸ 주어: Fabrican 동사: is
패브리칸은 액체 원단이다 / 캔에 담긴

❹ 주어: It 동사: is made
그것은 ~으로 만들어진다 / 중합체와 다양한 섬유들로 / 면, 양모, 그리고 나일론과 같은

❺ 주어: The liquid 동사: (1) is sprayed (2) turns
이 액체는 뿌려진다 / 안개와 같이 / 그리고 마법처럼 고체로 변한다 / 그것이 공기와 접촉하면

❻ 주어: You 동사: can spray
당신은 그것을 뿌릴 수 있다 / 조금만 / 원단을 얇게 만들기 위해서는 / 또는 많이 / 그것을 두껍게 만들기 위해서는

❼ 주어: Fabrican 동사: comes
게다가 / 패브리칸은 나온다 / 많은 색상과 냄새로

❽ 주어: you 동사: can control
다시 말해서 / 당신은 제어할 수 있다 / 옷의 거의 모든 특징을 / 이 스프레이를 이용해

❾ 주어: – 동사: melt
그리고 당신이 입고 싶지 않다면 / 옷을 / 더 이상 / 그것을 다시 녹여라 / 액체 형태로

❿ 주어: It 동사: can be reused
그것은 재사용될 수 있다 / 새 옷을 만드는 데

⓫ 주어: the fabric 동사: is
이 원단은 정말 친환경적이다

CHAPTER 09 **3** Workbook p.30

❶ 주어: the temperature in Paris 동사: is
기온은 몇 도인가 / 파리의 / 지금

❷ 주어: you 동사: send
~ 대신에 / 그것을 온라인으로 찾아보는 / 그냥 ~하는 것은 어떤가 / 신호를 보내 보는 것은 / 얼터에고에

❸ 주어: You 동사: (1) won't have to lift (2) make
당신은 손가락을 들어 올릴 필요가 없을 것이다 / 또는 소리를 낼 필요가 없을 것이다

④ 주어: AlterEgo 동사: is
얼터에고는 웨어러블 기기이다 / MIT에서 만들어진

⑤ 주어: It 동사: is designed
그것은 설계된다 / 착용자의 '생각들'을 읽도록

⑥ 주어: it 동사: does ~ work
하지만 그것은 어떻게 작동할까

⑦ 주어: the device 동사: (1) is attached (2) hooked
첫 번째로 / 이 기기는 부착된다 / 사용자의 턱에 / 그리고 걸쳐
진다 / 귀에

⑧ 주어: the user 동사: asks
다음으로 / 사용자는 질문을 한다 / 그 혹은 그녀의 머릿속으로

⑨ 주어: Doing this 동사: produces
이렇게 하는 것은 / 신호를 만들어 낸다 / 얼굴과 목 근육에서

⑩ 주어: AlterEgo 동사: (1) reads (2) transmits
얼터에고는 이 신호들을 읽는다 / 그리고 그것들을 전달한다 /
컴퓨터로

⑪ 주어: The computer 동사: comes up with
컴퓨터는 / 그러면 생각해 낸다 / 응답을

⑫ 주어: AlterEgo 동사: delivers
마침내 / 얼터에고는 응답을 전달한다 / 사용자에게 / 특별한 헤
드폰을 이용해서 / 소리를 보내는 / 뼈를 통해

⑬ 주어: Everything 동사: happens
모든 것이 이루어진다 / 완전한 침묵 속에서

⑭ 주어: (1) The device (2) it 동사: (1) is (2) has
이 기기는 아직 개발 중이다 / 하지만 그것은 성공률을 보인다 /
약 92퍼센트의 / 사용자들을 이해하는 데 있어

CHAPTER 10 1 Workbook p.31

① 주어: A man 동사: walked into
한 남자가 오래된 호텔 안으로 들어섰다

② 주어: (1) I (2) he 동사: (1) (woul)d (2) said
묵을 방이 필요해요 / 오늘 밤에 / 그는 말했다 / 지배인에게

③ 주어: He 동사: gave
그는 주었다 / 그에게 / 방 열쇠를 / 특이한 경고와 함께

④ 주어: – 동사: (1) remember (2) do not whistle
이것만 기억하세요 / 휘파람을 불지 마세요

⑤ 주어: it 동사: will call
만약 당신이 그렇게 한다면 / 그것이 유령들을 불러낼 거예요

⑥ 주어: He 동사: (1) nodded (2) said
그는 고개를 끄덕였다 / 그리고 고맙다고 말했다 / 정보를 알
려 줘서

⑦ 주어: he 동사: began
그가 열면서 / 그의 방문을 / 그는 시작했다 / 흥겨운 곡조의 휘
파람을 불기

⑧ 주어: a ghost 동사: appeared
천천히 / 한 유령이 나타났다

⑨ 주어: the man 동사: didn't stop
그러나 그 남자는 멈추지 않았다 / 휘파람을 부는 것을

⑩ 주어: The room 동사: continued
방 안은 계속해서 채워졌다 / 더 많은 유령들로 / 남자가 마침
내 마칠 때까지

---

⑪ 주어: one of the ghosts 동사: whispered
고마워 / 속삭였다 / 유령들 중 하나가

⑫ 주어: We 동사: haven't been out
우리는 나오지 못하고 있었어 / 매우 오랜 시간 동안

⑬ 주어: he 동사: replied
별말을 / 그가 대답했다

⑭ 주어: friends 동사: are
친구 좋다는 게 뭐야

CHAPTER 10 2 Workbook p.32

① 주어: – 동사: Imagine
상상해 보아라 / 당신이 서점에 있다고

② 주어: You 동사: (1) are browsing through (2) enjoying
당신은 책들을 훑어보고 있다 / 그리고 조용한 분위기를 즐기
고 있다

③ 주어: you 동사: rush
갑자기 / 당신은 급히 움직인다 / 화장실로

④ 주어: You 동사: have to poop
당신은 변을 누어야 한다

⑤ 주어: Many people 동사: are
많은 사람들이 / 익숙하다 / 이 이상한 경험에

⑥ 주어: the experience 동사: is
사실 / 그 경험은 매우 흔하다 / 그래서 ~이라는 이름까지 있다
/ 마리코 아오키 현상이라는

⑦ 주어: It 동사: was named
그것은 이름 지어졌다 / 한 일본인 여성인 아오키의 이름을 따서

⑧ 주어: She 동사: described
그녀는 이 느낌을 묘사했다 / 한 기사에서 / 1985년에

⑨ 주어: (1) The cause of this phenomenon (2) many wild
theories about it 동사: (1) is not known (2) are
이 현상의 원인은 / 알려지지 않았다 / 그리고 많은 엉뚱한 가설
들이 있다 / 그것에 대한

⑩ 주어: One 동사: states
하나는 말한다 / 실마리가 있을지도 모른다고 / 종이와 잉크의
냄새에

⑪ 주어: Something in the scent 동사: makes
냄새에 포함된 무언가가 / 아마 ~하게 만든다는 것이다 / 당신이
화장실을 사용하고 싶게

⑫ 주어: Another theory 동사: suggests
또 다른 가설은 시사한다 / 서점이 편안한 장소이기 때문에 / 사
람의 장도 긴장을 푼다고

⑬ 주어: this phenomenon 동사: happens
아니면 이런 현상은 일어날 수도 있다 / 우연히

⑭ 주어: you 동사: do ~ think
당신은 어떻게 생각하는가

CHAPTER 10 3 Workbook p.33

① 주어: It 동사: was
Steven의 생일이었다

❷ 주어: His older sister Sophie   동사: wanted
그의 누나 Sophie는 / 만들고 싶었다 / 그것을 특별하게

❸ 주어: she   동사: included
그래서 / 그녀는 수수께끼를 포함했다 / 그의 생일 카드에

❹ 주어: –   동사: –
생일 축하해 / Steven

❺ 주어: I   동사: prepared
나는 선물을 하나 준비했어 / 너를 위해

❻ 주어: you   동사: must solve
하지만 너는 풀어야 해 / 수수께끼를 먼저

❼ 주어: It   동사: is
그것은 ~에 대한 것이야 / 내가 가장 좋아하는 영화인 「포레스트 검프」에 대한

❽ 주어: (1) The left page (2) the right page
동사: (1) contains (2) has
왼쪽 페이지는 힌트를 포함하고 있어 / 선물의 위치에 대한 / 그리고 오른쪽 페이지에는 단서가 있어 / 선물 그 자체에 대한

❾ 주어: A man   동사: is telling
한 남자가 자신의 인생 이야기를 들려주고 있다 / 낯선 사람들에게

❿ 주어: His neme   동사: is
그의 이름은 / 포레스트 검프이다

⓫ 주어: (1) He (2) he   동사: (1) had (2) grew up
그에게는 많은 문제들이 있었다 / 하지만 그는 자랐다 / 용기와 따뜻한 마음을 가지고

⓬ 주어: (1) He (2) Life   동사: (1) says (2) is
그는 말한다 / "인생은 초콜릿 상자와 같다"라고

⓭ 주어: It   동사: means
그것은 ~이라는 뜻이다 / 아무도 선택할 수 없다 / 자신의 상황을 / 인생에서

⓮ 주어: the important thing   동사: is
하지만 중요한 것은 / 항상 최선을 다하는 것이다

⓯ 주어: Steven   동사: noticed
Steven은 알아차렸다 / 몇몇 단어들이 이상하다는 것을

⓰ 주어: He   동사: (1) circled (2) changed
그는 글자에 동그라미를 그렸다 / 틀린 / 그리고 그것들을 바꿨다 / 올바른 글자들로

⓱ 주어: Sophie's secret message   동사: appeared
그러자 / Sophie의 비밀 메시지가 나타났다

PART 2 내신대비 추가문제

CHAPTER 01 1
Workbook p.36

1 is to protect the quality of baguettes 2 ③
3 (1) flour (2) salt (3) yeast (4) water
4 ⑤ 5 are → is

1 to부정사는 '~하는 것'이라는 의미를 가지면서 be동사(is)의 보어 자리에서 명사 역할을 할 수 있다.

2 프랑스 빵 법령의 내용을 소개하면서 법에 서술된 바게트의 네 가지 재료들이 언급되었으므로, ③이 정답이다. 나머지 내용은 글에 언급되지 않았다.

3 밑줄 친 These는 프랑스 빵 법령에 규정되는 바게트의 네 가지 재료인 flour, salt, yeast, water를 가리킨다.

4 밑줄 친 stays는 '~한 상태를 유지한다'라고 해석하므로, 의미가 가장 비슷한 것은 ⑤ remains(계속 ~이다)이다.

(문제 해석)
① 보인다　　　② 느껴진다　　　③ 변한다
④ 들린다　　　⑤ 계속 ~이다

5 주어로 쓰인 동명사(구)는 항상 단수 취급하므로, 복수동사 are를 단수동사 is로 고쳐야 한다.

CHAPTER 01 2
Workbook p.37

1 taking 2 ⑤ 3 ④ 4 ①
5 gets more popular every year

1 상대방에게 어떤 것을 제안하거나 권유하기 위해 쓰는 동명사 관용 표현은 「How about + v-ing ~?」이므로 take를 taking으로 바꿔 써야 한다.

2 빈칸 뒤에서 한류 덕분에 영어 사용자들이 한국의 먹방 프로그램을 많이 시청하고, 한국 가수들의 콘서트에도 간다고 했다. 따라서 빈칸에는 한류 이후로 한국 문화가 ⑤ '널리 퍼지게' 되었다는 내용이 들어가는 것이 가장 적절하다.

(문제 해석)
① 약하게　　　② 자신 있게　　　③ 흔하지 않게
④ 희망에 차게　　⑤ 널리 퍼지게

3 글에서 사전의 역할은 사회에서의 언어의 사용을 반영하는 것이라고 했다.

4 밑줄 친 these words는 글에 옥스퍼드 영어 사전에 추가된 한국어 단어들로 언급된 것들을 가리키고, 글에 ① '한식'은 언급되지 않았다.

5 동사 get(gets)의 주격 보어 자리에 형용사의 비교급 more popular를 쓴 2형식 문장이다.

CHAPTER 01 3
Workbook p.38

1 ④ 2 ④ 3 sounds complicated
4 top, floor 5 argument

1 '~과 다르다'라는 의미를 가지면서, 형용사와 함께 쓰이는 전치사 관용 표현은 be different from이므로 ⓐ의 전치사 by는 from으로 고쳐야 한다.

2 미국에 있는 Tiffany에게 first floor는 거리와 같은 층에 있는 것이고, 영국에서 온 David에게 first floor는 지상층 바로 위에 있는 층이라고 했으므로, ④는 대화문의 내용과 반대된다.

3 지시대명사 That은 3인칭 단수 취급하므로, sound를 단수동사 sounds로 바꿔 쓴다. 감각동사(sound)는 주격 보어가 필요한 동사로, 주격 보어 자리에는 형용사나 명사를 사용할 수 있으므로 sounds 다음에 형용사 complicated를 쓴다.

4
Q. Martin은 그들의 모임 계획에 대해 친구들에게 뭐라고 말할 것인가?

A. Martin은 그들이 쇼핑몰의 꼭대기 층에서 만날 것이라고 말할 것이다.

5 '서로 다른 의견을 가진 사람들 간의 성난 토론'이라는 뜻에 해당하는 단어는 argument(언쟁)이다.

CHAPTER 02 1
Workbook p.39

1 ③ 2 ① 3 ④ 4 먹을 (유칼립투스) 잎을 고를 때 질감과 독성을 (주의 깊게) 확인하는 것 5 select

1 '~의 것이다'라는 의미는 「belong + to + 명사(구)」로 나타내므로, 바르게 배열하면 they belong to a koala이다.

2 코알라가 사람과 같은 지문을 가지고 있어 경찰 수사를 돕기보다는 오히려 혼란을 준다고 했으므로, ①이 글의 내용과 일치하지 않는다.

3 to부정사는 형용사적 용법으로 쓰일 때 명사(leaves)를 뒤에서 꾸며줄 수 있으므로, 빈칸에는 ④ to eat이 들어가야 한다.

4 앞 문장에 언급된 내용을 의미한다. 먹을 (유칼립투스) 잎을 고를 때 질감과 독성을 주의 깊게 확인하는 것(= that)을 위해 지문이 도움이 된다는 의미이다.

5 '여러 선택지들 중에서 무언가를 고르다'라는 뜻에 해당하는 단어는 select(고르다)이다.

CHAPTER 02 2
Workbook p.40

1 ⑤ 2 it may be the smallest reptile in the world
3 (A): less (B): a lot 4 ② 5 found

1 -thing으로 끝나는 대명사(something)를 꾸밀 때는 형용사(dangerous)가 대명사 뒤에 와야 하므로, ⓔ dangerous

something을 something dangerous로 고쳐야 한다.

2 '가장 ~한/하게'는 「the + 형용사의 최상급」으로 표현하므로, 단어들을 알맞게 배열하면 it may be the smallest reptile in the world 가 된다.

3 (A): 브루케시아 나나가 세상에서 가장 작은 파충류일지도 모른다고 했으므로, less를 써서 '3센티미터도 되지 않는다'라는 내용을 만드는 것이 문맥에 알맞다.
(B): 크기가 작다고 했으므로, '많은'을 뜻하는 수량형용사 a lot을 써서, '많이' 먹을 필요가 없다는 내용을 만드는 것이 문맥에 알맞다.

4 브루케시아 나나는 음식을 찾는 데 어려움이 없다고 했으므로, ②가 글의 내용과 일치하지 않는다.

5
- 공룡 뼈들이 연구원들에 의해 현장에서 발견되었다.
- 그는 친구들을 위해 요리해 주는 것에서 큰 기쁨을 발견했다.

CHAPTER 02　3　Workbook p.41

1 ⑤　2 this giant fish doesn't have a tail
3 (A): ⓑ (B): ⓑ　4 ①　5 direction

1 지구상에서 가장 큰 물고기 중 하나인 개복치의 특이한 모양과 특징을 설명하는 글이므로, 제목으로 ⑤가 가장 적절하다.
(문제 해석)
① 세계 바다의 물고기들
② 대부분의 바다 생물은 일광욕을 즐긴다
③ 개복치는 왜 해파리를 선호할까?
④ 지구상에서 가장 위험한 물고기
⑤ 개복치: 기묘한 바다의 거인

2 주어 this giant fish는 3인칭 단수이므로, 3인칭 단수동사 현재형의 부정문인 「doesn't + 동사원형」을 쓴다.

3 (A), (B) 모두 '~하기 위해'라는 의미의 [목적]을 나타내는 to부정사의 부사적 용법으로 쓰였다.

4 주어진 문장은 개복치가 먹이를 찾기 위해 하는 행동(잠수)을 설명하고 있다. 따라서 개복치가 해파리를 주로 먹고 산다는 것을 설명하는 문장 뒤인 ①에 오는 것이 가장 적절하다.

5 '누군가 또는 무언가가 따라가거나 마주하는 길이나 항로'라는 뜻에 해당하는 단어는 direction(방향)이다.

CHAPTER 03　1　Workbook p.42

1 They are holding paddles, and hitting a ball
2 ②　3 ②, ④　4 ⑤　5 official

1 '~하고 있다'라는 의미는 현재진행 시제 are holding과 (are) hitting 으로 나타낸다.

2 주어진 문장은 배드민턴 장비인 셔틀콕이나 라켓을 찾을 수 없었던

상황을 서술하고 있다. 따라서 아이들과 배드민턴을 치고 싶어 했다는 내용과 (하지만 배드민턴 장비를 찾을 수 없어서) 다른 장비(패들과 플라스틱 공)를 사용했다는 내용 사이인 ②에 주어진 문장이 들어가는 것이 가장 적절하다.

3 start는 to부정사와 동명사를 모두 목적어로 쓰는 동사이므로, 빈칸에는 ② to hit이나 ④ hitting이 들어가야 한다.

4 ⑤: 피클볼이 몇 라운드로 구성되는지에 관한 언급은 없다.
① 워싱턴주의 베인브리지섬에서 만들어졌다고 언급되었다.
② 조엘 프리처드와 빌 벨이 만들었다고 언급되었다.
③ 패들과 플라스틱 공을 사용한다고 언급되었다.
④ 아이들부터 노인들까지 모두가 즐긴다고 언급되었다.

5 '담당자 또는 담당하는 단체에 의해 허용되거나 승인되는'이라는 뜻에 해당하는 단어는 official(공식의)이다.

CHAPTER 03　2　Workbook p.43

1 dead, point, breathe
2 they can gain a magical boost in energy
3 (A): because (B): because of　4 ③　5 ①

1
Q. 누군가가 세컨드 윈드를 얻기 전에 어떤 일이 발생하는가?
A. 그 사람은 사점에 도달한다. 이 단계 중에, 그 혹은 그녀는 많은 고통을 느끼고 숨을 잘 쉬지 못한다.

2 조동사는 「조동사 + 동사원형」의 형태로 쓴다.

3 (A): 뒤에 주어(the body), 동사(finds), 목적어(a balance)로 이루어진 절이 왔으므로 접속사 because를 쓴다.
(B): 뒤에 명사(endorphins)가 왔으므로 전치사 because of를 쓴다.

4 주자들은 사점에 도달해야 에너지의 마법 같은 증가인 세컨드 윈드를 경험할 수 있는 것이므로, ③이 글의 내용과 일치하지 않는다.

5 밑줄 친 give up은 '포기하다'라고 해석하므로, 의미가 가장 비슷한 것은 ① quit(그만두다)이다.
(문제 해석)
① 그만두다　② 돌아가다　③ 바꾸다
④ 살다　⑤ 숨다

CHAPTER 03　3　Workbook p.44

1 look like dirty → look dirty　2 ②　3 ④
4 공의 표면을 더 거칠게 만드는 것　5 ④

1 감각동사 look은 「look + 형용사」 혹은 「look like + 명사」의 형태로 쓴다. 뒤에 형용사 dirty가 왔으므로 look like dirty를 look dirty로 고쳐야 한다.

2 바르게 배열하면 pitchers can't grip them well이므로, 세 번째에

오는 것은 grip이다.

3 레나 블랙번이라는 코치가 발견한 특별한 진흙이 메이저리그에서 사용되고, 그것에는 미네랄이 함유되어 있다고 했으므로, ④가 글의 내용과 일치한다.

4 앞 문장에 언급된 내용을 의미한다. 야구 관계자들이 공의 표면을 더 거칠게 만드는 것(= this)을 달성하기 위해 공에 진흙을 묻히기 시작했다는 의미이다.

5 밑줄 친 discovered는 '발견했다'라고 해석하므로, 의미가 가장 비슷한 것은 find(찾다)의 과거형인 ④ found(찾았다)이다.

（문제 해석）
① 잡았다   ② 파괴했다   ③ 지나갔다
④ 찾았다   ⑤ 막았다

CHAPTER 04   **1**   Workbook p.45

1 ① 2 ⑤ 3 ②
4 소셜 미디어에 특별한 경험에 대한 포스트를 게시하는 것
5 shoppers can have an exciting experience

---

1 팝업스토어가 매력적인 이유와 고객을 끌어들이는 요인들을 설명하는 글이므로, 제목으로 ①이 가장 적절하다.

（문제 해석）
① 팝업스토어의 매력
② 매장 브랜드들의 진화
③ 이 세대들은 쇼핑을 아주 좋아한다
④ 스포츠 브랜드들은 왜 팝업스토어를 활용하는가?
⑤ 소셜 미디어는 어떻게 쇼핑을 변화시켰는가

2 ⓔ는 밀레니얼 세대와 Z세대의 구성원들을 가리키고, 나머지는 모두 팝업스토어들을 가리킨다.

3 밑줄 친 charming은 '매력적인'이라고 해석하므로, 의미가 가장 비슷한 것은 ② appealing(매력적인)이다.

（문제 해석）
① 혼란스러운   ② 매력적인   ③ 놀라운
④ 지루한   ⑤ 편안한

4 밀레니얼 세대와 Z세대의 구성원들은 소셜 미디어에 특별한 경험에 대한 포스트를 게시하는 것(= that)을 좋아하는데, 팝업스토어는 그것을 위해 완벽하다는 의미의 문장이다.

5 조동사(can) 뒤에는 동사원형이 온다.

CHAPTER 04   **2**   Workbook p.46

1 ② 2 But Madha is not a part of the UAE.
3 ③ 4 ② 5 (1) completely (2) entirely

---

1 마드하 지역이 독특한 도넛 모양의 국경을 가지게 된 이유를 설명하는 글이므로, 주제로 ②가 가장 적절하다.

2 a part of는 '~의 일부'라는 의미이다.

3 마드하 주변 지역이 네 개의 부족으로 나뉘어 있어 네 지도자들이 국가 형성을 위해 아랍에미리트와 마드하 중 결정을 내려야만 했던 상황을 설명하는 내용 중에, '위대한 지도자들은 시민들을 돌봐야 한다'라는 내용의 (c)는 전체 흐름과 관계없다.

4 '~해야 했다'라는 의미를 가지는 had to는 의무(~해야 한다)를 나타내는 조동사 must의 과거형이다. 과거의 국경 형성 과정을 설명하는 문맥이므로, 과거 시제를 쓰는 것이 알맞다.

5 '완전한 정도로 또는 모든 방향으로'라는 뜻에 해당하는 두 개의 단어는 completely(완전히)와 entirely(완전히)이다.

CHAPTER 04   **3**   Workbook p.47

1 ② 2 (A): is (B) are 3 ① 4 ⑤ 5 shared, peace

---

1 스페인과 프랑스가 기간을 정해 영토를 나눠 통치하는 특이한 섬을 설명하는 글이므로, 주제로 ②가 가장 적절하다.

2 (A): 「there + be동사」는 뒤따라오는 명사에 be동사를 수일치시키는데, 뒤에 단수명사구 a piece of land가 왔으므로 단수동사 is를 써야 한다.

   (B): 「there + be동사」는 뒤따라오는 명사에 be동사를 수일치시키는데, 뒤에 복수명사 residents가 왔으므로 복수동사 are를 써야 한다.

3 밑줄 친 tiny는 '작은'이라고 해석하므로, 의미가 가장 비슷한 것은 ① small(작은)이다.

（문제 해석）
① 작은   ② 강력한   ③ 조용한
④ 약한   ⑤ 얇은

4 빈칸 뒤에서 스페인과 프랑스가 피레네 조약을 체결하면서 꿩섬을 두 나라가 나눠 갖게 되었다고 했다. 이것은 매우 독특한 통치 형태이므로, 빈칸에는 ⑤ '이 흔치 않은 협의'가 들어가는 것이 가장 적절하다.

（문제 해석）
① 유럽의 강대국   ② 세계대전   ③ 이 정치적 개념
④ 유명한 임무   ⑤ 이 흔치 않은 협의

5 이 섬은 스페인과 프랑스 사이에 공유된다. 피레네 조약 이후로, 그것은 평화의 상징으로서 기능해 왔다.

CHAPTER 05   **1**   Workbook p.48

1 ⑤ 2 ⑤ 3 ③ 4 Compare
5 (1) 햇볕을 (더) 많이 받을 때 (2) 손을 (더) 많이 사용할 때

---

1 문장의 주어 역할을 하는 동명사구 using your hands more는 단수 취급하므로, ⓔ의 복수동사 make를 단수동사 makes로 고쳐야 한다.

2 주어 these activities가 첫 번째로 오고, 다음의 동사 자리에는 「조동사 + 동사원형」의 형태가 와야 한다. 따라서 바르게 배열하면 these activities can speed up fingernail growth 혹은 these activities can speed fingernail growth up이다.

3 (A): 햇볕을 받으면 비타민D가 생성되고, 비타민D는 손톱이 자라도록 돕는다고 했다. 따라서 양지에서 '많은' 혹은 '더 많은' 시간을 보내면 손톱이 빨리 자라 손톱을 더 자주 깎아야 할지도 모른다는 의미를 완성하는 a lot of 혹은 more가 문맥상 적절하다.

(B): 손을 많이 사용하면 손톱이 더 빨리 자란다고 했으므로, 오른손을 많이 사용하면 오른손의 손톱이 '더 길' 것이라는 의미를 완성하는 longer가 문맥상 적절하다.

〔문제 해석〕

	(A)	(B)			(A)	(B)
①	적은	- 더 긴		②	적은	- 더 짧은
③	많은	- 더 긴		④	많은	- 더 얇은
⑤	더 많은	- 더 짧은				

4 '두 개 이상의 사물이 어떻게 비슷하거나 다른지 확인하다'라는 뜻에 해당하는 단어로, 빈칸에 들어갈 말은 Compare(비교하다)이다.

5 글에서 더 많은 햇볕을 받거나, 손을 더 많이 사용하면 손톱이 더 빨리 자란다고 했다.

CHAPTER 05　**2**　　　　　　　Workbook p.49

1 ④　2 ⑤

3 get tired and rub your eyes without thinking

4 dry　5 ①

---

1 피곤할 때 눈을 생각 없이 비비게 되는 두 가지 이유를 설명하는 글이므로, 제목으로 ④가 가장 적절하다.

〔문제 해석〕
① 건조한 눈을 어떻게 치료하는가
② 눈을 비비는 것은 그것들을 아프게 할 수 있다
③ 눈물 만들기: 그것을 어떻게 조절하는가
④ 우리는 왜 피곤할 때 눈을 비비는가
⑤ 건강한 눈을 위한 수면의 중요성

2 밑줄 친 It과 ①, ②, ③, ④의 It은 비인칭 주어이고, ⑤는 대명사 It이다.

〔문제 해석〕
① 수요일이다.
② 6월 15일이다.
③ 벌써 오후 3시이다.
④ 오늘은 정말 춥다.
⑤ 그것은 내가 제일 좋아하는 취미이다.

3 '~하게 되다'는 「get + 형용사」의 형태로 쓴다.

4 '물이 없거나 아주 적은'이라는 뜻에 해당하는 단어로, 빈칸에 들어갈 말은 dry(건조한)이다.

---

5 앞 문장에서 눈을 비벼 압력을 가하는 것이 우리가 더 차분하게 느끼도록 만든다고 했으므로, 빈칸에는 눈을 비비는 것이 몸이 ① '진정하도록' 돕는다는 내용이 들어가는 것이 가장 적절하다.

〔문제 해석〕
① 진정하다　　② 움직이다　　③ 늘어나다
④ 기능하다　　⑤ 자라다

CHAPTER 05　**3**　　　　　　　Workbook p.50

1 ③　2 ②　3 ①　4 뇌가 더 적은 세로토닌을 받는 것

5 if you want to be in a good mood

---

1 장에서 생성된 세로토닌이 뇌로 전달되어 우리가 편안함과 행복감을 느끼게 된다는 것을 설명하는 글이므로, 제목으로 ③이 가장 적절하다.

〔문제 해석〕
① 세로토닌의 발견
② 왜 우리는 건강에 해로운 음식을 즐기는가
③ 당신의 장은 기분에 어떻게 영향을 미치는가
④ 우리를 행복하게 하는 특별한 식단
⑤ 다양한 뇌 화학물질들의 역할들

2 마지막 문장에서 기분이 좋기를 원한다면 건강한 음식으로 장을 잘 다루라고 했다. 따라서 건강하지 않은 음식을 먹으면 장이 잘 다뤄지지 않을 것임을 유추할 수 있으므로, 빈칸에는 건강에 해로운 음식은 장이 ② '제대로 작동하는' 것을 막을 수 있다는 내용이 들어가는 것이 가장 적절하다.

〔문제 해석〕
① 설탕을 섭취하는　　　② 제대로 작동하는
③ 약해지는　　　　　　④ 빨리 변하는
⑤ 속도를 늦추는

3 밑줄 친 receive는 '받는다'라고 해석하므로, 의미가 가장 비슷한 것은 ① get(얻는다)이다.

〔문제 해석〕
① 얻는다　　　　② 준다　　　　③ 만든다
④ 가져다준다　　⑤ 깬다

4 앞 문장에 언급된 내용을 의미한다. (장이 더 적은 양의 세로토닌을 생성하여) 뇌가 더 적은 세로토닌을 받는 것(= This)이 우리를 불안하고 슬프게 만들 수 있다는 의미이다.

5 '만약 ~한다면'이라는 의미는, 조건의 부사절을 이끄는 접속사 if를 사용해 나타낼 수 있다.

CHAPTER 06　**1**　　　　　　　Workbook p.51

1 ⑤　2 The actors on the screen are having a serious conversation.　3 ④　4 (배우들이 때때로) 제4의 벽을 깨뜨리는 것　5 pretend

---

1 배우들이 제4의 벽을 깸으로써 관객들을 장면의 일부가 되게 하고 극에 참여시킬 수 있다는 것을 설명하는 글이므로, 제목으로 ⑤가 가장 적절하다.

(문제 해석)

① 부서진 벽을 고치는 방법
② 제4의 벽의 역사
③ 왜 배우들은 제4의 벽을 깨지 않는가
④ 관객의 집중도를 유지시키는 방법들
⑤ 시청자들을 참여시키기 위해 제4의 벽을 깨기

2 현재진행 시제는 「am/is/are + v-ing」의 형태로 쓰는데, 주어 The actors (on the screen)가 3인칭 복수이므로 are를 이용해 are having으로 쓴다.

3 ⓐ, ⓑ, ⓒ, ⓔ는 바르게 쓰였고, ⓓ는 어법상 어색하다. 주격 관계대명사절이 수식하는 명사가 단수명사구 an imaginary wall이므로 복수동사 divide를 단수동사 divides로 고쳐야 한다.

4 앞 문장에 언급된 내용을 의미한다. 배우들이 때때로 제4의 벽을 깨는 것(= this)이 시청자들을 장면의 일부로 만든다는 의미이다.

5 '무언가가 실제가 아닌 경우에 마치 실제인 것처럼 행동하다'라는 뜻에 해당하는 단어는 pretend(~인 것처럼 굴다)이다.

CHAPTER 06   **2**   Workbook p.52

1 ⓒ → yourself   2 ④   3 ③
4 ②   5 is made for our enjoyment

1 동사 will find의 목적어가 주어 you와 같은 대상이므로, 목적어 자리 ⓒ에 재귀대명사 yourself를 써야 한다.

2 (A): 빈칸 앞 문장은 영화가 길어질 수 있다는 빈칸 뒤 내용의 원인을 설명하고 있다. 따라서 빈칸 (A)에는 결과를 나타내는 '따라서'가 들어가는 것이 가장 적절하다.
(B): 빈칸 앞 문장은 마살라 영화 속 춤의 긍정적인 효과를, 빈칸 뒤 문장은 부정적일 수 있는 측면을 설명하고 있다. 따라서 빈칸 (B)에는 대조 및 전환을 나타내는 '그러나'가 들어가는 것이 가장 적절하다.

(문제 해석)

	(A)	(B)		(A)	(B)
①	예를 들어	- 요컨대	②	그러나	- 요컨대
③	요컨대	- 따라서	④	따라서	- 그러나
⑤	그렇지 않으면	- 그러나			

3 마살라 영화의 완벽한 구성에는 '최소' 여섯 곡의 노래가 포함된다고 했으므로, '최대' 여섯 곡의 노래를 포함한다는 ③은 글의 내용과 일치하지 않는다.

4 밑줄 친 purpose는 '목적'이라고 해석하므로, 의미가 가장 비슷한 것은 ② goal(목표)이다.

(문제 해석)

① 시작   ② 목표   ③ 검토
④ 문제   ⑤ 기회

---

5 make의 현재 시제 수동태는 is made로 쓴다.

CHAPTER 06   **3**   Workbook p.53

1 ②   2 German, author   3 ③
4 Thus, the songs are easy to sing.   5 ④

1 귀벌레라는 현상을 전반적으로 설명하는 글이므로, 제목으로 ②가 가장 적절하다.

(문제 해석)

① 가장 유명한 귀벌레들
② 귀벌레: 이것들은 무엇인가?
③ 귀벌레가 시작되기 전에 그것들을 멈춰라
④ 전염병의 치료법
⑤ 작곡가들은 어떻게 히트곡을 만드는가

2
Q. '귀벌레'라는 용어는 어디에서 유래했는가?

A. 그것은 원래 독일어 단어에서 유래했지만, 유명한 작가인 스티븐 킹이 그에게 귀벌레가 있다고 말한 뒤에 영어에서 대중적이게 되었다.

3 귀벌레의 특징으로 ③ '음정의 높고 낮음'의 여부는 글에 언급되지 않았다.

(문제 해석)

귀벌레는 ① 기억할 만한 곡으로 ② 빠른 박자와 ③ 높은 음정을 가지고 있다. 그 곡은 종종 ④ 단순한 멜로디와 ⑤ 반복되는 음을 사용한다.

4 2형식 문장의 주격 보어 자리에는 명사나 형용사가 올 수 있고, 부사는 올 수 없으므로, 보어 자리에 있는 부사 easily를 형용사 easy로 고쳐야 한다.

5 '복잡하지 않고 이해하기 쉬운'이라는 뜻에 해당하는 단어는 ④ simple(단순한)이다.

(문제 해석)

① 유명한   ② 기억할 만한   ③ 공통된
④ 단순한   ⑤ 부끄러운

CHAPTER 07   **1**   Workbook p.54

1 ③   2 ①   3 be careful not to use baking powder for this task   4 ⑤   5 release

1 베이킹 소다가 어떻게 주방 화재 진압을 돕는지를 설명하는 글이므로, 제목으로 ③이 가장 적절하다.

(문제 해석)

① 베이킹 소다를 사용하는 조리법들
② 집 주변에서의 화재 안전 수칙
③ 베이킹 소다는 어떻게 화재를 막도록 돕는가
④ 주방에서의 사고들을 예방하는 것
⑤ 베이킹파우더가 베이킹 소다를 대체할 수 있는가?

2 help는 「help + 동사원형」 혹은 「help + to-v」의 형태로 쓰인다. 따라서 ⓓ to putting은 put 혹은 to put으로 고쳐야 한다.

3 '사용하지 않도록'이라는 의미를 나타낼 수 있는 to부정사의 부정형은 「not to + 동사원형」의 형태로 쓴다.

4 베이킹 소다가 주방 화재 진압에 도움이 된다고 설명한 것과 달리 베이킹파우더는 화재를 악화시킬 수 있다고 했으므로, 빈칸에는 ⑤ Unlike(~과 달리)가 들어가는 것이 가장 적절하다.

〔문제 해석〕

① ~과 유사하게   ② ~ 외에   ③ ~ 앞에

④ ~을 통해서   ⑤ ~과 달리

5 '어딘가에서 무언가가 흘러나오게 하다'라는 뜻에 해당하는 단어는 release(방출하다)이다.

CHAPTER 07   **2**   Workbook p.55

> **1** ②   **2** The difference is caused by the water's thickness.   **3** to → than   **4** ⑤   **5** ④

1 밑줄 친 notice는 '알아차리다'라고 해석하므로, 의미가 가장 비슷한 것은 ② realize(깨닫다)이다.

〔문제 해석〕

① 주장하다   ② 깨닫다   ③ 제안하다

④ 보고하다   ⑤ 반대하다

2 수동태 문장은 「주어 + be동사 + p.p. (+ by + 행위자)」로 쓴다.

3 비교급 표현은 「비교급(-er) + than」으로 쓰므로, 비교급 denser 뒤에 나온 to를 than으로 고쳐야 한다.

4 빈칸을 기준으로 앞에서는 차가운 물 분자들이 무거운 덩어리 안에 빽빽하게 차 있다는 내용을, 뒤에서는 뜨거운 물은 더 묽어서 더 작은 물방울들로 부서진다는 내용을 소개하고 있다. 차가운 것과 뜨거운 것, 무거운 것과 작은 것의 성질이 대조되고 있으므로, 빈칸에는 ⑤ In contrast(대조적으로)가 들어가는 것이 가장 적절하다.

〔문제 해석〕

① 다시 말해서   ② 요약하면   ③ 게다가

④ 추가적으로   ⑤ 대조적으로

5 뜨거운 물은 더 묽다고 했으므로, 뜨거운 물이 더 걸쭉하다는 ④가 글의 내용과 일치하지 않는다. 참고로, ④에 들어갈 적절한 말은 thinner(묽은)이다.

〔문제 해석〕

물의 소리

차가운 물	뜨거운 물
그것은 싱크대에 부딪힐 때 ① 낮은 소리를 낸다. 이는 분자들이 빽빽하게 ② 꽉 차 있기 때문에 발생한다.	그것이 싱크대에 부딪히면 ③ 더 높은 소리가 만들어진다. 그 이유는 그것이 ④ 더 걸쭉하(→ 묽으)며 ⑤ 더 작은 물방울들로 부서진다는 것이다.

CHAPTER 07   **3**   Workbook p.56

> **1** ②   **2** ③   **3** (A): can (B): without
> **4** the rocks keep the track clear   **5** journey

1 밸러스트가 선로 안전에 중요한 이유들을 설명하는 글이므로, 주제로 ②가 가장 적절하다.

〔문제 해석〕

① 밸러스트를 제작하는 방법

② 왜 밸러스트가 중요한가

③ 기차 여행 시 안전 수칙들

④ 밸러스트를 사용한 최초의 기찻길

⑤ 기차선로를 만드는 방법

2 밑줄 친 to make와 ①, ②, ④, ⑤는 [목적]을 나타내는 to부정사의 부사적 용법으로 쓰였고, ③은 명사 someone을 수식하는 to부정사의 형용사적 용법으로 쓰였다.

〔문제 해석〕

① Henry는 그의 친구들을 만나기 위해 여기에 왔다.

② Mia는 의사가 되기 위해 의학 공부를 하고 있다.

③ 나는 나를 도와줄 사람을 찾고 있었다.

④ 그녀는 책을 빌리기 위해 도서관으로 급히 움직였다.

⑤ 그는 건강을 유지하기 위해 매일 운동을 한다.

3 (A): 앞 문장에서 돌들이 무거운 기차의 무게를 분산시킨다고 했으므로, 돌들이 없다면 무게가 분산되지 않아 선로가 땅으로 가라앉을 '수도 있음'을 유추할 수 있다.

(B): 밸러스트가 선로를 안전하게 만드는 이유들을 설명하는 글의 결론 부분이므로, 밸러스트가 '없으면' 기차선로가 제대로 기능하지 않을 것이라는 내용이 되는 것이 알맞다.

4 '선로를 깨끗하게 유지한다'는 「동사(keep) + 목적어(the track) + 목적격 보어(clear)」의 형태로 쓸 수 있다.

5 '한 곳에서 다른 곳으로 여행하는 행위'라는 뜻에 해당하는 단어는 journey(여행)이다.

CHAPTER 08   **1**   Workbook p.57

> **1** ②   **2** (A): disappearing (B): rising
> **3** much faster than nature can replace it
> **4** flat, deserts   **5** ④

1 「the number of + 복수명사」는 '~의 수'라는 의미로, 주어로 쓰일 때 뒤에 단수동사가 오므로 ⓑ의 복수동사 are를 단수동사 is로 고쳐야 한다.

2 (A): 앞 문장에서 모래성을 만드는 것이 과거의 일이 될지도 모른다고 했고, 글 전반적으로 모래가 없어지고 있다고 설명하고 있다. 따라서 appearing(나타나고 있다)이 아닌 disappearing(사라지고 있다)이 들어가는 것이 알맞다.

(B): 해변이 점점 더 작아지고 있다고 했는데, 이는 해수면이 '상승하

여'(rising) 바닷물이 늘어난 것의 결과일 것임을 유추할 수 있다. 해수면이 '하강하면'(falling) 해변이 넓어질 것이므로, falling은 적절하지 않다.

3 '더 빨리'라는 의미는 fast의 비교급 표현인 faster로 나타낼 수 있고, 비교급 강조 부사 much는 faster 앞에 온다.

4
Q. 해변 모래는 건축에 왜 적합한가?

A. 그것의 납작한 표면과 각은 사막의 매끄럽고 둥근 모래와 다르다.

5 '사람이나 물건을 피해로부터 안전하게 지켜주는 무언가'라는 뜻에 해당하는 단어는 ④ protection(보호)이다.

(문제 해석)
① 표면   ② 활동   ③ 건축가   ④ 보호   ⑤ 각도

CHAPTER 08 2
Workbook p.58

1 ② 2 ④
3 야생동물들이 환경 파괴 때문에 그것들의 서식지를 잃고 있는 것
4 let people send them humorous pictures 5 ①

1 연례 대회의 목적은 야생동물 보존의 중요성에 대한 메시지를 퍼뜨리기 위해서였다고 했으므로, 코미디 야생동물 사진상의 개최 목적으로 ②가 가장 적절하다.

2 ④: 주최자들이 수익의 일부를 야생동물 단체에 기부한다고는 했으나, 코미디 야생동물 사진상을 후원하는 단체에 대한 언급은 없다.
① : 연례(annual) 대회라고 언급되었으므로, 일 년에 한 번 개최되는 것임을 알 수 있다.
② : '자연 속 동물들의 재미있는 사진'이 주제라고 했다.
③ : 수익의 일부를 야생동물 단체에 기부한다고 했다.
⑤ : 웹사이트에서 볼 수 있다고 했다.

3 앞 문장에 언급된 내용을 의미한다. 야생동물들이 환경 파괴 때문에 그것들의 서식지를 잃고 있는 것(= this)에 관해 사람들을 슬프게 만들고 싶지 않았다는 의미이다.

4 수여동사 send는 4형식으로 쓸 때 「주어 + 동사(send) + 간접목적어(them) + 직접목적어(humorous pictures)」의 어순으로 쓴다.

5 밑줄 친 worked와 ①의 worked는 '효과가 있었다'라는 의미로, ②, ④, ⑤의 worked는 '일했다'라는 의미로, ③의 worked는 '(목표를 위해) 일했다, 노력했다'라는 의미로 쓰였다.

(문제 해석)
① 새로운 정책은 제대로 효과가 있었다.
② 우리는 같은 회사에서 일했다.
③ 그녀는 숙제를 열심히 했다.
④ 그는 2020년에 한 지역 병원에서 일했다.
⑤ 할아버지는 정원에서 일했다.

CHAPTER 08 3
Workbook p.59

1 ④ 2 ⑤ 3 A plastic attack is a protest against plastic waste.
4 (영국 사람들이) 플라스틱 포장재의 양에 충격을 받았기 때문에
5 making → to make

1 물품 구입 후 플라스틱 포장재는 카운터 근처에 버리고 가는 운동인 플라스틱 어택을 설명하는 글이므로, 제목으로 ④가 가장 적절하다.

(문제 해석)
① 플라스틱 포장재는 왜 필요한가?
② 플라스틱 어택: 놀라운 비용
③ 식료품점들은 어떻게 고객을 끌어들이는가
④ 식료품점에 플라스틱을 돌려주어라
⑤ 영국의 가장 큰 환경 문제

2 밑줄 친 take off는 '벗겨내다'라고 해석하므로, 의미가 가장 비슷한 것은 ⑤ remove(제거하다)이다.

(문제 해석)
① 교환하다   ② 재사용하다   ③ 증가시키다
④ 접다   ⑤ 제거하다

3 '~에 반대하는'이라는 뜻의 전치사는 against이다.

4 영국의 한 작은 도시에서 한 무리의 영국 사람들이 플라스틱 포장재의 양에 충격을 받아 최초의 플라스틱 어택을 계획했다고 했다.

5 promise는 to부정사를 목적어로 쓰므로 making을 to make로 고쳐야 한다.

CHAPTER 09 1
Workbook p.60

1 ③ 2 take a picture of the food with your phone, the AI will do the rest 3 ①, ④ 4 ⑤ 5 favorite

1 바쁜 종업원에게 물어볼 필요 없이 애플리케이션을 사용하여 음식의 정보를 알 수 있다는 문맥이 되어야 자연스러우므로, 빈칸에는 ③ don't have to(~할 필요가 없다)가 들어가는 것이 가장 적절하다.

(문제 해석)
① ~해야 한다   ② ~하는 것이 낫다
③ ~할 필요가 없다   ④ ~해야 했다
⑤ ~할 수 있을 것이다

2 '…해라, 그러면 ~'이라는 의미는 동사원형으로 시작하는 명령문 「명령문 + and ~」로 나타낼 수 있다.

3 애플리케이션을 통해 음식 사진을 찍으면 사용된 재료, 요리 방법, 영양 정보를 알 수 있다고 했으나, ① '요리사'나 ④ '음식의 가격' 정보에 대해서는 언급되지 않았다.

4 to부정사는 형용사적 용법으로 쓰일 때 명사구(similar dishes)를 뒤에서 꾸며줄 수 있다.

5 '여러 가지 선택지들 중에서 가장 마음에 드는'이라는 뜻에 해당하는 단어는 favorite(가장 좋아하는)이다.

> **1** (A): making (B): feature　**2** ②　**3** ①
> **4** How eco-friendly the fabric is!　**5** spray

1 (A): imagine은 동명사를 목적어로 쓰므로, to make를 동명사 making으로 고쳐야 한다.
　(B): 「every + 단수명사」의 형태가 되어야 하므로, 복수명사 features를 단수명사 feature로 고쳐야 한다.

2 패브리칸은 중합체뿐만 아니라 면, 양모, 나일론과 같은 다양한 섬유들로 만들어진다고 했으므로, ②가 글의 내용과 일치하지 않는다.

3 빈칸 앞에서 패브리칸으로 옷의 두께를 조절할 수 있다고 한 뒤, 빈칸 뒤에서는 패브리칸이 많은 색상과 냄새로 나온다고 했다. 즉, 빈칸을 기준으로 앞과 뒤에서 패브리칸의 서로 다른 특징을 서술하고 있으므로, 빈칸에는 부연 설명을 나타내는 ① In addition(게다가)이 들어가는 것이 가장 적절하다.

（문제 해석）
① 게다가　　　　② 그러나　　　　③ 따라서
④ 예를 들어　　　⑤ 그렇지 않으면

4 How 감탄문은 「How + 형용사/부사 + 주어 + 동사!」의 형태로 쓴다.

5 '공기 중에 액체를 작은 방울들로 방출하다'라는 뜻에 해당하는 단어는 spray(뿌리다, 분사하다)이다.

> **1** You won't have to lift a finger or make a sound!
> **2** ③　**3** 머릿속으로 질문을 하는 것　**4** ③　**5** ⑤

1 「won't have to + 동사원형」은 '~할 필요가 없을 것이다'라는 의미이다.

2 MIT에서 만들어 아직 개발 중인 얼터에고가 사용자의 턱에 부착되고 귀에 걸쳐진다는 내용 및 헤드폰이 달려 있다는 내용은 언급되었으나, 마이크가 달려 있다는 것은 언급되지 않았으므로 ③이 글의 내용과 일치하지 않는다.

3 앞 문장에 언급된 내용을 의미한다. 사용자가 머릿속으로 질문을 하는 것(= this)은 얼터에고가 얼굴과 목 근육에서 신호를 만들어 내도록 한다는 의미이다.

4 밑줄 친 comes up with는 '(해답 등을) 생각해 낸다'라고 해석하므로, 의미가 가장 가까운 것은 ③ generates(만들어 낸다)이다.

（문제 해석）
① 비교한다　　　② 이해한다　　　③ 만들어 낸다
④ 기억한다　　　⑤ 따라 한다

5 빈칸 앞에서 얼터에고를 통해 질문에 대한 답을 얻는 과정을 설명한 뒤, 빈칸 뒤에서 사용자가 결국 응답을 얻게 된다는 내용이 나온다. 따라서 빈칸에는 결론을 나타내는 ⑤ Finally(마침내)가 들어가는 것이 가장 적절하다.

（문제 해석）
① 그러나　　　　② 반면에　　　　③ 대신에
④ 예를 들어　　　⑤ 마침내

> **1** ④　**2** ①　**3** 휘파람을 불면 유령이 나온다는 것
> **4** continued to fill with more ghosts until the man finally finished　**5** whisper

1 4형식 「give(gave) + 간접목적어(him) + 직접목적어(a room key)」는 3형식 「give(gave) + 직접목적어(a room key) + to + 간접목적어(him)」로 바꾸어 쓸 수 있다. 따라서 네 번째로 들어갈 말은 to이다.

2 문맥상 '만약 (미래에) 휘파람을 분다면'이라는 미래의 의미가 되는 것이 적절하다. 그런데 조건을 나타내는 if(만약 ~한다면)절에서는 미래를 나타날 때도 현재 시제(do)를 사용하므로 빈칸에는 do가 들어가는 것이 알맞다.

3 휘파람을 불면 유령이 나온다는 정보(= the information)를 알려 줘서 고맙다고 말했다는 의미이다.

4 until은 '~할 때까지'라는 의미를 가지며, 시간의 부사절을 이끄는 접속사이다.

5 '낮은 목소리로 아주 조용하게 말하다'라는 뜻에 해당하는 단어는 whisper(속삭이다)이다.

> **1** ①　**2** Many people are familiar with this odd experience.　**3** ⑤　**4** ③　**5** of → by

1 밑줄 친 Suddenly는 '갑자기'라는 뜻이므로, 반대되는 의미의 단어는 ① Gradually(서서히)이다.

（문제 해석）
① 서서히　　　　② 빨리　　　　　③ 정확히
④ 불행하게도　　⑤ 여전히

2 형용사와 함께 쓰이는 전치사 관용 표현인 be familiar with는 '~에 익숙하다'라는 의미이다.

3 - 서영: 마리코 아오키 현상의 원인은 알려지지 않았고, 이에 대한 많은 엉뚱한 가설들이 있다고 언급되었다.
　- 민수: 많은 사람들이 이 이상한 경험에 익숙하다고 언급되었다.
　- 정현: 글에 언급되지 않았다.
　- 순호: 이 현상의 원인은 알려지지 않았다고 했으므로, 과학적으로 증명되었다는 것은 글의 내용과 일치하지 않는다.

4 '서점이 편안한 장소이기 때문에'라는 원인에 대한 결과로, 빈칸에는 사람의 장도 ③ '긴장을 푼다'라는 내용이 들어가는 것이 가장 적절하다.

(문제 해석)

① 다친다   ② 비틀린다   ③ 긴장을 푼다

④ 확대된다   ⑤ 움직인다

5 '우연히'라는 의미의 숙어는 by chance이므로, 전치사 of를 by로 고쳐야 한다.

CHAPTER 10   **3**   Workbook p.65

1 His older sister Sophie wanted to make it special.

2 ⑤   **3** ③   **4** ②   **5** hat, garage

---

1 「make + 목적어(it) + 형용사(special)」는 '~을 …하게 만들다'라는 의미이다.

2 Steven이 Sophie의 비밀 메시지를 알아냈다고는 했지만, 철자를 고쳐 카드를 다시 Sophie에게 돌려주었는지는 알 수 없으므로 ⑤가 글의 내용과 일치하지 않는다.

3 ③의 that은 지시형용사 that이고, 밑줄 친 that과 ①, ②, ④, ⑤의 that은 '~이라는 것'이라는 의미의 명사절 접속사 that이다.

(문제 해석)

① 나는 정직함이 최고의 자질이라고 생각한다.

② 나의 희망은 모두의 꿈이 이루어지는 것이다.

③ 나는 그 책을 이전에 읽어 본 적이 없다.

④ 그녀가 이사했다는 것은 충격적이었다.

⑤ 내가 네 생일을 잊은 줄 알았니?

4 밑줄 친 odd는 '이상한'이라고 해석하므로, 의미가 가장 비슷한 것은 ② strange(이상한)이다.

(문제 해석)

① 알맞은   ② 이상한   ③ 보통의

④ 드문   ⑤ 긴

5 선물이 무엇인지를 알려주는 오른쪽 페이지의 올바른 철자 h(cjocolates → chocolates), a(importent → important), t(besk → best)를 조합하면 hat(모자)이 된다. 또한, 선물의 위치가 숨겨진 왼쪽 페이지의 올바른 철자 g(strankers → strangers), a(neme → name), r(ploblems → problems), a(coureqe → courage), g(zentle → gentle), e(hoart → heart)를 조합하면 garage(차고)가 된다.

(문제 해석)

Steven이 마침내 수수께끼를 풀었다. 그는 선물이 <u>모자</u>였고 그것이 <u>차고</u>에 숨겨져 있다는 사실을 알아냈다.

PART 3 Word Test

CHAPTER 01 Culture Workbook p.68

01	일어나다	16	purpose
02	경고	17	process
03	추세	18	agree
04	미래	19	widespread
05	단어, 어휘	20	society
06	현재	21	language
07	10년	22	dictionary
08	반영하다	23	require
09	복잡한	24	ingredient
10	관점	25	different
11	한편	26	arrive
12	언쟁	27	scream
13	얼리다	28	add
14	엄격한	29	pass
15	혼란스러워하는	30	popular

CHAPTER 02 Animals Workbook p.69

01	일치하다	16	grip
02	지느러미	17	branch
03	둥지	18	belong to
04	발견하다	19	collect
05	이상한	20	attract
06	현장	21	hunt
07	도움이 되는	22	deep
08	실험실	23	trouble
09	포식자	24	tiny
10	먹이, 식단	25	environment
11	섞여 들다, 조화를 이루다	26	soil
12	완전하게	27	develop
13	유용한	28	surface
14	구조(물)	29	imagine
15	특이한	30	behavior

CHAPTER 03 Sports Workbook p.70

01	깨닫다	16	official
02	증가	17	reduce
03	거친	18	face
04	자세히	19	overcome
05	의도적으로	20	achieve
06	~에 도달하다	21	height
07	부상, 상승	22	control
08	~에 맞추다	23	easily
09	장비	24	effectively
10	재료	25	increase

11	~ 대신에	26	produce
12	보상	27	practice
13	낮추다; 더 낮은	28	advancement
14	균형	29	breathe
15	가벼운	30	approach

CHAPTER 04 Places Workbook p.71

01	평화	16	territory
02	형성되다	17	customer
03	계획하다	18	divide
04	협의, 배열	19	resident
05	완전히, 전부	20	unique
06	희귀한	21	agreement
07	빌려주다	22	surround
08	피비린내 나는	23	temporary
09	설정, 환경	24	treaty
10	매력적인	25	battle
11	꾸미다	26	decision
12	기리다	27	tribe
13	운영하다	28	region
14	상징	29	awareness
15	~으로 거슬러 올라가다	30	origin

CHAPTER 05 Human Body Workbook p.72

01	깨어 있다	16	require
02	비교하다	17	midnight
03	막다	18	activity
04	~하게 하다	19	recently
05	제공하다	20	rub
06	편안한	21	function
07	주로	22	chemical
08	연결시키다	23	annoying
09	제대로	24	wet
10	졸린	25	probably
11	~을 돌보다	26	anxious
12	속도를 높이다	27	production
13	압력	28	unhealthy
14	산소	29	nutrient
15	받다	30	organ

CHAPTER 06 Entertainment Workbook p.73

01	용어	16	freedom
02	가끔	17	imaginary
03	잘 알려진	18	infect
04	개념	19	talent
05	반복되는	20	contain
06	꽤	21	memorable
07	더 이상 ~가 아닌	22	entire

08	~을 유발하다	23	audience
09	~을 없애다	24	characteristic
10	대화	25	observer
11	~에서 유래하다	26	appear
12	심각한	27	creativity
13	~의 이름을 따서 이름 지어지다	28	suddenly
14	~에 집중하다	29	author
15	비평가	30	enjoyment

CHAPTER 07 Science   Workbook p.74

01	가능하게 하다	16	secure
02	해내다	17	safety
03	악화된	18	throw
04	제거하다	19	weight
05	차이	20	edge
06	제자리에	21	notice
07	연료	22	flow
08	효과	23	similarly
09	밀도가 높은	24	experiment
10	~을 처리하다	25	temperature
11	발생하다	26	release
12	분자	27	distribute[spread out]
13	고르게	28	repeat
14	여행	29	careful
15	일	30	opposite

CHAPTER 08 Environment   Workbook p.75

01	납작한, 평평한	16	desert
02	나라	17	attack
03	~을 빼앗다, 채취하다	18	environmental
04	따분한	19	disappear
05	무더기, 더미	20	movement
06	충격을 받은	21	annual
07	재활용하다	22	grocery
08	상	23	competition
09	~을 되살리다	24	smooth
10	재미있는	25	donate
11	~을 벗겨내다	26	protection
12	퍼뜨리다; 퍼지다	27	surface
13	노력	28	successful
14	용감한	29	profit
15	~으로 인해	30	global

CHAPTER 09 Ideas   Workbook p.76

01	기기	16	confusion
02	마법처럼	17	silence
03	(정보를) 찾아보다	18	contact
04	구동시키다	19	nutritional
05	친환경적인	20	fiber
06	뿌리다, 분사하다; 스프레이	21	fabric
07	그냥, 간단히	22	suggest
08	부착하다	23	solid
09	나머지	24	analyze
10	완전한	25	melt
11	식사	26	industry
12	액체의; 액체	27	taste
13	가장 좋아하는	28	bone
14	한계	29	replace
15	~을 생각해 내다	30	development

CHAPTER 10 Stories   Workbook p.77

01	이상한	16	describe
02	휘파람을 불다	17	prepare
03	틀린	18	gradually
04	단서	19	relaxing
05	대답하다	20	theory
06	용기	21	rush
07	반응하다	22	hide
08	우연히	23	situation
09	~과 함께	24	whisper
10	냄새	25	atmosphere
11	훑어보다	26	article
12	곡조	27	be familiar with
13	올바른; 고치다	28	location
14	(문제 등을) 풀다	29	phenomenon
15	화장실	30	include

MEMO